ぜんぶ絵でわかる

エコハウス

7

辻 充孝

X-Knowledge

はじめに

みなさんは「エコハウス」と聞くと、どんな家を想像しますか。
私の考えるエコハウスは、エネルギーをほとんど使わず、初夏には気持ちの良い風が流れ、冬はポカポカした陽気が感じられる住まいです。
つまり、高断熱・高気密で室内環境がコントロールされた閉鎖的な省エネ住宅ではなく、季節や時間によって開いたり閉じたりする自然に素直な「心地よいエコハウス」です。

これを実現するにはコツがいります。
閉じたいときに閉じられる断熱・気密性能は大切ですし、日射を採り込めるちょうどよい開口部や、気持ちのよい外構計画も大切です。天気の悪い時には、高性能な設備にも頼ります。
また、住まい手は窓やカーテンを開け閉めしたり、場所を移動したりとアクティブな暮らし方も必要です。
つまり、周辺の環境や家族の暮らしなど、それぞれのポテンシャルをしっかり生かすデザインなのです。

ここで、もう少し心地よさの本質を考えてみます。
心地よさは、暖かい空間(性能)だけではなく、好みのデザイン(意匠)や適切な収納量(計画)、仲の良い家族との距離感(雰囲気)などさまざまな要因でできています。性能だけ、あるいは意匠だけにこだわっても心地よい住まいは実現できません。全体のバランスが大切なのです。
加えて、エネルギー自給率の低い日本では、エネルギーの安定供給や光熱費高騰のリスクから省エネ性能も不可欠です。
住まいには自然エネルギー利用や高効率設備、創エネ設備が欠かせません。

これらを実現するには、自然エネルギー利用のポテンシャル
や、どんな家族が住むのか、どのような室内環境を目指すの
か、それを実現できるプランニングはどういったものか。その
ための断熱性能や設備はどのようなものかなど、さまざまな
要素を考えていく必要があります。

その手間の分、家族にあった心地よいエコな暮らしが実現で
きるのです。

本書では、心地よいエコハウスのなかでも特に大切な温熱
環境と省エネ設備を中心に、設計手順と手法を紹介します。
どこからでも取り組めますので、興味のある項から実際の設
計に組み込んでみてください。また、各章扉に私からの課題
を示しています。実際に手を動かしてやってみると、きっと
新しい発見があり、計画がより楽しくなってくるはずです。

2024年2月吉日　辻 充孝

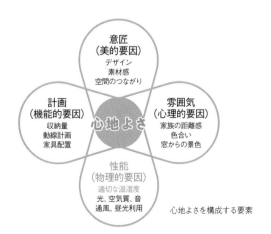

心地よさを構成する要素

もぐちゃん
心地よいところでゴロゴロ
するのが好き。楽しくエコ
について勉強中

第 **3** 章

パッシブ手法からの
プランニング

第 **6** 章

省エネ＋創エネで
ゼロエネ住宅

第 **7** 章

ねらいを絞って
健康・省エネ改修

STAFF
カバー・キャラクターイラスト⋯⋯⋯高柳浩太郎
イラスト⋯⋯⋯高柳浩太郎
トレース⋯⋯⋯長谷川智大
デザイン⋯⋯⋯三木俊一（文京図案室）
組版⋯⋯⋯竹下隆雄（TKクリエイト）
印刷・製本⋯⋯⋯シナノ書籍印刷

第 **1** 章 # 目指すべきは
心地よいエコハウス

住まい手が100人いたら100通りの暮らし方があり、好みや心地よさも千差万別です。自分の暮らしたい家、設計したい家はどんな住まいか、しっかりと目標像を持つことが大切です。この本で目指すのは心地よいエコハウスです。

では、あらためて心地よさとは？ エコハウスとは何でしょうか？ 今はうまく答えられなくても、この本で一緒に考えていきましょう。

理想の住まい

自然エネ活用

ゼロエネ住宅

機能的な動線

緑が多い

自然素材

開放感がある

1-1. あなたが考える心地よい状況はどのようなときでしょうか

1-2. あなたが考えるエコは具体的にどのようなものでしょうか

1-3. あなたの考える心地よい住まい（温熱環境やエネルギーに限らず）とはどんな住まいでしょうか

揃えておきたいツール
・温湿度計［16、228頁］常に部屋に設置して見やすいもの
・放射温度計［16、228頁］
・住まい調書［18、19頁］を参考に自分でアレンジ

1-4. 温熱環境を記録し、その時の感想を書き込みましょう[16頁]

1-5. 住まい調書[18、19頁]に具体的な住まいのイメージを記入してみましょう

1-6. オリジナルの住まい調書や価値観アンケートを作成してみましょう[18、19頁]

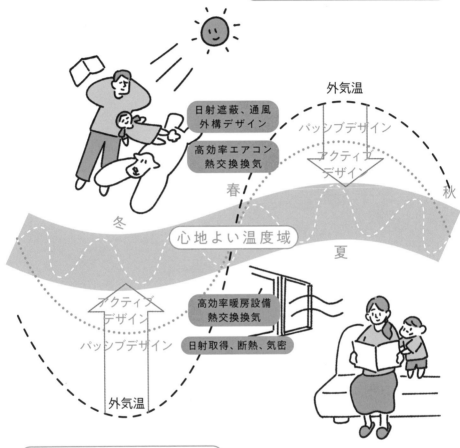

外気温

日射遮蔽、通風
外構デザイン

高効率エアコン
熱交換換気

パッシブデザイン

アクティブ
デザイン

春

秋

冬

心地よい温度域

夏

アクティブ
デザイン

高効率暖房設備
熱交換換気

パッシブデザイン

日射取得、断熱、気密

外気温

1-7. 暮らしの中で何にエネルギーを多く使っているか家族で考えてみましょう[20頁]

1-8. 心地よいエコな暮らし方を考えて、自宅で実践してみましょう

1-9. 心地よいエコハウスを世の中に広めるにはどうしたら良いでしょうか

第 1 章の到達点

暮らしや好みを把握し、家づくりの目標像を持つ

快適よりも心地よいを目指す

人は常に発熱したり、熱を受け取ったり、放熱したりしています。このバランスが変化することで、暖かい、涼しいなどの温冷感が生まれます（下図①〜④）。放熱と発熱・受熱のバランスが取れ、暖かさや涼しさを感じることなく、ほんの少しの揺らぎがある状態が「心地よい」状態です。目指す温熱環境はここです。

放熱と発熱・受熱のバランスが大事

放熱より発熱や受熱が少し多いと"暖かい"という快感を得て「快適」（②）ですが、行き過ぎると"暑い"という「不快」（③）になってしまいます。不快を通り越して熱中症になる（④）など、健康を害する状況は絶対にNGです

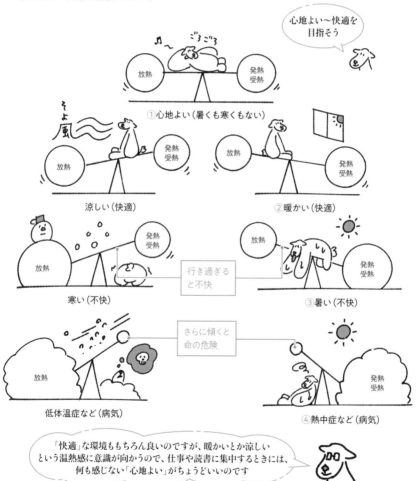

① 心地よい（暑くも寒くもない）

涼しい（快適）　　② 暖かい（快適）

寒い（不快）　　行き過ぎると不快　　③ 暑い（不快）

低体温症など（病気）　　さらに傾くと命の危険　　④ 熱中症など（病気）

心地よい〜快適を目指そう

「快適」な環境ももちろん良いのですが、暖かいとか涼しいという温熱感に意識が向かうので、仕事や読書に集中するときには、何も感じない「心地よい」がちょうどいいのです

心地よい環境にはバラツキがある

温熱環境の理解を深めるために、さまざまな活動状況の心地よい環境をイメージしてみます。活動状況によっては10倍近くも人の発熱量が変化します。そのため、心地よい環境を実現するための温熱要素［※］も変化します。

心地よい環境はそのときどきで違う

勉強している人は100W程度の発熱（下図①）です。温度が20℃前後（②）で発熱と放熱のバランスが取れて心地よく感じます。掃除などの家事では3倍の300W程度の発熱（③）になり、放熱を増やさないとバランスが取れません。上着を脱いだり、室温を涼しくしたり（④）、気流感を増やして（⑤）バランスをとります。つまり、心地よい環境は状況によって大きく異なります

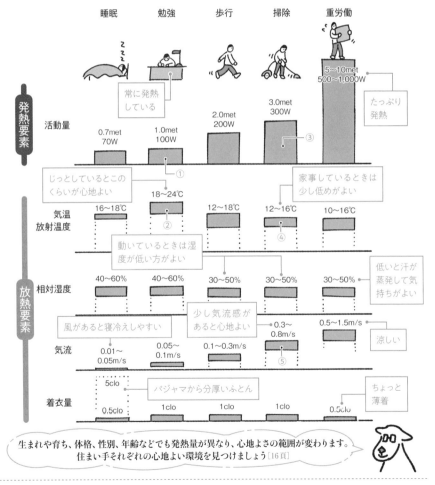

生まれや育ち、体格、性別、年齢などでも発熱量が異なり、心地よさの範囲が変わります。
住まい手それぞれの心地よい環境を見つけましょう［16頁］

※ 各温熱要素の説明はコラム95頁、129頁を参照。各温熱要素の影響度は231頁参照

適度な温度ムラはむしろ心地よさ

すべての部屋が20℃で、しかも温度ムラのない環境は、断熱強化と全館空調によって実現できます。ですが、このような環境は本当に心地よいのでしょうか。

自分で選べるのが断然よい

お父さんは部屋の奥で心地よく仕事に集中（①）。お母さんは日向ぼっこで暖かい快適さを享受（②）。子どもたちは、遊びで発熱が増えた分、薄着になって放熱量を増加（③）。このように、場所の移動や、着衣の調整、カーテンの開閉によって、家族それぞれが心地よい環境で過ごせます。適度な温度ムラは、心地よい自分の居場所を見つけるという贅沢さが楽しめるのです

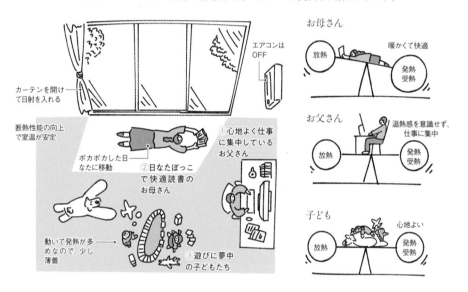

自分でコントロールできる家づくり

家族間でも活動状況や体質で求める環境は異なります。建築で温熱環境のベースをつくり、自分で環境のコントロールが行えるのが心地よい状況です

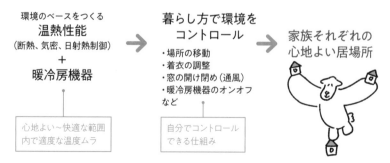

家族間の調整は着衣量

散歩から帰った直後は暑かったり、朝起きて布団から出ると汗の蒸発で少し肌寒かったりと、心地よい温度域が変化します。そんなときは、建築的な温度コントロールではなく、着衣による体感温度のコントロールが簡単で便利です。

1cloの着衣は9℃の体感温度

着衣にもclo（クロー）という単位があり、1clo分でおおむね6～9℃程度の暖かさです。たとえば、女性の場合「ワンピース」だと0.7cloですが、カーディガンを羽織ると1.0cloになり、2.7℃ほど暖かく感じるようになります。一般的にはひざ掛けで2.5℃、靴下で0.6℃体感温度がアップすると言われています。少しのことは自分で心地よい環境にコントロールしましょう

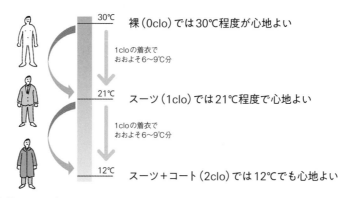

30℃ 裸（0clo）では30℃程度が心地よい

1cloの着衣で
おおよそ6～9℃分

21℃ スーツ（1clo）では21℃程度で心地よい

1cloの着衣で
おおよそ6～9℃分

12℃ スーツ＋コート（2clo）では12℃でも心地よい

図：着衣量のイメージ［※］

裸　0clo
半袖シャツ＋半ズボン　0.3clo
長袖シャツ＋長ズボン　0.5clo
長袖シャツ＋薄手ベスト＋長ズボン　0.6clo
薄カーディガン＋長ズボン　0.7clo
スーツ（ジャケット＋長ズボン）　1clo
パジャマ＋綿入薄どてら　1.6clo
スーツ＋コート　2clo

裸　0clo
Tシャツ＋ショートパンツ　0.3clo
パジャマ　0.5clo
ワンピース（長袖・裏付）　0.7clo
鼠
厚カーディガン＋スカート　1clo
長セーター＋長スカート　1.2clo
パジャマ＋綿入はんてん　1.2clo

厚セーター＋タイツ＋長ズボン＋コート　リス2clo
2.2clo
寒冷仕様防寒着　4clo
狐5clo
兎5clo
寝袋完全防寒　8clo
北極熊　0clo
羊8clo

※ 出典：OMソーラーを勉強する本　発行：OMソーラー協会（現OMソーラー株式会社）

心地よい温度域を見つける

心地よい温熱域を知るには実測が有効です。温湿度計を置いてメモを取るだけで、家族それぞれの「心地よい温度域」の目安がわかり、温熱環境に対する意識が向上します。実測によってどんな環境に住みたいかを考えるきっかけになります。

体感温度は室温と表面温度の平均

リビングや脱衣所に温湿度計と記録用紙を設置して、温湿度と感想を書き込んでみましょう。服装や窓の開閉などの行動も記載すれば、より理解が進みます。また、室温が暖かくても窓や壁が冷えていると寒さを感じてしまうため、部屋の表面温度を測る放射温度計があるとより効果的です。体感温度は、室温と放射温度（表面温度）を足して2で割ったくらいと言われているからです

$$体感温度 = \frac{室温＋平均放射温度}{2}$$

温湿度計

放射温度計

記録用紙（メモ帳）

部屋				リビング（カウンター上に温湿度計）			
人	日	時間	気温[℃]	放射温度[℃]	湿度[%]	服装	感想・メモ
母	11月30日	6:30	14.5	14.3	52	カーディガン	少し肌寒い
父	〃	7:10	15.1	壁14.7 窓9.4	65	スーツ	寒くはない 窓際はヒヤッとする
娘	〃	7:15	15.3	壁15.0 床14.2	61	制服	少し肌寒い 床が冷たい スリッパがないと無理
母	〃	10:15	17.1	16.5	51	カーディガン	カーテンを開けて日射を入れる ちょうどよい感じ、家事の途中
母	〃	14:15	21.0	17.0	44	〃	暖かくポカポカ 体感温度19℃

カーディガンなしだと、＋3℃程度の22℃くらいが心地よい

15℃ではさすがに寒め。床や窓の温度も上げたい

column 放射温度の測定方法

壁や床を計測するときは、1m程度離して計測すると、一定範囲内の平均を計測してくれます。
ガラス面は放射率が大きく異なるので、テープを貼ってその面を計測します。

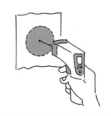

＊より詳しい温熱環境の実測は228〜231頁を参照

これからは夏と冬の両方を旨とする

吉田兼好の『徒然草』で言われるように、かつての日本は「夏を旨とすべし」の精神で、住まいがつくられてきました。700年後の現代でも夏を最重視すべきでしょうか。

冬対策に加えて夏対策も忘れずに

年代別の死亡数割合のグラフから、明治後期(1910年)は流行り病や食あたりなどで夏の死亡者数が一番多くなっており、かつては夏を乗り切ることが死活問題でした。昭和に入ると、上下水道や冷蔵庫の普及などで夏の死亡数割合が減少し、冬が増加しています。近年(2010年)は夏の熱中症も多くなってきたことから、夏冬両方を旨とした住まいを考えるべきです

図:年代別、月別、死亡数の割合 [※1]

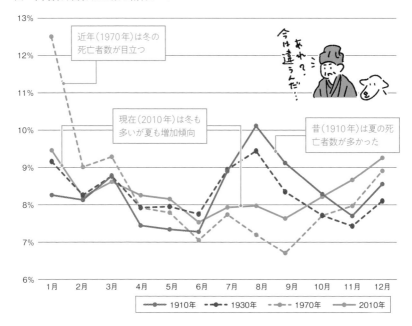

通風効果による冷房エネルギー削減は10%程度と限定的 [186頁] ですが、涼感を得て心地よさを得るだけでなく、新鮮な空気を取り入れ室内の汚れた空気(VOC [※2] や生活臭、水蒸気、CO_2 など)を入れ替える効果があります。季節の良い時は通風ができる工夫 [66〜69頁] も検討しましょう

※1 厚生労働省人口動態調査をもとに筆者が作成。月別割合なので季節変動がなければ毎月8.3%(100%÷12カ月)の死亡数割合になります。理想は季節(気温)による増減がない状態です
※2 空気中に揮発する有機化合物のこと

家への思いは人それぞれ

暮らしを読むのは温熱環境だけではありません。住まい手の好みや生活習慣、こだわりなどを読み取ることが、心地よい暮らしにつながります。

住まい調書とインタビューで「思い」を確認

筆者が用いている「住まい調書」から、特徴的な質問をピックアップしました。どんな空間が理想？現在の暮らしは？いろいろな事柄から計画のヒントを探ります。ここを見誤ると、いくら高性能な家でもその住まい手には暮らしにくく、不満が残る家になってしまいます

新しい家への夢を記入してください

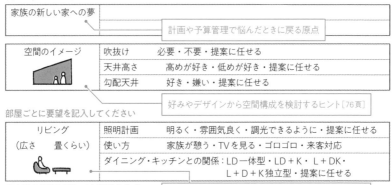

家族の新しい家への夢	

計画や予算管理で悩んだときに戻る原点

空間のイメージ	吹抜け	必要・不要・提案に任せる
	天井高さ	高めが好き・低めが好き・提案に任せる
	勾配天井	好き・嫌い・提案に任せる

好みやデザインから空間構成を検討するヒント［76頁］

部屋ごとに要望を記入してください

リビング （広さ　畳くらい）	照明計画	明るく・雰囲気良く・調光できるように・提案に任せる
	使い方	家族が憩う・TVを見る・ゴロゴロ・来客対応
	ダイニング・キッチンとの関係：LD一体型・LD＋K・L＋DK・L＋D＋K独立型・提案に任せる	

その他の各室に関しても調書を作成

各室の要望やこだわりを確認。多用途な部屋は空調や照明も対応できるように考える［75頁］

外構	庭に設置したいもの　外部デッキ・家庭菜園・雨水タンク・駐輪場・その他 植えたい花や木：

外構提案のヒント。緑化によって、通風や昼光利用も変化する［68頁］

家づくりにおける価値観アンケート

家相や風水は気にするほうだ	はい・いいえ
景色が悪く陽が当たらなくてもリビングには大きな窓が欲しい	はい・いいえ
同価格で高性能なコンパクトな家と普通性能の広い家だったら広い家がよい	はい・いいえ
多少の落ち葉があっても庭は緑豊かなほうがよい	はい・いいえ
布団を外で干せないのはあり得ない	はい・いいえ
窓のないトイレはいやだ	はい・いいえ
子ども部屋は質素で最低限のものにしたい	はい・いいえ
夏の夜に窓を開けて就寝するのは不安だ	はい・いいえ
暖かさ涼しさのためにカーテンやブラインドをマメに開閉するのは面倒くさい	はい・いいえ
冬の日中、カーテンを開けて生活すると外から見られそうで嫌だ	はい・いいえ
夏は窓を開けて生活したい	はい・いいえ

家族それぞれに書いてもらって価値観や考え方をつかむ。家族間でも考え方はバラバラなことも。誰の思いを優先するかを意識しながら計画する

設備	暖房運転の希望	：暖房はあまりつけたくない・部屋に居るときはつけたい ：冬期の居室は基本的につけっぱなし・廊下トイレも含めて 　つけっぱなし
	暖房の希望	：エアコン・床暖房・床下エアコン・薪ストーブ・提案に任せる
	給湯機の希望	：ガス給湯器・エコキュート・エネファーム・提案に任せる
	その他の設備	：太陽熱温水器・太陽光発電・その他：

> 暖房運転などの設備の希望。全館空調希望の場合は、エネルギー
> が増えるのでその分、断熱性能の強化が必須［180頁］

家族の生活	入浴スケジュール：家族が続けて入る・バラバラの時間帯で入る・ 　　　　　　　　その時々で異なる
夫の生活	帰宅後、家に居るとき主に何をしていますか。（　　　　　　　　）
	家でしている趣味はありますか。（　　　　　　　　　　　　　　）
	これから始めたいと思っていることは何かありますか。（　　　　）

妻や子ども生活についても聞く

> 家族の生活から計画や設備のヒントを得ます。滞在時間
> の長い部屋では空調や照明計画をしっかりと

今お住まいの家の設備について記入してください。

現在お使いの設備	暖房	：エアコン（　　台）・電気ストーブ（　　台）・石油ストーブ（　　台）・ 　その他（　　　　　）
	給湯	：ガス給湯器・電気温水器・エコキュート・その他（　　　　　　）
	冷蔵庫	：メーカー型番（　　　　　　　　　）わからなければ購入時期

今お住まいの家の光熱費をわかる範囲で記入してください。

現在の光熱費	電気		ガス		水道		灯油	
	使用量	金額	使用量	金額	使用量	金額	使用量	金額
年　1月	kWh	円	㎥	円	㎥	円	L	円
～	～		～		～		～	
年　12月	kWh	円	㎥	円	㎥	円	L	円

※使用していない月は「0」、不明の場合は、空欄にしておいてください。

> 現状の使用している設備と光熱使用量からエネルギー分析。
> 春は少ないのに冬が多いと、暖房が多いことがわかる（詳細
> な分析は174、200頁参照）

設計で本当に
知りたいのは、本音の部分。
住まい調書の話題を
きっかけに、信頼関係を
築けるよう誠実に話し
合いましょう

暮らしのエネルギーから設計する

温熱環境の次はエコについて考えます。同じ家でも家族構成や暮らし方で、エネルギー消費量は大きく異なることがあります。

光熱費から暮らし方を分析する

たとえば、同じ間取りで同じ性能の建売住宅に住んでいるAさんとBさん。住まい調書で確認した光熱費とインタビューから、エネルギーを分析[※]してみると、Aさん宅はBさん宅の倍近いエネルギーの消費量があることがわかります

同じ家でもエネルギー消費量は異なる

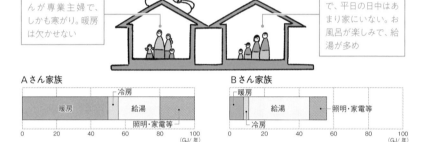

Aさん家族は奥さんが専業主婦で、しかも寒がり。暖房は欠かせない

Bさん家族は共働きで、平日の日中はあまり家にいない。お風呂が楽しみで、給湯が多め

Aさん家族

Bさん家族

暮らし方に合わせた設計で省エネ

ここで大切なのは、エコのために我慢するということではなく、心地よく暮らしながらエコに住むこと。同じ4人家族でも解決法は異なります。暮らしに合わせた設計をするためにも、暮らしを読むことが大切です

Aさん家族は暖房が多いので、日射を採り込んで断熱性能を高めれば、暖かさをキープできる。曇った時も高効率な暖房設備で省エネが実現できる

Bさん家族は給湯が多いので、太陽熱温水器が有効。もちろん断熱を高めて暖かさも両立できる

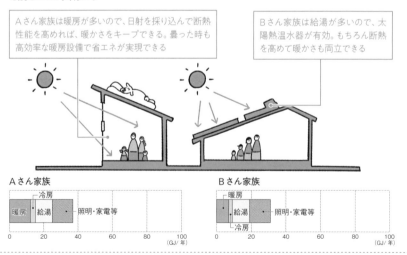

Aさん家族

Bさん家族

※ 暮らしの読み方は簡単な環境家計簿[174頁]や、より詳細な用途分解[200頁]を参照

省エネと創エネでゼロエネ住宅

ZEH（ゼッチ）という言葉を聞いたことがあるでしょうか。ZEHとはネット・ゼロ・エネルギー・ハウスの略で、「省エネ」と「創エネ」を組み合わせて年間のエネルギー消費量を正味（ネット）でゼロ以下にする住宅のことです。

ZEHは省エネ＋創エネの組み合わせ

ZEHのつくり方は簡単。超省エネ住宅をつくり、使用するエネルギー以上の太陽光発電を載せれば出来上がります。建設費は高くなりますが、うまくつくれば毎月かかる光熱費がゼロになります。電気料金の値上げも気にすることなく、安心して長く暮らすことができるのです

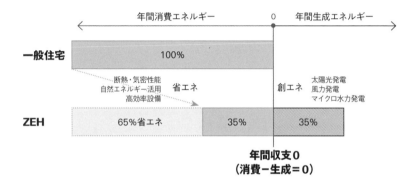

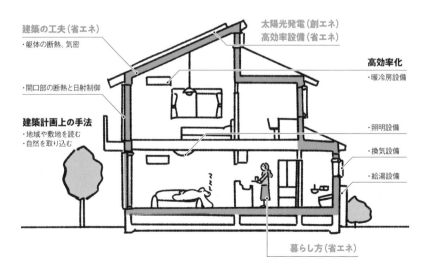

※ ZEHのさらに先を行く、リアルZEHやプラスエネルギーハウス、LCCM住宅、オフグリッドハウスについては204、206頁を参照

省エネの優先順位は明確に

太陽光発電をたっぷり載せれば、どんな家でも
ZEHになります。でも、心地よくエコに暮らすには、
エネルギー削減の優先順位が大切。目指すべきは、
心地よくエコに暮らすことです。

> 断熱が弱くても
> 室温は暖房設備で上げられます。
> ですが、足元は寒く、結露で
> カビだらけのリスクが
> 残ってしまいます

エネルギー消費を抑える4つの手法と優先順位

エネルギー消費を抑えるには4つの手法があります。どこから始めてもエコですが、エネルギー
を減らす優先順位を間違えてはいけません。まずは①建築と②暮らしの工夫で「心地よさ＋エ
コ」を実現したうえで、③設備や④創エネの工夫によってさらなるエコを目指します

> ここでいう優先順位とは
> 予算の割り振りです。
> 暮らしにあった計画と温熱
> 性能を優先し、次いで省エネ
> 設備と創エネ設備の順番で
> 考えましょう

住まいは第3の皮膚

この章の最後に、心地よくエコに住まううえで大切な考え方を紹介しておきます。
「住まいは第3の皮膚」。こんな言葉が、人と住まいの関係を総合的に考える学問「バウビオロギー[※1]」の中にあります。第1の皮膚は身体をつくる「食」、第2の皮膚は気温の変化に柔軟に対応できる「衣」、そして第3の皮膚は雨風や天災、外気温の変化から身を守る「住」です。

体に取り込む物質の8割は空気

人は1日に12~24kg（10~20㎥）の大量の空気を体に取り込んでいます。飲食は通常2~3kgなので、空気はその10倍近くも摂取しています。しかも肺から直接血液中に取り込まれるため、人体への影響が大きいとされています。この空気質を決めるのは住環境です。昔から生活の基本といわれる「食・衣・住」[※2]はどれも外せない大切なものです

さらに外構や都市空間は第4の皮膚、地球環境は第5の皮膚と入れ子構造になっています。近年、気候変動などの地球環境を中心に考えることが多くなっていますが、人中心に考えるバウビオロギーの視点を持って、身近なところからしっかり整えていきましょう

バウビオロギーの良い住まい

良い住まいとはどのようなものでしょうか。バウビオロギーでは「健康」を第一に「持続可能性」、「造形」の3つがバランスよく成り立っているものとされています。"はじめに"で書いた心地よさの条件と同じように全体性（ホリスティック）を考えることが大切なのです

※1 バウは建築、ビオロギーは生物学のことで人の健康や心地よさを中心に考えます。それに対してバウエコロジーは、地球や地域環境の持続可能性を中心に考える学問です。どちらも大切ですが、人あっての環境です
※2 一般的には衣・食・住と表現しますが、ここでは体を構成する順番で食・衣・住としています

第2章 ポジティブ思考で周辺環境をとらえる

計画の第一歩は、土地の特徴をしっかり読み取ることです。寒い地域でも日射量が多かったり、日中は暑いけれど明け方は涼しかったり、風と一緒に視線が抜けたりと土地ごとにさまざまです。ネガティブな要素は設計の工夫である程度解消できます。そのうえでポジティブな魅力を高めることで、その土地ならではの住まいになります。

計画地の特徴をポジティブ思考で読み取り、土地の持つポテンシャルを把握しましょう。

2-1. 計画地の省エネ地域区分を調べてみましょう［28頁］

2-2. 計画地に近い気象観測所の気温変化グラフを作図してみましょう［31、32頁］

2-3. 計画地の風向、風速を調べてみましょう［37、38頁］

日照時間

気温・降水量

地形・河川

町並み

地域の素材

特徴的な建物

風向・風速

2-4. 比較する地点を定め、計画地の気候の特徴を説明してみましょう。特に気温、日照、降水量、風のそれぞれに着目してポジティブ要素を見つけましょう［39頁］

2-5. 気象データのプレゼン資料をまとめましょう

揃えておきたいツール、参考情報

- 気象庁 気象統計情報　https://www.data.jma.go.jp/obd/stats/etrn/index.php
- 自立循環型住宅 気象データ　https://www.jjj-design.org/jjj/jjj-kishoudata.html
- 建築設計用気象データ　https://climate.archlab.jp/
- GoogleMap　https://www.google.com/maps/
- Climate Consultant　https://climate-consultant.informer.com/
- Weather Spark気象データ　https://ja.weatherspark.com/

2-6. 計画地周辺の航空写真やGoogleストリートビューで、気になるポイントを列挙してみましょう[42頁]

2-7. 予習をまとめた敷地分析図をつくりましょう[43頁]

日当りや風

樹木の状況

隣地の状況

景色の見え方

電気やガス、水道等のインフラ

敷地の高低差

接道状況

2-8. 計画地で感じたこと、気が付いたこと(ポジティブ要素とネガティブ要素)を列挙してみましょう[44、45頁]

2-9. 敷地分析図をアップデートし、計画のキーとなるポジティブ要素を書き込みましょう[46、47頁]

第2章の到達点

気象や周辺環境分析を行い
計画地の特徴を説明できる

パッシブデザインのすすめ

心地よいエコハウス実現のヒントは「パッシブデザイン」の考え方です。
パッシブデザインとは、建物の造り方を工夫することで自然エネルギー(太陽、風、雨など)
や地域の特性[※]を最大限に活用・コントロールし、心地よい室内環境を実現しながら、
エネルギー消費を抑える設計の考え方と手法のことです。

パッシブデザインで省エネ＋心地よさ

自然エネルギー活用には、省エネに加え、空気や光の揺らぎ、鳥や虫の音色など、まさに心地よ
さにつながるものがたくさん手に入ります。この設計を生かすのは窓やカーテンの開け閉めなど
の住まい手のアクティブな暮らし。これがパッシブデザインです。自然エネルギーが少ない季
節や時間には設備をうまく活用することで、1年を通して心地よいエコな暮らしが実現できます

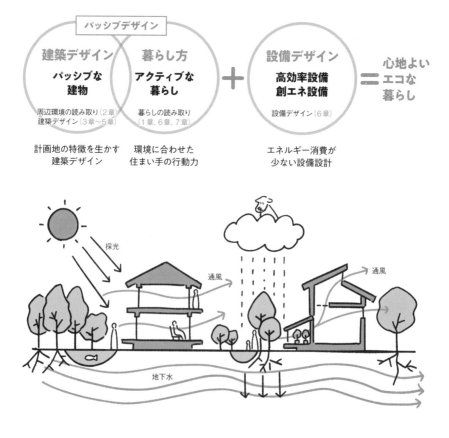

※ 地域の特性には、地形や大気、水系、土壌、気候といった「物理的環境」や動植物の「生物的環境」、歴史、風土といった「文化的環境」も含みます

発想の転換で良さに変える

寒い地域や暑い地域は不利なのでしょうか?
そんなことはありません。日向ぼっこのポカポカした感じや、薪ストーブの暖かさなどは、
寒いからこそ、心地よさが生まれるのです。いろいろな条件をポジティブに考えることで、
計画地のポテンシャルを引き出せます。

気候や立地は変えられない！ だからこそ前向きに

重要なことは、その土地の良さ、持ち味を見つけることです。ハウスメーカーや全国的に活躍し
ている設計者よりも、地域の特徴に精通した地元の設計者が腕を振るえる観点でもあります

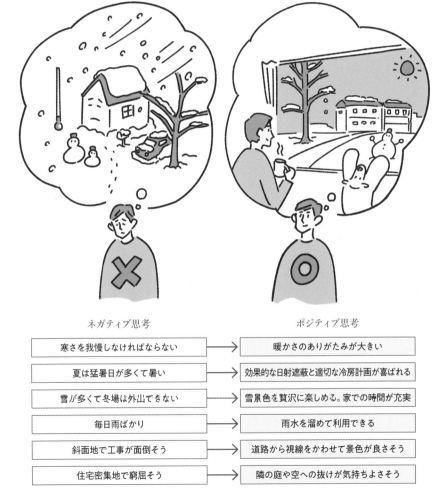

ネガティブ思考　　　　　　　　　　　　　　ポジティブ思考

寒さを我慢しなければならない	暖かさのありがたみが大きい
夏は猛暑日が多くて暑い	効果的な日射遮蔽と適切な冷房計画が喜ばれる
雪が多くて冬場は外出できない	雪景色を贅沢に楽しめる。家での時間が充実
毎日雨ばかり	雨水を溜めて利用できる
斜面地で工事が面倒そう	道路から視線をかわせて景色が良さそう
住宅密集地で窮屈そう	隣の庭や空への抜けが気持ちよさそう

日本の多様な気候を理解する

日本は南北に長く、周囲を海に囲まれ、海流や季節風の影響で北は亜寒帯から南は亜熱帯まで、多様な気候特性[※]を有しています。沿岸部では気温差が小さい反面、内陸部では気温差が大きくなります。また、南は暖かく1日の気温差が小さいですが、北は寒く気温差も大きくなります。地域の気候に適した計画が大切です。

気候特性をポジティブにとらえる

敷地の気候特性を把握して、その地域特有の良さを探し出しましょう。気温差が大きいほど、環境が厳しいほど、設計の腕の見せ所です

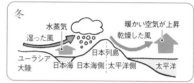

図：南北に長く標高差もある日本

金沢（沿岸部）
日本海沿岸部のため、朝から夜までの気温変化は少なく、冬期の降雪量が多い

札幌（高緯度）
高緯度（北の方）のため、夏と冬の気温差が大きい。（夏・冬の平均気温で27℃差程度）

鹿児島（低緯度）
低緯度（南の方）のため、夏と冬の気温差が小さ目。（夏・冬の平均気温で21℃差程度）

岐阜（内陸部）
内陸部に位置するため、朝から夜の気温変化は大きい。（金沢より1.5℃程度大きい）

	沿岸部	内陸部	低緯度（南の方）	高緯度（北の方）	晴天の日	雲・雨の日
日較差（1日の気温差）	小さい	大きい	小さい	大きい	大きい	小さい
年較差（年間の気温差）	小さい	大きい	小さい	大きい	―	―

※1 気候は長期（数十年）にわたる気象の特徴、気象は期間に関係なく雨や風などの大気の状態や現象全体を指します

地域区分から読み取れるもの

気象の概要は省エネ基準の地域区分[※2、3]から読み取れます。気温は寒冷な1地域から温暖な6地域、蒸暑い8地域まで8つの地域区分で示されます。日射量は3つの期間（年間、暖房期、冷房期）において5段階で示されます。年間日射量からは太陽光発電や太陽熱温水器のポテンシャル、暖房期日射量は冬期の日射熱取得、冷房期日射量[※4]は日射遮蔽の大切さが読み取れます

表1：主な地点の省エネ基準の地域区分

都市名	地域区分	日射地域区分		
		年間	暖房期	冷房期
夕張	1	A3	H3	C1
北見	2	A3	H3	C2
旭川	2	A3	H2	C3
岩見沢	2	A3	H3	C3
札幌	2	A3	H3	C3
盛岡	3	A3	H3	C2
長野	4	A4	H4	C3
松本	4	A5	H5	C3
仙台	5	A3	H3	C1
宇都宮	5	A4	H3	C2
美濃	5	A4	H3	C5
東京	6	A3	H3	C1
浜松	6	A4	H4	C1
名古屋	6	A4	H4	C3
岐阜	6	A4	H3	C2
金沢	6	A3	H3	C1
京都	6	A3	H2	C1
大阪	6	A3	H3	C2
岡山	6	A4	H3	C2
松江	6	A3	H2	C1
広島	6	A3	H3	C1
高松	6	A4	H3	C2
静岡	7	A4	H4	C1
福岡（博多区）	7	A3	H3	C1
宮崎	7	A4	H3	C2
鹿児島	7	A3	H2	C1
那覇	8	A5	–	C2

東京
温暖な気温で年間、暖房期の日射量は平均的、一方、冷房期は少なく過ごしやすい地域

松本
少し寒めの地域だが、年間、暖房期の日射量が多く活用のしがいがある地域

表2：地域区分

	地域区分	暖房度日（D18-18）
寒冷地	1地域	4,500 以上
	2地域	3,500〜4,500
準寒冷地	3地域	3,000〜3,500
	4地域	2,500〜3,000
温暖地	5地域	2,000〜2,500
	6地域	1,500〜2,000
蒸暑地	7地域	500〜1,500
	8地域	500 未満

表3：日射地域区分（A区分、H区分、C区分）

日射区分		日射割合
日射量小+	A1、H1、C1	平均 − 15% 以上
日射量小	A2、H2、C2	平均 − 5〜15%
日射量中	A3、H3、C3	平均 ± 5%
日射量大	A4、H4、C4	平均 + 5〜15%
日射量大+	A5、H5、C5	平均 + 15% 以上

暖房度日（D18-18）とは日平均気温が18℃以下の時を暖房する日として、設定室温18℃にするための温度差を足し合わせたもの。数値が大きいほど寒いことを示します

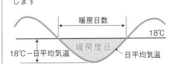

暖房日数
18℃
暖房度日
18℃−日平均気温
日平均気温

地域区分を調べることで、寒さ、暑さ、日射量の目安を確認することができます。また、断熱性能の目標値を決めるときにも必要な情報です

※2 地域区分データは建築研究所「平成28年省エネルギー基準に準拠したエネルギー消費性能の評価に関する技術情報」の第十一章から全国の市町村のCSVデータがダウンロードできます。https://www.kenken.go.jp/becc/house.html
※3 現在の地域区分は拡張アメダス2001〜2010年に基づくデータ（2019年11月公開）
※4 冷房期日射地域区分のみ「改修版 自立循環型住宅の設計ガイドライン」より

気温・日照・降水量・風を読む

もう一歩踏み込んで気象分析を行うには、アメダスデータの活用がおすすめです。日本には「地域気象観測システム」(通称アメダス)が全国に約840カ所も設置されています(降水量を観測する観測所を含めると約1,300カ所)[※]。気象を分析することで、計画地のポテンシャルが把握でき、計画のヒントが得られます。

設計に活用したい4つの気象データ

たくさんある気象データの中で設計に活用したい主なデータは、下記の気温・日照・降水量・風の4つです。情報を調べてグラフ化などしてみると、なんだかわかったような気になってしまうもの。しかし、特徴を説明してくださいと言われると言葉に詰まってしまうこともあります。分析のコツは、他の地域の気象データと比較して言葉で表現することです

気温

冬期・夏期の平均気温、日最低・日最高気温

気温の特徴を把握し断熱目標を
検討するためのデータ

[32頁]

日照

**各季節の日照状況
年間日照時間**

日射熱利用や昼光利用を
計画するためのデータ

[33〜35頁]

降水量

月別、年別降水量

雨水利用を検討するためのデータ

[36頁]

風

**夏期夜間と中間期日中の
卓越風向と風速**

気持ちのよい風を取り込む
通風計画のデータ

[37、38頁]

次頁から気象データの入手方法と
分析例を紹介します。あらためて
調べてみると、暖かいと思っていたけど
朝の冷え込みは厳しかったとか、
意外と風が強い地域だったとか、これまでの
印象と違った結果が出るかもしれませんよ

※ 国土面積がほぼ同じのドイツでは26カ所しかないことから、いかに日本の気象観測所が多いかわかります

気象データを手に入れる

気象データはさまざまな方法で入手できます。最も基本的な入手先は気象庁webサイトの「気象統計情報」です。より詳しい情報を得たい場合は、「建築設計用気象データ」や「拡張アメダスデータ」がおすすめです。また、自分自身が体験する現地観察や聞き取り情報も貴重なデータです。

気象データの主な入手先一覧

気象庁webサイト

気象統計情報
(気象データ全般：無料)
https://www.jma.go.jp/jma/index.html

自立循環型住宅

気象データ[38頁]
(風向・風速データ：無料)
https://www.jjj-design.org/

建築研究所

建築設計用気象データ[※][40頁]
(気象データ全般：無料)
https://climate.archlab.jp/

現地調査・聞き取り調査

その他 気象データ

・拡張アメダス気象データ(有料)
・Climate Consultant (無料・英語版)
・Weather Spark気象データ
・公開されている気象分析ソフト(NEDO等)
・市販ソフト内蔵の気象データ
　(ホームズ君、パッシブデザインツール等)
・管区気象台、理科年表、環境年表
・各自治体の統計・地勢データ

気象庁webサイトから気象データを取り出す手順

❶気象庁webサイトの「各種データ・資料」にアクセスする
　気象庁webサイト：https://www.jma.go.jp/jma/index.html
❷「過去の気象データ検索」から地点を決める
❸「データの種類」の中の「年・月ごとの平年値を表示」か「旬ごとの平年値を表示」を選択する
※平年値とは30年間の平均値(1991年から2020年)で傾向が把握できる

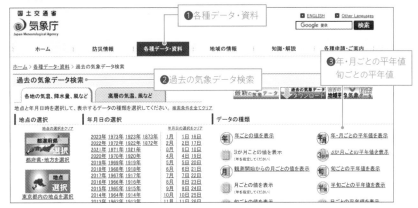

※ 建築設計用気象データは、建築研究所「ArcClimate気象データ」研究に基づいてYouworksによって制作されています。2011年から10年間の気象庁作成のMSMデータから各種補正を行い、EA方式にて標準年を算出したデータです

気温は季節変化を比較で読む

　1地点の気温変化だけ見ても、冬は寒いけれど氷点下までにはならないとか、夏はやっぱりかなり暑いといった感想に終始してしまいがちです。そこで大切になるのが比較。敷地に近い大都市の気候や、住まい手が以前住んでいた地域の気候などと比較することで、より具体的な特徴が見えてきます。

気温データ(日最高気温、平均気温、日最低気温)の分析例

東京(オレンジ)と、温暖地(6地域)の中でも暑い地域である大阪(グレー)の気温データを比較しました。夏は東京の方が2.5℃程度涼しく、明け方は涼しい冷気が期待できます。一方、冬の最低気温が2℃ほど低く、室温低下を抑える断熱の大切さがうかがえます。季節ごとに見ていくのがコツで、重要なのは、その土地の良さ、持ち味を見つけることです

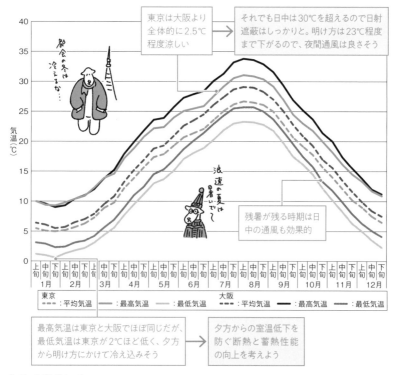

分析・比較ポイント

・夏期の最高気温
日射遮蔽の重要性を判断します。標高の高い山間部でも最高気温が高い地点もあります。イメージだけで涼しそうと判断せず、しっかり確認しましょう

・冬期の最低気温
太平洋側で暖かそうなイメージの地域でも、明け方には寒くなる地域が大半です。断熱や暖房設備の大切さを理解するうえでもデータで確認しましょう

冬期の日照ポテンシャルを読む

日照時間を東京（オレンジ）と大阪（薄オレンジ）、さらに日照時間の少ない日本海側の金沢（グレー）[※] を加えた3地点で比較しました。日照時間は、差が出やすい冬期と夏期に着目するのが読み解くコツです。

日照時間データの分析例

東京は冬期の日照時間が多く、金沢の3倍近くあります。また1年を通して変化が少なく、安定した日照が期待できるので、開口部の設計が生きます。一方、金沢の冬期は日照時間が少ないため、貴重な日照をいかに採り込むかが設計のカギです。8月の日照時間は逆に東京が最も少なく、大阪、金沢の方が多くなっています。この日照時間の多さが大阪の暑さの原因にもなっています

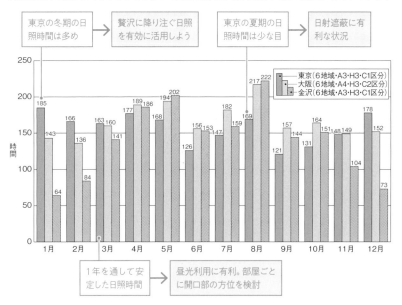

| | 東京の冬期の日照時間は多め | → | 贅沢に降り注ぐ日照を有効に活用しよう | | 東京の夏期の日照時間は少な目 | → | 日射遮蔽に有利な状況 |

凡例：
- 東京（6地域・A3・H3・C1区分）
- 大阪（6地域・A4・H3・C2区分）
- 金沢（6地域・A3・H3・C1区分）

月	東京	大阪	金沢
1月	185	143	64
2月	166	136	84
3月	163	160	141
4月	177	189	186
5月	168	194	202
6月	126	156	153
7月	147	182	159
8月	169	217	222
9月	121	157	144
10月	131	164	151
11月	148	149	104
12月	178	152	73

| 1年を通して安定した日照時間 | → | 昼光利用に有利。部屋ごとに開口部の方位を検討 |

分析・比較ポイント

・冬期と夏期の日照時間

日射取得のポテンシャルと日射遮蔽の重要性を判断します。気温と併せて考えることで、より特徴が見えてきます。たとえば寒くて日射が多い地域は、特に日射取得を積極的に検討しましょう

日射が少なめな
地域の工夫

トリプルガラスで
高断熱＋日射取得

ポカポカ

小窓で高断熱
＋エアコン

あったか

※ 金沢は6地域の代表的な都市で、冬期日照時間が最も少ない地点

冬は大寒、夏は大暑で検討する

日照を生かすことはパッシブデザインで最も大切な要素の一つです。夏至と冬至の日射の角度を描いた断面図で庇の検討をしている図をよく目にします。ですが、日照検討はそれだけでは不十分です。夏至・冬至と、最も暑い日・寒い日では、ずれがあるのです。

太陽高度と気温にはずれがある

太陽高度が一番高くなる夏至は6月21日前後で、暑すぎず気持ちのよい季節[※]。ここから徐々に暑くなり、7月末(大暑)をピークに9月初旬頃(白露)まで残暑が残ります。したがって、夏は61°〜78°の日照を遮ることを目安にします。一方、冬は太陽高度が一番低くなる12月21日前後の冬至だけでなく、3月下旬頃(春分)まで寒い日が続くため、32°〜55°の範囲で検討しましょう

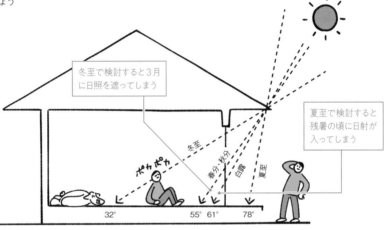

表：北緯35°の南中時の太陽高度

二十四節気		時期	太陽高度	特徴
夏	立夏	5/5頃	71.1°	夏の始まりの時期
	小満	5/21頃	75.1°	日光が多くなる時期
	芒種	6/6頃	77.6°	雨空が増えていく時期
	夏至	6/21頃	78.4°	最も日が長い日
	小暑	7/7頃	77.6°	暑さが本格的になる時期
	大暑	7/23頃	75.4°	最も暑くなる時期
秋	立秋	8/8頃	71.3°	お盆の時期
	処暑	8/23頃	66.3°	厳しい暑さを超えた時期
	白露	9/8頃	60.5°	日中の暑さが和らぐ時期
	秋分	9/23頃	55.0°	季節の変わり目
	寒露	10/8頃	49.3°	露が冷たく感じる時期
	霜降	10/24頃	43.4°	露が霜に変わる時期

二十四節気		時期	太陽高度	特徴
冬	立冬	11/7頃	38.4°	冬が始まる時期
	小雪	11/22頃	34.8°	雪が降り始める時期
	大雪	12/7頃	32.4°	本格的な冬の到来の時期
	冬至	12/21頃	31.6°	最も日が短い時期
	小寒	1/5頃	32.5°	寒さが厳しくなる時期
	大寒	1/21頃	34.8°	最も寒くなる時期
春	立春	2/4頃	38.6°	春の兆しが見られる時期
	雨水	2/19頃	43.5°	雪解けが始まる時期
	啓蟄	3/5頃	49.5°	若葉が芽吹く時期
	春分	3/21頃	55.0°	季節の変わり目
	清明	4/5頃	60.9°	爽やかな風が吹く時期
	穀雨	4/20頃	66.4°	雨がしっとり降る時期

※ 日が最も長いのは夏至ですが、最も暑くなるのは大暑のころ。これは梅雨時期の曇り空の影響もありますが、地球の蓄熱効果による位相のずれによるものです

※ 南中時の太陽高度の計算方法は以下の通り
夏至：78.4° = 90° + 23.4°(地軸の傾き) − 35°(緯度)／秋分・春分：55.0° = 90° − 35°(緯度)／冬至：31.6° = 90° − 23.4°(地軸の傾き) − 35°(緯度)

時間ごとに変わる方位や傾きを読む

前頁で南中時（おおむね正午）の太陽高度を見ましたが、太陽は常に動いていて、傾きや
方位が時々刻々と変化します。暑さが残る夕方の太陽はどの位置にあるのでしょうか。

南中時の検討だけでは不十分

大暑の太陽高度と方位角を表[※1]にまとめました。11時には南東にある太陽が、12時に南、
13時には南西へと2時間で90°近く移動します。斜めの日差しも遮れるように、庇は左右の長さ
にもゆとり[※2]が必要です。大暑の15時の太陽高度は49°と低く、ほぼ西から日が差し込みま
す。こうなると庇だけでなく、付属部材やガラスとの合わせが大切です[86頁〜94頁]

図1: 季節、時間ごとの太陽高度の変化

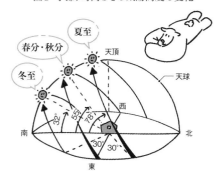

表：時間ごとの太陽高度と方位角（大暑）

大暑(7/23)	太陽高度	南からの方位
7時	22.1°	東に99.8°
8時	34.3°	東に91.8°（ほぼ東）
9時	46.6°	東に82.7°
10時	58.5°	東に70.3°
11時	69.1°	東に49.0°（ほぼ南東）
12時	75.1°	東に5.9°（ほぼ南）
13時	71.0°	西に41.9°（ほぼ南西）
14時	61.0°	西に66.7°
15時	49.2°	西に80.3°（かなり西寄り）
16時	36.9°	西に89.9°（西向き）
17時	24.7°	西に98.1°

図2: 北緯35°の太陽位置図
　　　（太陽高度と方位角）

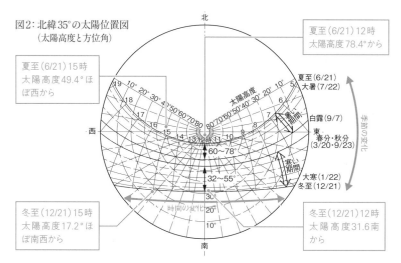

夏至(6/21)15時
太陽高度49.4°ほ
ぼ西から

夏至(6/21)12時
太陽高度78.4°から

冬至(12/21)15時
太陽高度17.2°ほ
ぼ南西から

冬至(12/21)12時
太陽高度31.6南
から

※1 東経135°北緯35°で計算した値
※2 庇の幅を広くし過ぎると、冬期にも日射を遮ってしまうので注意しましょう[90頁]

夏の降水量と台風リスクを読む

降水量を、東京(オレンジ)と、年間降水量の多い尾鷲(三重県、薄オレンジ)[※1]、日本海側の金沢(石川県、グレー)の3地域で比較しました。降水量は季節ごとの変化に着目するのが読み解くコツです。

降水量データの分析例

東京の夏期は冬期の3倍近い降水量があり、家庭菜園や散水用の雨水タンク設置が効果的です。一方、尾鷲は年間を通して降水量が多く、特に9月の降水量の多さは台風の影響が読み取れるので、雨仕舞と強風対策にはより配慮が必要です。逆に東京の9月はそこまで多くないため、雨を伴う台風のリスクは比較的低めです

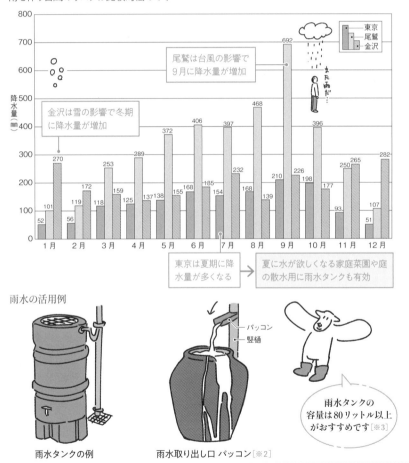

雨水の活用例

雨水タンクの例

雨水取り出し口 パッコン[※2]

パッコン
竪樋

雨水タンクの容量は80リットル以上がおすすめです[※3]

※1 尾鷲は6地域で最も年間雨量が多い地点
※2 雨水の竪樋に取り付けて、雨水を取り出すもの
※3 CASBEE-戸建(新築)の評価より散水用のタンク容量は80L以上が判定条件。また、自立循環型住宅では、便器洗浄に雨水を用いる場合、100Lタンクで35.1%、200Lタンクで51.0%、300Lタンクで61.8%、500Lタンクで74%の再利用率というデータもあります

春から秋の風で通風の可能性を探る

風速を東京と沿岸部の浜松（静岡県、6地域）、内陸部の京都（6地域）の3地点で比較しました。風速は弱いと通風効果が得られにくいですし、強すぎると、室内の書類が散らばったりと不具合もあります。1～2m/sくらいが扱いやすい風速です。

風速データの分析例

東京の風速は年間通して少し強めの3m/s程度で安定しており、通風のポテンシャルが高いです。入口と出口の適切な開口部配置や通風経路に配慮します［66～69頁］。浜松は1年を通して風速が強く、冬期の強風対策と中間期の通風経路に配慮が必要です。京都は年間を通して東京より風速が弱いですが安定しており、通風を計画しやすい地域です

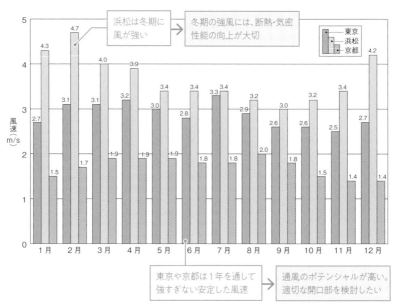

通風は取り入れ口付近が最も涼しく、出口付近はぬるくなっています。間取りと併せて、通風経路を検討しましょう。風向風速は次頁でより詳しく見てみましょう

図：通風のイメージ

卓越風向で取り入れ口を検討

最多風向(卓越風向)がわかると、どの方角に通風用の開口部を設ければ効果的かがわかります。ただし風向きは周囲の建物や地形の影響を受けやすいため、周辺環境の確認と併せて考える必要があります[41~47頁]。

風向き(卓越風向)データの分析例(東京の場合)

自立循環型住宅[※]の自然風利用の設計補助ツールとして風向データが公開されており、月ごと、時間ごと(起居時:7~22時、就寝時:23~6時)の情報がまとめられています。東京の卓越風向データを見ると、夏期夜間は南西の風が多く、春の日中は南北の風、秋の日中は北北西の風が多いことがわかります。風向きを見ながら開口部の検討を行いましょう

平均風速[m/s]※6~9月の平均値

起居時	就寝時	終日	地点名	地点番号	緯度(北緯)	経度(東経)	観測点標高	風速計高さ
1.9	1.5	1.7	東京	363	35.7°	139.8°	6m	74.5m

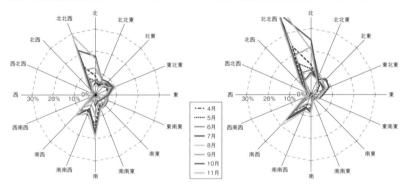

図1：月別風配図(起居時：7時~22時)　　　図2：月別風配図(就寝時：23時~6時)

凡例：4月／5月／6月／7月／8月／9月／10月／11月

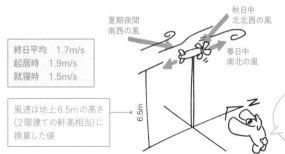

終日平均　1.7m/s
起居時　　1.9m/s
就寝時　　1.5m/s

風速は地上6.5mの高さ
(2階建ての軒高相当)に
換算した値

夏期夜間
南西の風

秋日中
北北西の風

春日中
南北の風

真夏の暑い時間帯は、外気を取り込むと室内が暑くなってしまうので、基本的に室温より外気温が涼しい時が通風のタイミングです。春や秋は日中、夏は夜間が有効です

たとえば春は南北に開口を設けて通風を検討しましょう。南北に開口が取れない場合は、北から取り込んで東西に抜くなどの工夫も考えられます

※ 自立循環型住宅とは、極力自然エネルギーを活用し、建物と設備にも注意を払うことで、心地よさと省エネを両立できる住宅です。自然風利用を含む15の要素技術が設計ガイドラインにまとめられています。自立循環型住宅webサイト　https://www.jjj-design.org/jjj/jjj-index.html

実践！気象分析

気象分析を実践してみましょう。設計者にとっては、計画地の自然エネルギー利用のポテンシャルを確認し、計画に生かすための最初のステップです。住まい手にとっても居住地の特徴を理解し、暮らし方に生かせます。

気象データの分析方法

31頁の手順を参考に気象庁webサイトへアクセスして、計画地の気象データを下表に記入します。ほかの地点と比較し（下表には仮に東京のデータが入っています）、気がついたことを文章化してみましょう。また、webサイト上のデータを選択・コピーし、表計算ソフトに貼り付けると、表計算ソフトで数値として扱えるので、32～37頁を参考に見やすく整えてみましょう

	地　点				比較する地点		東京	
気温 （旬ごと）	最も暑い時期は		月	旬頃	最も暑い時期は	8	月　上	旬頃
	平均気温		℃		平均気温		27.4	℃
	日最高気温		℃		日最高気温		31.9	℃
	日最低気温		℃		日最低気温		23.9	℃
	最も寒い時期は		月	旬頃	最も寒い時期は	1	月　下	旬頃
	平均気温		℃		平均気温		5.2	℃
	日最高気温		℃		日最高気温		9.6	℃
	日最低気温		℃		日最低気温		1.0	℃
日照 （年・月ごと）	最も日照時間が多いのは		月頃		最も日照時間が多いのは		1	月頃
	日照時間		時間		日照時間		192.6	時間
	年間日照時間は		時間		年間日照時間は		1926.7	時間
降水量 （年・月ごと）	最も多く降るのは		月頃		最も多く降るのは		10	月頃
	降水量		mm		降水量		234.8	mm
	年間降水量は		mm		年間降水量は		1598.2	mm
風 （年・月ごと）	終日平均風速		m/s		終日平均風速		2.9	m/s
	夏期の最多風向		より		夏期の最多風向		南	より
	中間期の最多風向		より		中間期の最多風向		春、秋ともに北北西	より

気が付いたこと

※ 地点によってはすべての情報がそろわない観測所もあります。その場合は近くの観測所を参照のこと

建築設計用気象データでピンポイント分析

「建築設計用気象データ」[※1,2]はWEB上で施設名や住所を入力すると、ピンポイントの気象データ(気温、降水量、絶対湿度、全天日射量、風速、風向等)が計算されます。これは気象庁の中規模数値予測モデルに基づき、地点を囲む最低4地点のデータから標高補正と空間補完がされたデータです。

ピンポイント気象データも比較で読み解く

図は東京駅の地点データです。ただし、WEB上では1地点だけの表示なので気象を読み解くためにも、これまで見てきたように、他の地点と比較して特徴を説明できるようになりましょう

気温[℃]

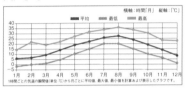

降水量[mm]

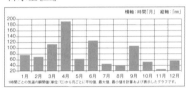

絶対湿度[g/kg(DA)]

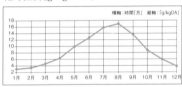

日射量[MJ/㎡]

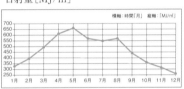

また、CSV形式で1時間ごとのデータを出力できるので、詳細な検討やプレゼンに活用できます。分析用のExcelデータ[※3]に出力したCSVデータを貼り付けると簡単に2地点の比較ができます。下図は東京(オレンジ)と金沢(グレー)の日射量(棒・左軸)と日射強度(折れ線・右軸)です

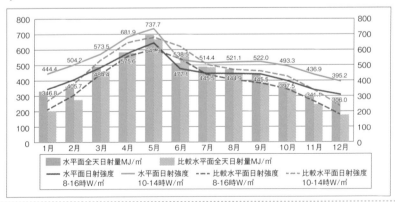

※1 分析用WEBプログラム「建築設計用気象データ」 https://climate.archlab.jp/#/
※2 建築研究所の元データ「ArcClimate気象データ」 https://github.com/DEE-BRI/arcclimate/
※3 分析用のExcelは森林文化アカデミー木造建築専攻ダウンロード ページ
　　https://www.forest.ac.jp/courses/wooden-architecture/download/

敷地分析は予習から始める

気象データでマクロ視点の傾向を確認したら、次はミクロ視点で計画地のポテンシャルを読み解いていきます。気象条件が同じ地域でも、斜面の向きや隣棟で日当りが変わったり、周辺の人通りの様子で窓を大きく開けにくかったりと、計画地の特徴は大きく異なるからです。

まずはネットを活用して敷地分析

敷地分析のコツは事前に予習をしてから現地に赴くことです。せっかく現地に行っても、少し離れた地形や建物を見落しかねないからです。周辺に気になる建物や地形がないかなど、ネットを活用して広域で予習して、現地で確認しましょう

風通しのよい高台

日当りがよい南斜面

緑地から冷気が下りてくる里山

日当りや風通しが悪い密集地

表に予習に使える情報源をまとめました。Google Map や国土地理院の航空写真が基本情報です。加えて、ハザードマップや植生図なども併せて分析しましょう。「VectorMapMaker」を使用すると詳細な白地図[43頁]が作成でき便利です

表：敷地情報や周辺敷地の地図データ、地理・気候・統計的なデータを扱うサイト・ソフト

	サイト名	特徴	URL
1	GoogleMap、GoogleEarth	手軽に航空写真で周辺を見渡せる。ストリートビューで通りを歩くことができる	https://www.google.co.jp/maps
2	地理院地図	さまざまな航空写真を地図上に重ねて表示できる。何の加工もされてないプレーンな航空写真は意外と使い勝手がよい	https://maps.gsi.go.jp/
3	地図空中写真閲覧サービス	様々な時代の航空写真や地図が閲覧できる。土地の変遷をプレゼンするときに便利	http://mapps.gsi.go.jp/maplibSearch.do
4	国土地理院基盤地図情報サイト	基盤地図情報とそのビューアソフト。縮尺の指定の記号の非表示を補う万能型の地図。データをダウンロードできる	https://www.gsi.go.jp/kiban/
	VectorMapMaker	上記サイトのデータを Illustrator や CAD で使えるようベクターデータに変換するソフト。敷地分析図の下図にすると便利	https://www.vector.co.jp/soft/dl/winnt/writing/se479527.html
5	G空間情報センター	国土地理院や法務省、民間各社、学術機関等から提供される地理空間情報を集約するプラットフォーム	https://front.geospatial.jp/
6	地域経済分析システム（RESAS）	手軽に各地域の経済・産業・人口の増減・割合・強みと弱みを可視化できる	https://resas.go.jp/
7	生物多様性センター（環境省 自然環境局）	現存植生図（1/50000、1/25000）が確認できる	https://www.biodic.go.jp/
8	国土調査 土地分類調査・水調査（国土交通省）	地形分類図や地表地質図、土壌図（1/50000）が確認できる	https://nlftp.mlit.go.jp/kokjo/inspect/inspect.html
9	ハザードマップポータルサイト	洪水・土砂災害・津波のリスク情報や土地の特徴などを地図や写真に重ねて表示できる	https://disaportal.gsi.go.jp/
10	J-SHIS地震ハザードステーション	表層から深部までの地盤情報や微地形区分、地震動予測などを確認できる	https://www.j-shis.bosai.go.jp/

航空写真・ストリートビューで予習する

航空写真やストリートビュー(Google Map、Google Earth)を使って、山や川、公園などを手がかりに現地で見るべきポイントを予習します。現地調査の所要時間も変わってくるため、当日何を確認するのかシミュレーションしておくとよいでしょう。想像力を働かせて計画地周辺をいろいろイメージしておきましょう。

気象データでは読めない特徴がわかる

航空写真
・敷地の傾斜状況や方位、接道状況の確認
・見通しの良い方向や借景できる要素の予測
・隣地の状況(特に南方向)の確認
・周辺の建物や駐車場(抜け)、緑の分布、屋根形状の確認
・少し広い範囲で気になる特別な施設(学校や工場、商業施設、高速道路)の確認

ストリートビュー
・隣家の窓やエアコン室外機の位置
・周辺の建物の高さや仕上げ、擁壁の有無の確認
・道路の状況(道路幅員、電柱などの障害物、歩道、ガードレール)の確認
・計画地周辺の密度感、敷地の抜け感の確認

山
方位と高さを確認しておきます。敷地からの景色や緑のつながりで、庭を広く生かしやすいです。ただし、山の影で冬の日の出は遅く、日の入りは早いので注意。虫が出ることもあります

川や公園
敷地からの距離や利用形態(用水路か親水空間かなど)を確認。風の通り道になりやすく、今後もそのまま開けている可能性が高く、日当りがよいです。一方で、湿気の多さや、人の声が気になるケースもあります

道路
幅員や交通事情、人通りを確認。住まい手や来訪者が、前面道路のどちら側から敷地を見ることが多いか予想しておきます

マンションや施設(学校、工場など)
建物までの距離や方位、高さ、営業時間などを確認。朝と夜、平日と休日、時間帯、曜日によっても異なるので要チェック

予習内容を敷地分析図にまとめる

航空写真やストリートビューを見ていると、頭の中でわかった気になってしまいますが、意外と見落としていることもあります。予習で気になるポイントを地図上にプロットしておくことで、いろいろと整理ができます。この辺りは何か特徴がないかなといった気づきも生まれます。

予習した内容を敷地分析図にまとめる

確認したいのは、山並みや建物に影響される日照環境や周辺環境、人の流れなどさまざまです。下図となる広域地図［※］に山並みと敷地からの距離、太陽の動きや風向き予想などを描き込みます。また近隣の商業施設なども確認します

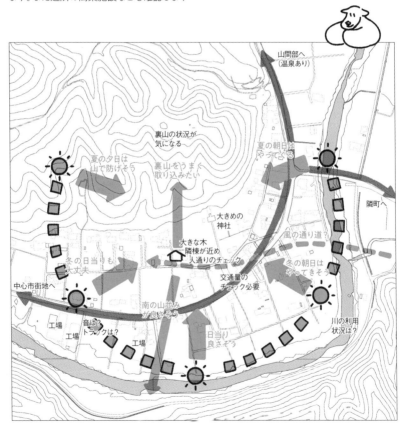

※ 図の白地図は、国土地理院のデータから「VectorMapMaker」［41頁］で作成しています。白地図は後からも敷地案内図など便利に活用できるので、一度つくっておくと便利

現地でポジティブ要素を探す

予習が終わったら、現地で答え合わせをします。現地からは、ネットではわからない雰囲気や景色の情報が手に入ります。

設計のキーになるポジティブ要素を確認する

気にかけたいのが敷地の持ち味を生かせるポジティブ要素です。特に日当たりや緑、視線の抜けは、設計するうえでの大きなポジティブ要素になります。また、周囲の街並みは外観デザインの手がかりになったり、敷地の高低差もうまく活用すれば、その立地ならではの設計につながります。現地での確認の方法は次の2つです

1. 現地や周辺で自ら体感・確認する
景色の見え方(内外部から)や、日照、風、空気感などを自ら確認します

2. 近隣の方からの聞き取り
人となりや文化的行事などを聞き取ります

現地で確認したい要素

景　観	自　然	人　文
●シンボル的なもの ●見通しの良さ・眺望 ●土地形態・地形(谷や高台、窪地など) ●道路や隣地との高低差 ●樹木、河川など ●特徴的な建築物	●日当り(周辺建物や樹木も確認) ●風向き(近隣の方の聞き取りも重要) ●植物(自生種や周辺に多い樹木、同定ができると効果的) ●土壌	●街並み(高さ、色、外構の特徴) ●素材(木材、瓦、石、土など) ●歴史・文化的な特徴 ●交通手段 ●居住性・治安 ●電気や上下水道などのインフラ

緑のつながり、シンボルツリー
計画地から外までつながる緑があると、窓から遠くまで視線を抜くことができます。またシンボルツリーになりそうな樹木があれば活用します

視線の抜けや日照、風当り
視線が抜けて緑や遠くの景色、空が見えるポイントを見つけます。これらを意識して開口部を計画すれば、伸びやかな気持ちのよい空間が実現します

周辺の街並み
周辺の建物に使われている素材(木材、瓦、石、土など)や建物の形状、高さ、色、外構など。周囲の建物と連続し、調和のとれた街並みをつくります

敷地の高低差
計画地内外に高低差があるかを確認します。高低差を生かした計画は外部からの視線を外したり、日照や眺望をよくしたりと工夫のしがいがあります

ブロックしたい不快要素を確認

ポジティブ要素に加えて、ブロックしたいネガティブ要素も確認しておきましょう。また、自分の家が周りに与えるネガティブ要素にも配慮します。

ブロックしたいネガティブ要素を確認する

隣家の窓や設備には特に注意が必要です。また、散歩の人が多い地域だと、道からの視線にも気を配ります。建物や窓の配置、建物形状、外構のつくり方などで、ネガティブな不快要素をなるべくかわして計画します

隣家の窓や道からの視線
どんな方向から見られそうか、隣の家や道からの視線を観察します。窓は配置や大きさ、何の部屋（トイレなのか居室なのか）かも確認します

室外機や物置、ごみ置き場
熱風と振動音が気になるエアコンやエコキュートの室外機を確認します。特にエコキュートは深夜に動作することが多いので注意が必要です。また、物置やごみ置き場も確認します

換気扇
匂いが気になる台所やトイレの換気扇も確認しておきます。使用していない時はただのフードですが、夕食時になると美味しそうな匂いが漂ってくることも

自分の家が周りに与える不快要素に配慮する

自分の計画も、近隣から見たらブロックしたい要素になることもあります。道路や隣地からどう見えるかを考えておきましょう。また、太陽光発電のために南向きの片流れを採用すると、北隣の南の庭が日影になってしまいます。住まい手は、数十年とこの場所に住むことになるので、お互い良い関係を築けるようにお互いの距離感に配慮しましょう

隣家に迫るときは北側を折り曲げて高さを抑えるなど工夫をしましょう

たっぷり発電。ホクホク

南の庭がずっと日影になっちゃった

実践! 現地で体感する

さて、いよいよ実践です。実際の計画地に赴いて、具体的にポジティブ要素を書き出していきましょう。

現地に赴いて日照検討

パッシブデザインで特に大切な日照状況の現地確認は2種類あります。1. ローテクに時間や季節を変えて何度も現地に行き、その都度写真を撮る方法と、2. スマホアプリで、年間、時間予測を行う方法です

1. 何度も現地に赴く
毎回、同じ構図の写真を撮影すると影の動きがわかりやすいです。日照以外にも周囲の音や風、景色の変化など、さまざまな要素も同時に得られるのでおすすめです

2. スマホアプリを活用 [48頁]
太陽の動きが見えるツールをかざして確認します。おすすめツールは、カメラ画像に太陽の軌跡が合成される「太陽軌道アプリ」です

敷地で感じたこと、気が付いたことをスケッチしましょう

- ●敷地の真ん中に立って設計のキーとなるポジティブ要素を直感的に感じ取りましょう。これが一番大切です(下図)

- ●スケール感をつかむため敷地に立って5m、10m先がどこかを予想し、巻き尺で確認し体感しましょう

- ●敷地の外から、どうアプローチするか、どう見えるかを考えましょう

- ●感じたこと、調査したことを敷地図やスケッチブックに書き込みましょう(写真撮影も行う)

具体的な書き込み要素は下記のとおり
- ・「キーとなるポジティブ要素」「ブロックしたい不快要素」「不足している要素」
- ・隣棟建物の大きさや窓、室外機の位置、地形や樹木、設置物など
  敷地からの見え方(立ったり、座ったり、歩いたりしながら)
- ・周囲の情報(周辺からアクセス、道路からの敷地の見え方)

○ 北窓は光量が安定
○ 北の樹木が順光できれいに見れる
○ 終日日影のクールスポットがある
○ 涼しい風が吹きやすい
○ 樹木が借景に使える
○ 大きなケヤキの木がシンボルになりそう
△ 北風が寒い

○ 夕日がロマンチック
○ 冬の夕日で暖かそう
○ 北西、南西に抜け
△ 夏の西日が暑そう
△ 隣の窓に注意
△ 道からの視線に注意

	北	
西	計画地	東
	南	

○ 朝日が清々しい
○ 北東、南東に抜け
○ 低めの塀で隣棟の足元が見えない
△ 夏の朝日に注意
△ 隣棟の窓に注意
△ 室外機に注意

○ 日当りが良く日向ぼっこが心地よい
○ 道路があり将来も隣棟が建たない
○ 南に田んぼがあり風が気持ちよさそう
○ 南に抜けがある
△ 風景が逆光になりがち
△ まぶしすぎる光に注意
△ 道からの視線と騒音に注意(散歩道)

パシャッ!

ポジティブ要素をまとめる

敷地で感じたことや計測した内容をスケッチや図面にまとめてみましょう。一からつくるのは手間がかかりますので、事前に作成した敷地分析図や敷地図をアップデートする形が良いでしょう。

敷地の特徴をスケッチにまとめる

プランニングしていると、室内の間取りや住まい手の要望ばかりに意識が向きがちになることがありますが、敷地のポジティブ要素をスケッチにまとめておくことで、この敷地ならではのアイデアがひらめくときがあります

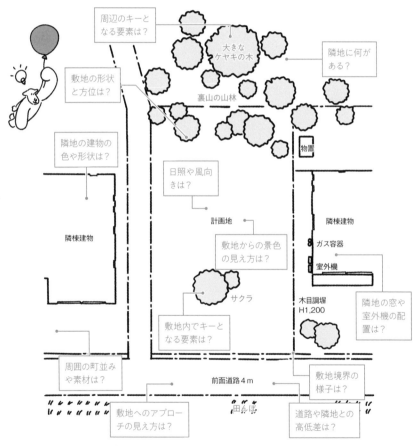

周辺のキーとなる要素は？

大きなケヤキの木

隣地に何がある？

敷地の形状と方位は？

裏山の山林

隣地の建物の色や形状は？

日照や風向きは？

物置

計画地

隣棟建物

ガス容器

室外機

敷地からの景色の見え方は？

隣棟建物

サクラ

木目調塀
H1,200

隣地の窓や室外機の配置は？

敷地内でキーとなる要素は？

周囲の町並みや素材は？

前面道路4m

田んぼ

敷地境界の様子は？

敷地へのアプローチの見え方は？

道路や隣地との高低差は？

北の山林から南の田んぼに開けており、視線の抜けや風通りを意識した計画が効果的です。また敷地南は日当りが良く、うまく配置したいところです。一方、東西は建物が迫っており、窓や室外機があるため、窓をずらしたり、塀を設置するなど視線をかわす工夫が必要です

※ 敷地分析図も現地情報を加えた最新版にアップデートしておきましょう

敷地調査は便利なスマホアプリを活用

最近はスマートフォンの各種センサー[※1]を活用した便利な実測アプリがそろってきました。スマホにインストールして実測調査時に活用しましょう。

スマホの実測ツール

●太陽軌道アプリ[※2]

敷地からの太陽の軌道を見るツール。カメラで季節ごとの太陽の軌道を確認できます。
ARカメラで敷地に立った地点から季節・時間ごとの太陽の位置が確認できて便利です
・Sun Seeker、サン・サーベイヤー

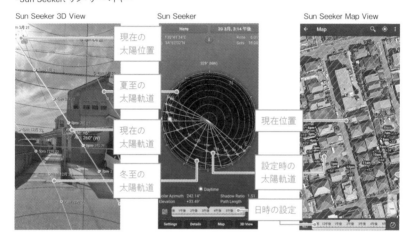

| Sun Seeker 3D View | Sun Seeker | Sun Seeker Map View |

現在の太陽位置 / 夏至の太陽軌道 / 現在の太陽軌道 / 冬至の太陽軌道 / 現在位置 / 設定時の太陽軌道 / 日時の設定

●方位磁針アプリ[※2]

現地で方位が確認できます。航空写真を背景に写せるアプリもあります
・Smart Compass

●距離測定アプリ

AR機能を使い、敷地の大きさや高さなどを計れるアプリ
・Smart Measure

●騒音測定アプリ

敷地の騒音状況を実測できます

●照度測定アプリ

照度を測定できます

●輝度測定アプリ

輝度を測定できます
・QUAPIX Lite[※3]、Lupin meter (iOS)

●水平器

角度や水平を計測できます

QUAPIX Lite

便利ツール

●360°カメラ

全方位の写真を撮ることができる。後で気になった箇所があった際に確認できます
・RICOH THETA、Insta360

※1 スマホ内臓のセンサーによっては、精度が出ない場合があります
※2 太陽軌道アプリやSmart Compassは有料アプリ
※3 OSのバージョンによっては動作しない場合があります

家相・風水を科学する

若い夫婦が「家相や風水は気にしません」と計画を始めたら、計画終盤で両親から「鬼門の水廻りは家相が悪いから位置を変更した方が良い」と……。家相や風水は計画の根本を揺るがすことになりかねません。家相や風水はどのように考えたらよいでしょうか。

鬼門や裏鬼門に水廻りを置くと家族が不健康になる?

現在では断熱強化と日射遮蔽で、これらの問題は解決できます。

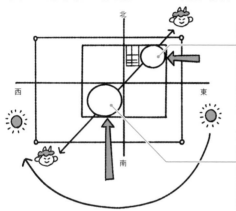

北東(表鬼門)は、昼過ぎから日射が当たらなくなる。そこに脱衣所や浴室を置くと、冬の夜間、最も室温が下がった状態になり、ヒートショック(当時は原因不明?)で亡くなる方が多かったのではないかと考えられる

南西(裏鬼門)は、朝から徐々に室温が上がり、西日でダメ押しされ非常に暑くなる。蒸し暑い室内は、冷蔵庫のなかった時代であれば食材が腐ったり、雑菌が繁殖したりと食中毒などの被害もあったのではと考えられる

建物の欠けは健康や災いが起こる?

形状に合わせた断熱、耐震設計で解決でき、死角も計画の工夫で、視線の抜けをつくったりと対応できます

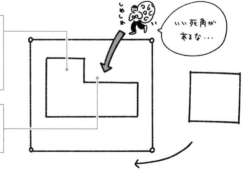

凹凸が多い建物は、熱が逃げやすい形態[72頁]で、同じ断熱仕様でも室温が下がりやすくなる。また、構造的にも力が伝わりにくい不利な形状になる

死角ができやすく、盗難や放火などの防犯対策の点からも不利になる

いい死角があるな…

温熱性能の向上で、不利な状況の回避は可能ですが、家相や風水には、目に見えない気の流れを整える作用があるともいわれ、まだまだ科学的に判断できない部分もあります。
また気になりだすと、事故があった時に無関係でも関連付けて考えてしまいますので、家相や風水に関して心理的要因から気にする住まい手や家族がいれば、最初から意識して計画すべきです。先人の知恵を尊重しつつ、現代の工夫で対処しましょう

第**3**章 パッシブ手法からの プランニング

周辺環境や住まい手の持ち味を生かすには、パッシブ手法の活用を第一に考えます。
日射熱や昼光、通風といった自然エネルギーを生かすパッシブ手法には、さまざまなコツがあります。その中でも建物の配置計画や形状が特に大切です。密集地や変形敷地では、日射を生かすのが難しい場面もありますが、強引に設備（アクティブ）で解決しようとせず、まずは計画地や住まい手のポテンシャルを生かせる計画の工夫（パッシブ）を考えましょう。

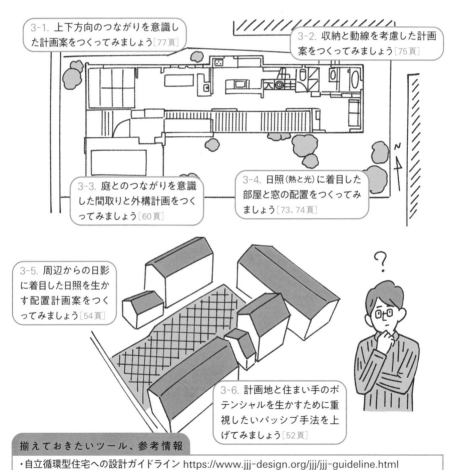

3-1. 上下方向のつながりを意識した計画案をつくってみましょう[77頁]

3-2. 収納と動線を考慮した計画案をつくってみましょう[75頁]

3-3. 庭とのつながりを意識した間取りと外構計画をつくってみましょう[60頁]

3-4. 日照（熱と光）に着目した部屋と窓の配置をつくってみましょう[73、74頁]

3-5. 周辺からの日影に着目した日照を生かす配置計画案をつくってみましょう[54頁]

3-6. 計画地と住まい手のポテンシャルを生かすために重視したいパッシブ手法を上げてみましょう[52頁]

揃えておきたいツール、参考情報

・自立循環型住宅への設計ガイドライン https://www.jjj-design.org/jjj/jjj-guideline.html
※設計ガイドラインは、講習会に参加することにより入手可能
・Jw_cad　　https://www.jwcad.net/
・SketchUp for Web　　https://www.sketchup.com/ja/products/sketchup-for-web

3-7. 日射取得を意識した計画案をつくってみましょう[61、62頁]

日射取得

3-8. 日射遮蔽を意識した計画案をつくってみましょう[74頁]

日射遮蔽

3-9. 通風に着目した窓配置と空間構成をつくってみましょう[66〜69頁]

通風

パッシブデザインの6つの視点

3-10. 昼光利用を意識した計画案をつくってみましょう[70、71頁]

昼光利用

3-11. 熱損失の少ない形状で計画してみましょう[72頁]

断熱気密

3-12. 太陽光発電を意識した建物形状で計画してみましょう[56頁]

太陽光発電
太陽熱温水器

3-13. 複数の計画案からピンときた1案をベースに内容を詰めていきましょう。その際、計画の考え方のポイントも明記しましょう[78頁]

第3章の到達点

敷地と住まい手の持ち味を生かした
プランニングができる

最初に考えるべきパッシブ手法

自然エネルギーを活用するパッシブデザインは、プランニングと密接に関係しています。
建物の形状や配置を考える時点で、しっかり日射や風の取り込みを検討しておかない
と、後からの変更が難しいです[※]。

配置計画から始めるパッシブデザイン

パッシブデザインには、日射熱利用、日射遮蔽、自然風利用、昼光利用があります。加えて効果
を高める断熱性能があり、また自然エネルギーを活用する設備として太陽光発電や太陽熱温水
器なども忘れてはなりません。これらは、配置計画の段階で効果が期待できるかをしっかり検
討する必要があります。プランニング段階で検討すべき各要素を図に示します

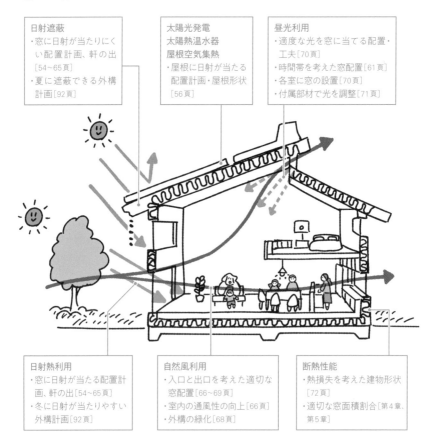

日射遮蔽
・窓に日射が当たりにく
　い配置計画、軒の出
　[54～65頁]
・夏に遮蔽できる外構
　計画[92頁]

太陽光発電
太陽熱温水器
屋根空気集熱
・屋根に日射が当たる
　配置計画・屋根形状
　[56頁]

昼光利用
・適度な光を窓に当てる配置・
　工夫[70頁]
・時間帯を考えた窓配置[61頁]
・各室に窓の設置[70頁]
・付属部材で光を調整[71頁]

日射熱利用
・窓に日射が当たる配置計
　画、軒の出[54～65頁]
・冬に日射が当たりやすい
　外構計画[92頁]

自然風利用
・入口と出口を考えた適切な
　窓配置[66～69頁]
・室内の通風性の向上[66頁]
・外構の緑化[68頁]

断熱性能
・熱損失を考えた建物形状
　[72頁]
・適切な窓面積割合[第4章、
　第5章]

※ 建物形状や配置計画以外は、コストさえかければ後からでも大きな計画変更なしに高性能化できます。断熱性能の向上はプランがそのままでも
　分厚く断熱を入れたり、トリプルガラスの採用などで実現できるし、高効率設備も交換を前提に設置場所を検討し後付け可能な方がメンテナン
　スがしやすくなります

南を大切に考える

パッシブデザインを考えるうえで、南を大切にするのは定石です。理由は単純で、南面に当たる太陽エネルギーは冬は大きく、夏は小さいからです。

南は方位の優等生

図は東京の1月と8月の平均の全天日射量[※]を示しています。南の日射量は1月の600W/㎡に対して8月は300W/㎡と、冬の方が倍近く日射を受けます。東は朝に、西は夕方にピークであり、東西日射量は1月と8月ともに350W/㎡とほとんど変化がありません。南というだけで、冬はたっぷり日差しを受け、夏は少なくなります。つまり南は方位の優等生なのです

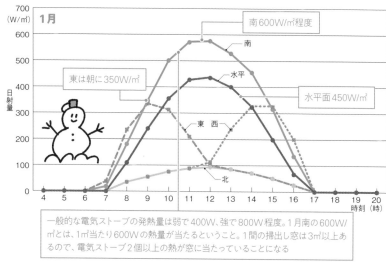

一般的な電気ストーブの発熱量は弱で400W、強で800W程度。1月南の600W/㎡とは、1㎡当たり600Wの熱量が当たるということ。1間の掃出し窓は3㎡以上あるので、電気ストーブ2個以上の熱が窓に当たっていることになる

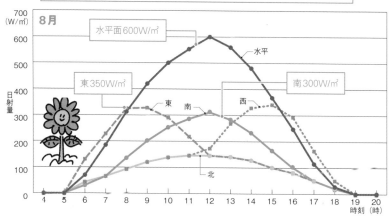

※ 全天日射量は、直接受ける日射(直達日射量)と雲などで反射された散乱日射(天空日射量)に分けられます。東京では、雲の少ない1月は直達日射量が多く全天日射量に占める割合は直達日射量60%、天空日射量40%程度です。逆に8月は雲量が多く直達日射量40%天空日射量60%程度の割合です

配置の基本は日照に素直

南を大切にするということは、建物はなるべく北寄りに南面が大きくなるように配置するのが基本です。

日照に素直に配置

敷地にゆとりがあれば、東西に長めの建物形状を考えてみましょう。これには2つのメリットがあります。1つ目は、同じ建築面積でも南面が大きく取れること。2つ目は、北に寄せることで南隣家の影の影響を受けにくいことです。南の離れを取りつつ、建物が細長くなりすぎないように建物形状を検討しましょう

日射遮蔽は、付属部材で後から対応できるが、日射取得は、建物配置や窓で決まり後から増やすことができない。まずは、日射取得を優先して考えよう

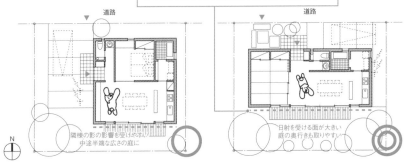

隣棟の影の影響を受けやすい中途半端な広さの庭に

日射を受ける面が大きい庭の奥行きも取りやすい

斜めの敷地でも日照に素直に

方位が傾いた敷地は少し注意が必要です。道路や敷地に対して並行に配置するのは簡単ですが、道路からの見え方が単調になりやすいです。ここでも日照に素直に建物を南に正対させることも検討してみましょう

周囲の三角形の空間は扱いにくい印象があるかもしれないが、奥行きの変化で外部空間にメリハリが出る

三角形の空間は、駐車場や庭、サービスデッキなど多様な提案につながる

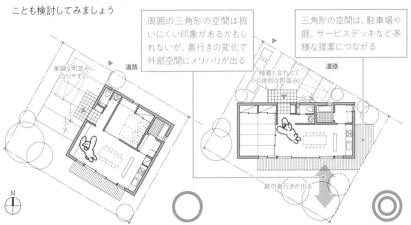

単調な町並みになりやすい

植栽と合わせて立体的な町並みに

庭の奥行きが出る

日影図から配置を検討

たとえば敷地(東西15m、南北9m)の南に隣棟があると、敷地に大きく影を落とします。この敷地に、南北にいっぱいの建物(オレンジ点線)を配置すると、南の大半は8時間以上の等時間日影(太線)[※1]に重なり1階の日照はほとんど期待できません。しかし、北側に寄せて東西に長めの計画(オレンジ実線)にすれば、南開口がたくさん取れ、かつ日照も得やすくなります[※2]

図:地表面の建物日影図と等時間日影図(南隣棟の高さは2階建てを想定して6m)

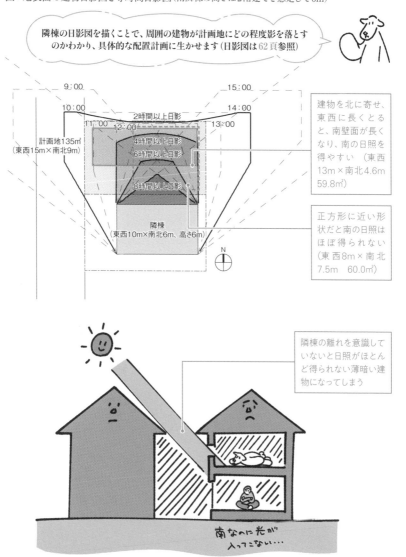

隣棟の日影図を描くことで、周囲の建物が計画地にどの程度影を落とすのかわかり、具体的な配置計画に生かせます(日影図は62頁参照)

9:00　　　　　　　　　15:00

10:00　　　　　　　　　14:00

2時間以上日影

11:00　12:00　　　　　13:00

計画地135㎡
(東西15m×南北9m)

4時間以上日影

6時間以上日影

8時間以上日影

隣棟
(東西10m×南北6m、高さ6m)

N

建物を北に寄せ、東西に長くとると、南壁面が長くなり、南の日照を得やすい (東西13m×南北4.6m 59.8㎡)

正方形に近い形状だと南の日照はほぼ得られない(東西8m×南北7.5m　60.0㎡)

隣棟の離れを意識していないと日照がほとんど得られない薄暗い建物になってしまう

南なのに光が入ってこない…

....

※1 8時から16時までの影のうち、何時間日影の時間があるか示したもの
※2 日影図は北緯35°の冬至、8~16時で計算。Jw_cadを用いて作図しています

日照を読む　　55

狭小地は屋根の工夫で対処

都市型の狭小地の場合、住宅が密集しすぎて敷地に日照が十分に当たらない場合があります。そんなときは、屋根の工夫で対処します。

屋根を工夫して日射を生かす

南を高くしたりハイサイドから直接太陽の恵みを受け取るパッシブ型と、太陽光発電や空気集熱などの太陽の恵みを設備で受け取るアクティブ型があります

パッシブ型

南を高くして2階部分に直接日射熱と昼光を受け取る

2階リビングの提案や吹抜けを利用した1階への導光も有効。北面の太陽光発電は3割ほど効率が落ちますが、創エネも検討します[197頁]

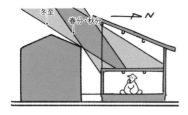

アクティブ型

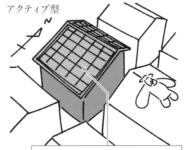

南を低くして屋根で日射を受け、太陽光発電[197~199頁]や屋根空気集熱[193頁]を積極的に活用

北側のハイサイドライトで、年中安定した昼光利用[70頁]も検討します。北隣の家への影や北側斜線を考えて、低めに抑える工夫をしましょう

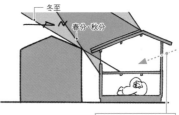

北の光で昼光利用

南北に短い敷地も屋根形状で考える

東西が長く南北が短い敷地も同様に、屋根形状を工夫します。南北の奥行が短くても、南道路だと建物が建たないため、日照が期待できます。また東西道路の場合も朝夕の日照が得られるので、よく観察しましょう

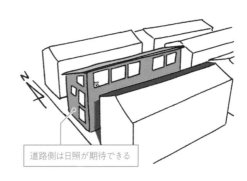

道路側は日照が期待できる

広い敷地は自ら制約を課していく

広い敷地は自由度が大きく、一見、簡単そうに見えます。ですが、どこに建物を配置するか、L型の建物か分棟配置か、たくさんの可能性があり、どこから手を付けるべきかわからず難しいものです。そこでヒントとなるのが、住まい手のこだわりや敷地のポジティブ要素です。大切にすべき要素を固定化し、自ら制約を課すことで、うまくまとまります。

外構と合わせて配置のベストポジションをみつける

基本は日照に素直に、住まい手の暮らしをイメージすることです。優先順位をつけ、計画要素を固定していきます。敷地全体を整備する予算が確保できない場合もマスタープランをつくり、順番に整備して、将来的に整った配置計画を実現させます

いろいろな庭を楽しむ

樹木が好きな住まい手には、日当りのよい南庭や、散歩できる北庭など、樹種の選定も含めて庭中心に配置を考えます

家庭菜園や趣味の小屋

家庭菜園や趣味の小さな小屋など、暮らしの豊かさをを求める住まい手にはそれぞれの持ち味を生かせる配置を考えます

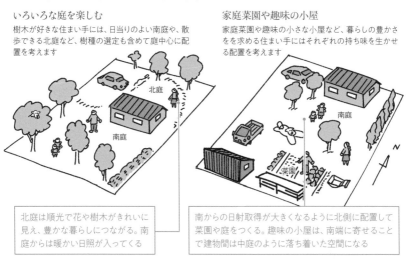

北庭は順光で花や樹木がきれいに見え、豊かな暮らしにつながる。南庭からは暖かい日照が入ってくる

南からの日射取得が大きくなるように北側に配置して菜園や庭をつくる。趣味の小屋は、南端に寄せることで建物間は中庭のように落ち着いた空間になる

広い敷地を生かすアイデア

広い敷地はさまざまな可能性を秘めています。住まい手が大切にしたいことを読み取り、いろいろな仕掛けを取り入れましょう

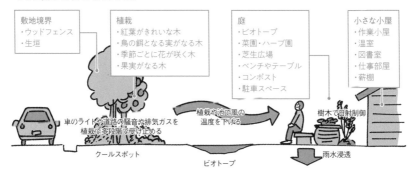

敷地境界
・ウッドフェンス
・生垣

植栽
・紅葉がきれいな木
・鳥の餌となる実がなる木
・季節ごとに花が咲く木
・果実がなる木

庭
・ビオトープ
・菜園・ハーブ園
・芝生広場
・ベンチやテーブル
・コンポスト
・駐車スペース

小さな小屋
・作業小屋
・温室
・図書室
・仕事部屋
・薪棚

車のライトや道路の騒音や排気ガスを植栽で多段階で受け止める

植栽や池で風の温度を下げる

樹木で日射制御

クールスポット

ビオトープ

雨水浸透

東西に細長い敷地は北側に寄せる

東西に細長い敷地は、南隣家の影が大きく敷地にかかってきます。基本どおりに建物を北側に寄せ、南のゆとりを取れば日照を得やすくなります。ただ、建物形状が細長いと熱損失も大きくなるので、その分、断熱性能を高めることをお忘れなく[72頁]。敷地の奥行きがなく北側に寄せられない場合は、狭小地と同様[56頁]、屋根で工夫しましょう。

等時間日影図[63頁]で配置を検討

等時間日影図を見ながら建物を配置することで、的確な配置になります。日照シミュレーションは入力が正しければそのとおりの日照になります

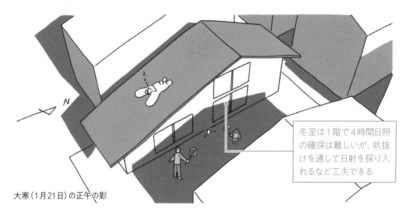

冬至は1階で4時間日照の確保は難しいが、吹抜けを通して日射を採り入れるなど工夫できる

大寒（1月21日）の正午の影

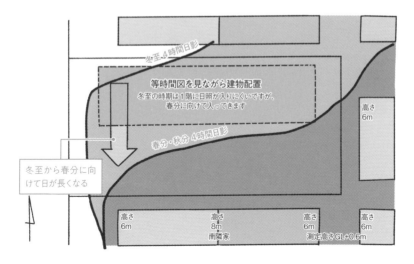

冬至 4時間日影

等時間図を見ながら建物配置
冬至の時期は1階に日照が入りにくいですが、
春分に向けて入ってきます

高さ
6m

春分・秋分 4時間日影

冬至から春分に向けて日が長くなる

高さ
6m

高さ
8m
南隣家

高さ
6m
測定高さGL+0.6m

高さ
6m

※ 東西に建物が長い計画は、南北方向の壁が少なくなりやすいので、構造とのバランスを十分考えて計画しましょう

南北に細長い敷地は断面で考える

南北に細長い敷地は、南面が十分に確保できません。そのため、中庭や光井戸を介して日射を採り込むか、ハイサイドを設けて日射を採り込むなど断面で工夫しましょう。さらに東西の建物が迫っていると、朝夕の日照も厳しくなります。日中だけでもしっかり日照を確保しましょう。日中に光が入ってくることは心地よいものです。

断面を工夫して日照を採り入れる

中庭型
中庭を介して日照を採り込みます。南北の建物間の行き来のために、渡り廊下が必要になるため、東西方向に敷地がある程度広くないと中庭が確保できません

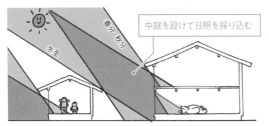
中庭を設けて日照を採り込む

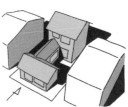

光井戸（ライトウェル）型
トップライトから建物の中央部に日照を採り込みます。狙ったところに日照をたっぷり採り込める反面、夏期の暑さ対策の日射遮蔽（外部スクリーンや断熱戸など）は必須となります

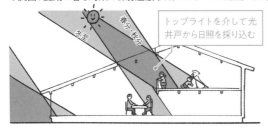
トップライトを介して光井戸から日照を採り込む

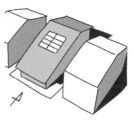

ハイサイド型
ハイサイドから日照を採り込みます。トップライトより日照の取得量は少なめですが、日射遮蔽の簡便さや雨仕舞の点で有利です

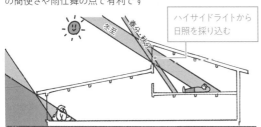
ハイサイドライトから日照を採り込む

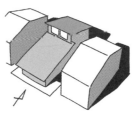

配置計画は外構と一緒に考える

住まい調書から大まかな床面積を想定し、平屋建てか2階建てかなどボリューム検討を行い、配置イメージをつくります。

配置と外構はセットで考える

ここで大切なのは、配置は外構と一緒に考えること。室内空間と外構、中間領域を併せて考えることで、豊かな空間がつくれます。また、道路側は将来にわたって建物が建たないオープンスペースと捉えます。駐車スペースは比較的大きな面積[※]を必要とするため、駐車場の要望がある場合は、駐車場の配置から考えるとよいでしょう

南道路

南道路は日照が得られやすい反面、駐車場と庭との兼ね合いが大切。また、道路からの視線も注意します。外構でうまく遮ることで、視線を気にせずカーテンを開けることができます

東西道路

東西道路は南隣棟からの影の検討が大切[58頁]。駐車場を北に寄せると、南庭は大きくなりますが、駐車場の分だけ建物が圧迫されます。また、南に寄せると、庭の取合いになります

北道路

北道路は南庭がまとまって取りやすく、パブリックとプライベートのゾーン分けもしやすいです。一方南からの離れをとらないと、日照が十分確保できません

北西道路

北西道路は北道路と同じですが、南の方位に正対させようと斜めに配置すると、建物をコンパクトにしないと入らないので注意

駐車スペースも庭に取り込む

道路側は建物の顔でもあり、地域景観をつくる大切な面です。車庫に屋根が必要な場合は、既製品カーポートではなく建物となじむものをつくりましょう

屋根が不要な場合、車がないときはオープンスペースになります。仕上げを少し緑化すると庭の延長としても捉えられます

※ 駐車場は普通車で巾2.5m×奥行5mは必要

動く光熱源の太陽を利用する

太陽のメリットを享受しやすい南を意識するのが基本ですが、さらに太陽は動く光源であり熱源だということもイメージします[35頁]。

太陽は動く光源であり熱源

太陽は朝から夕方にかけて東から西に移動します。そのため、朝日がほしい部屋は東寄りに配置します。夏の夕日は嫌われ者ですが、冬は暖かさを夜に持ち越せます。遮蔽部材をうまく使って夏冬で調整しましょう。また、季節で日の出、日の入りの南北方位が異なります。夏期の日射を遮る樹木は、少し北寄りにして、冬期の日射をなるべく阻害しないようにしましょう

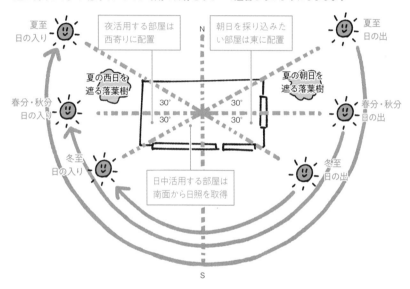

夏至 日の入り
夏至 日の出
夜活用する部屋は西寄りに配置
朝日を採り込みたい部屋は東に配置
夏の西日を遮る落葉樹
夏の朝日を遮る落葉樹
N
30° 30°
30° 30°
春分・秋分 日の入り
春分・秋分 日の出
冬至 日の入り
冬至 日の出
日中活用する部屋は南面から日照を取得
S

冬至の日照状況の変化を室内から見てみます

8:00
東の窓から日射が部屋の奥まで入ってきます

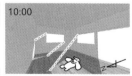

10:00
徐々に南の窓の日射が部屋を照らし始めます

12:00
南の日射が部屋の奥まで到達します

14:00
南の窓からの日射が部屋の東側を照らし始めます

16:00
西からの光が朝とは反対側を照らします

時間ごとにどのあたりが陽だまりになるかイメージして、空間構成や家具の配置を検討してみましょう

実践！日照シミュレーション

具体的な配置を考える時に有効なのは、日照をシミュレーションをすることです。精度が高いフリーソフトもあるのでぜひ活用しましょう[※1、2]。

おすすめの日照検討ツール

1.「Jw_cad」(個人利用、商業利用とも無料、今回の日影図の作図に使用)
   ・緯度、季節、時間、測定高さごとの日影図、等時間図、天空図が描けます
2.「SketchUp」(個人利用は無料、商業利用は有料)
   ・3Dモデルで季節、時間ごとの日照をアニメーション的に見れます
3.「ホームズ君 省エネ診断エキスパート」(有料)
   ・3Dで等時間日影や仮置きした建物の各面に当たる日射熱が見れます
   ・表現方法が豊富なため住まい手へのプレゼンに活用できます

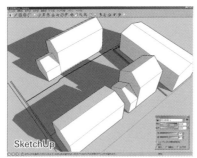
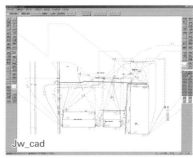

東西に長い敷地の南に隣棟が建つシミュレーションツールの例

パソコンが苦手な場合は、太陽高度の光に合わせて模型などを照らすことで、おおむねのイメージは確認できます

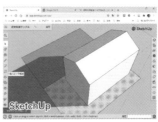

簡単なモデルのCGと模型の影の比較
日照シミュレーションでほぼ予測できる

※1 各ソフトの操作解説は書籍やネット検索で情報が多数あるため適宜参照のこと
※2 AutoCADで日影を描くときは、「Acad日影」や「LT日影」(無料)が便利。http://izawa-web.com/kage/kage2016.html

隣棟の影は等時間日影図で検討する

日影シミュレーションは慣れてくればものの数十分で終わりますが、最初は少し時間がかかります。そこで、ここからはいくつかのパターンを見ながら、日影イメージをつかんでみましょう。

測定面の高さごとの4時間日影

高さ6mの隣棟建物を想定し4時間以上日影になる範囲を、測定高さを変えて示します。この範囲を外すと冬期に4時間程度の日照が得られます。4時間以上の日照確保が一つの目安となります

1階床面では隣棟から8.5m程度離す必要がある。2階床面（GL＋3m）になると5.0mの離れ。1m上がるごとにおおむね1.56m程度影のラインが下がる。腰窓であれば窓のところまでは影でも問題ないので、窓の高さもイメージして、隣棟との距離をイメージする

図：北緯35°冬至の8時〜16時の等時間日影図

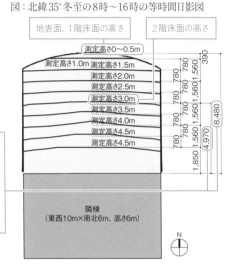

隣棟からの離隔を確保する

建物をどの程度離すとどのくらい日照が得られるかは、上図のような日影図を描くのが理想ですが、隣棟間隔係数（隣棟間隔D÷隣棟高さH）と緯度から簡易に読み取ることもできます。たとえば北緯35°で4時間以上日照を得るには、隣棟間隔係数（D/H）1.8以上が必要。隣棟高さを6mとすると、地表面で4時間の日照を得るためには、10.8m（6m×1.8）離すことになります [※]

表：冬至における緯度別隣棟間隔係数と日照時間の関係（南、平坦地）

1階の腰窓からの日照を想定すると高さ4.5m程度なので、8.1m（4.5m×1.8）になります。冬至でも居室に4時間以上の日照が得られることを目標に、隣棟間隔を確保したいところです

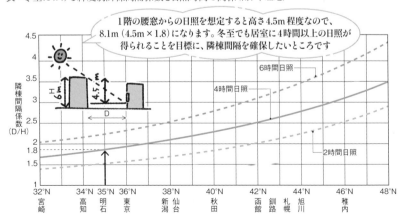

※ 上段の8.5mの離れより大きいですが、実際には東西にも建物があったりと厳しくなります

不用意に凹凸させない

建物は、形状によっては自らの影の影響を受けることもあります。基本的には、あまり凹凸させないように計画します。

南に張り出したL型の影の影響 (測定高さGL+0.5m)

たとえば、南東に張り出したL型の建物形状の場合、入隅は明け方の日当りが悪く、午後からは影の影響がなくなります。1日を通してみると、3時間以上日影になる南壁面の範囲は1m程度、2時間以上日影になる範囲は2m程度にもなります [※]

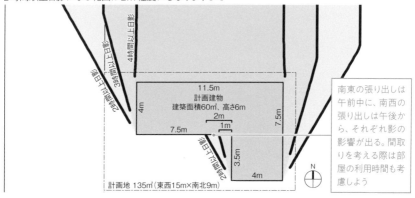

計画建物
11.5m
建築面積60㎡、高さ6m
2m
1m
7.5m
4m
7.5m
3.5m
4m
計画地 135㎡(東西15m×南北9m)

> 南東の張り出しは午前中に、南西の張り出しは午後から、それぞれ影の影響が出る。間取りを考える際は部屋の利用時間も考慮しよう

中庭型の影の影響 (測定高さGL+0.5m)

人通りが多い街中では、視線を避けて中庭に面する計画を検討することがありますが、建物自身の影の影響で影ができることを考慮しないといけません。適度な光を採り込む昼光利用には有効ですが、日射熱に関しては限定的になってしまいます。また、軒を出すとさらに日照条件が悪くなります

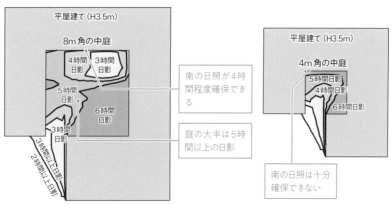

平屋建て(H3.5m)
8m角の中庭
4時間日影
3時間日影
5時間日影
6時間日影
3時間日影
3時間以上日影
2時間以上日影

> 南の日照が4時間程度確保できる

> 庭の大半は5時間以上の日影

平屋建て(H3.5m)
4m角の中庭
5時間日影
4時間日影
6時間日影

> 南の日照は十分確保できない

8m角の中庭の場合、南の日照は確保できますが、中庭の大半は、5時間以上の日影になっています

4m角の中庭の場合は南に面した部分でもしっかりとした日照が確保できません

※ 詳細な影響は「日よけ効果係数算出ツール」でも検討できます [90, 91頁]

密集地は日照スポットを探す

密集地では日照の確保は容易ではありません。ですが、道路や河川は将来にわたってほぼ建物が建つことがないため、日射が確保しやすい方向になります。等時間日影や時間ごとの日照を意識して計画しましょう。2階部分の日照は有利なので、高さを生かした計画も考えましょう。

街区での影のでき方（測定高さGL+0.5m）

住宅地の前面道路を南、西、北と変えた等時間日影図を見てみましょう。当然ながら敷地に最も日が当たるのは南道路の場合。東西道路は、朝か夕方のどちらかが多くなりますが、南に寄せすぎると日照が得られません。北道路は総じて不利ですが、たとえば南東に庭や駐車場などで抜けていると意外なところに日照スポットが現れます。これを活用しない手はありません

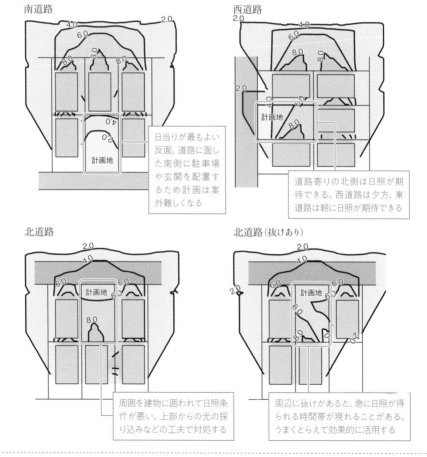

南道路

日当りが最もよい反面、道路に面した南側に駐車場や玄関を配置するため計画は案外難しくなる

西道路

道路寄りの北側は日照が期待できる。西道路は夕方、東道路は朝に日照が期待できる

北道路

周囲を建物に囲われて日照条件が悪い。上部からの光の採り込みなどの工夫で対処する

北道路（抜けあり）

周辺に抜けがあると、急に日照が得られる時間帯が現れることがある。うまくとらえて効果的に活用する

計画地

※ 隣棟日影図の検討はJW_CADの日影図が便利です。おおまかなボリュームで検討するのであれば慣れれば30分程度で、高さごとの等時間日影図が描けます

通風は入口と出口のデザイン

夏期夜間や中間期など、外気が気持ちよいときに通風を行うことで、心地よさの向上と冷房エネルギーの削減が可能となります。ただ、省エネ効果は限定的で冷房エネルギーの10%程度です[186頁]。

通風は入口と出口のデザイン

通風の大原則は、風の入口と出口を設けること。また、前提条件として大切なのは、住まい手が適切に窓の開け閉めをすることです。窓を閉めっぱなしでは、いくら通風計画を考えても意味がありません。通風計画の勘所をいくつか見てみましょう

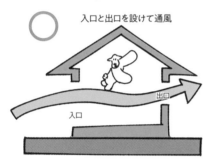

○ 入口と出口を設けて通風

出口

入口

× 出口がないと風が通らない

入口

出口が閉まっている

①高窓を用いる

入口と出口は異なる方向にないと通風効果が得られません。2方向に窓を開けにくいときは高窓を利用しましょう。浮力によって小さい窓でも効果的に通風効果が得られます

②ウインドキャッチャーを用いる

風の吹いてくる方向[38頁]に窓を開けにくいときは、袖壁や植栽などのウインドキャッチャーで風を呼び込みましょう。縦すべり出し窓も有効です

高窓は半分程度の面積で、同程度の効果がある

高窓

開口部

風向

袖壁や植栽などで風を受けて風を捕まえる

③室内の通風性を高める

1カ所しか窓が取れない部屋は、室内の通風性を高めることで、隣室や廊下を介して入口と出口を計画します

引戸の採用　　欄間の採用　　ドアストッパーの採用　　格子戸の採用

風の強さは開け方で変わる

通風は入口と出口の大きさの組み合わせで流速が変わります[※]。通風用の窓は大きさの組み合わせや、開け閉めのしやすさも考えましょう。

風の速さは開口面積で変わる

小さな窓から入ってくる風は流速が早く、人に当たると涼感を得やすいです。一方、大きな窓から入ってくる風は、部屋全体に押し込もうと拡がり、ゆったりした気流感が得られます

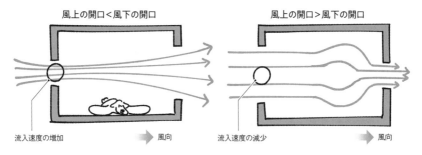

風上の開口<風下の開口　　　　　　　風上の開口>風下の開口

流入速度の増加　　→風向　　　流入速度の減少　　→風向

開け閉めしやすい窓で通風促進

開口の大きさで流速が変わるということは、開け方の工夫で住まい手が流速をコントロールできるということ。引き戸を少しだけ開ければ、スーッと風が抜け気持ちよい気流感を感じ、大きく開け放てば緩やかな風が拡がります

引き戸は調整しやすい

窓は開け閉めしやすい大きさや重さにも注意。
近年、高断熱化に伴いペアガラスやトリプルガラスが主流になり、窓が重たくなっています。通風用には手軽な大きさの窓や吊り金物などを活用して、動かしやすい開口部をデザインしましょう

近年は、心地よい気温の春に花粉や黄砂が増えているため、窓開けが難しい地域や家族も。換気計画[189頁]と併せて考える必要が出てきています

※ スマホツール「WindTunnel」を使うと風の流れやウインドキャッチャーの効果などが見れます

外構緑化でクールスポットをつくる

外構のつくり方で入ってくる風の心地よさが変わります。緑化された庭は室内からの見え方に加え、入ってくる風も気温が抑えられます。一方、コンクリートで固めてしまうと、日射で加熱された暑い風しか入ってきません。また北側の日影はクールスポットとして涼しい風が得られます。隣棟や植栽などで終日日影となれば、なお効果的です。

庭を緑化して涼しい風をつくる

外構を緑化することで、入ってくる風の温度を下げることができます[※]。外気が同じ温湿度でも5℃以上異なることもあります

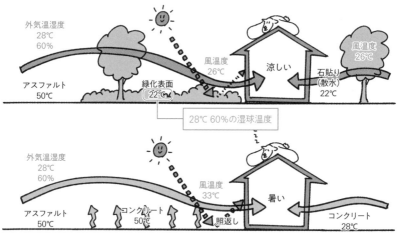

緑化と日影でクールスポットをつくる

クールスポットは地表面の仕上げでも工夫できます。日影では植栽や水盤、打ち水や土などの湿った面の蒸発潜熱によって表面温度が湿球温度（湿度100%の時の温度）近くまで下がります。たとえば外気が28℃ 60%では湿球温度は22℃、36℃ 40%でも25℃です。暑くても相対湿度が低ければ、植栽などで涼しい風をつくり出すことができます

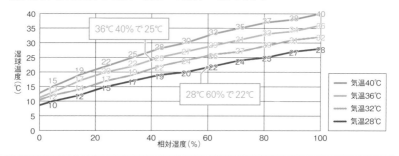

※ 緑化は落ち葉の掃除や水やりの手間が増えるので、住まい調査やインタビューで外構の好みも聞いておきましょう

通風性能は開口部の大きさが決め手

通風性能を換気回数で評価することで、窓の配置や大きさの検討が定量的にできます。
当たり前ですが大きく開けられる窓が通風には有利です。

通風を換気回数で定量的に評価

たとえば16畳（26.5㎡）の部屋の南と西に窓があった場合（通風経路①）、表1より手法2（大きめ
の窓配置）の必要な有効面積は1/17なので1.56㎡（1間の引き違い掃出し窓程度）が必要です。高
窓だと1/40で良いので0.66㎡で済みます。さらに表2より、都市型の密集地で終日平均風速
[38頁]が1.7m/sの場合、この部屋の換気回数は10回/h[※1、2]になります

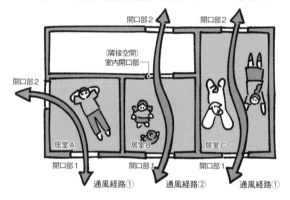

表1: 居室の床面積に対する窓の開口面積の割合

	通風経路	外部開口部	室内開口部	高窓
手法1 小さめの窓配置	外壁どうしに窓	1/35以上		1/80以上
	隣室経由	1/20以上	1/50以上	1/70以上
手法2 大きめの窓配置	外壁どうしに窓	1/17以上		1/40以上
	隣室経由	1/10以上	1/25以上	1/35以上

表2: 窓配置の工夫による換気回数

都市型の密集地	終日平均風速		
	1m/s以下	1〜2m/s	2m/s以上
小さめの窓配置	2回/h	5回/h	8回/h
大きめの窓配置	3回/h	10回/h	17回/h

郊外型の土地	終日平均風速		
	1m/s以下	1〜2m/s	2m/s以上
小さめの窓配置	3回/h	10回/h	17回/h
小さめの窓＋卓越風向配置	5回/h	15回/h	25回/h
大きめの窓配置	7回/h	20回/h	33回/h
大きめの窓＋卓越風向配置	10回/h	30回/h	50回/h

※1 省エネ基準の判定では、安全側として小さめの窓配置で、立地を見込まない想定（風速は1〜2m/s）のため、外壁どうしの窓が1/35以上で5
回/h、1/8以上で20回/hを見込みます。隣室経由の場合は別途資料を検索すること
※2 換気回数が多すぎる（風量が多い）と室内の紙が散乱したり、夜間は寝冷えのリスクも上がることから、30回/hを超えるような換気回数は調節
できるようにするなど配慮が必要

昼光利用は高いところからが基本

昼光利用は1年を通して得られる自然エネルギーです。昼の光をうまく活用すれば、照明エネルギーの削減に加え、時間帯や天候による変化の体験、スペクトル豊かな光による視覚的な心地よさの向上が得られます。ただ日中のみのため、省エネ効果は最大でも照明エネルギーの10%程度です。

昼光利用は高いところから

昼光利用のための窓は高い位置が理想的。これには4つの理由があります。高い位置からの光は室内の均斉度が増し、視野からずれて眩しさを軽減してくれます。また、外部の視線が入りにくくプライバシーの確保が容易で、さらに近隣の建物の影響を受けにくいからです

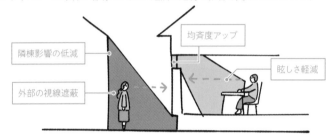

隣棟影響の低減
均斉度アップ
外部の視線遮蔽
眩しさ軽減

採光と導光を使いこなす

昼光利用には直接窓から光を採り入れる「採光」と、入ってきた光を部屋の奥まで届ける「導光」があります。採光は、いろいろな方向に窓を設けるのが効果的で、しかも高い位置が理想です。導光では、吹抜けなどを利用して奥の方に光を届けたり、可視光反射率[※]の高い明るめの内装仕上げで反射させます。可視光反射率が高ければ、同じ照度でも明るく感じます

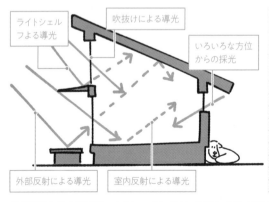

ライトシェルフよる導光
吹抜けによる導光
いろいろな方位からの採光
外部反射による導光
室内反射による導光

仕上材	可視光反射率
ヒノキ（新材）	55〜65%
スギ（新材）	30〜50%
白漆喰壁（新材）	75〜85%
白壁一般	55〜75%
淡色壁一般	40〜60%
濃色壁一般	15〜25%
畳（新材）	50〜60%
淡色フローリング	20〜30%
濃色フローリング	10〜20%
淡色カーペット	20〜40%
濃色カーペット	10〜20%
砂利・コンクリート	15〜30%
アスファルト舗装	15〜20%
地面	10〜20%

昼光利用を最大限活用できるトップライトは、夏場に大量の日射熱が入ってきてしまいます。昼光利用は日射熱制御[86頁]も同時に考えましょう。光だけなら北面の採光でも十分です

※ 精度よく可視光反射率を得るには色差計（XYZ色表系における視感反射率Y値）を用いますが、人の目の感度もなかなか良く、明るく感じる色は可視光反射率が高い仕上げです

ルーバーや障子で光を拡散させる

晴天時の屋外は10万ルクスもの強烈な明るさ(照度)があります。一方、夜の室内では500ルクスでもかなり明るく感じ、10ルクスでも段差などは確認できます。非常に優れた調光装置である目の瞳孔で、この広いレンジを適切に調整しています。

光は多いほど良いわけではない

日中の10万ルクスの直射光が室内に入ってくると、目もそれに合わせて調整するため、逆に天井や壁が暗く見えてしまいます。つまり、光の量は多ければ明るく感じるものではないのです。照度のバラツキが少ない適度に拡散された光が、明るさを感じるのです

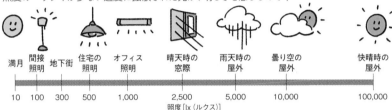

満月	間接照明	地下街	住宅の照明	オフィス照明	晴天時の窓際	雨天時の屋外	曇り空の屋外	快晴時の屋外
10	100	300	500	1,000	2,500	5,000	10,000	100,000

照度 [lx (ルクス)]

光は付属部材で拡散させる

光の調整はルーバーや障子、ロールスクリーンなどの付属部材がおすすめ。付属部材を開閉することで、眩しさ(グレア)をなくしたり、光が拡散することで明るさ感が増します。付属部材は日射熱のコントロールにも非常に有効なので、併せて検討しましょう[87頁]。明るさのバラツキは対象物の明るさを示す輝度分布で判断[※1、2]できます

付属部材なし

最も光が入るが、明暗の差がありすぎて暗く感じてしまう

水平ルーバー・ブラインド

ルーバーで反射し天井を明るくできる。ルーバー角度で調整も可能

障子

光の量は減るが、障子で光が拡散し、部屋全体が明るく感じる

ロールスクリーン

スクリーンで拡散し柔らかい光になる。巻き上げによる調整が可能

※1 輝度の実測は輝度カメラで確認できます(スマホツールは48頁参照)。Lupin meter (iOS)では輝度のばらつきが確認できます
※2 昼光の写真は「建築研究資料 No.119」(建築研究所)自立循環型住宅設計技術資料64頁より転載

建物形状で有利不利がある

同じ床面積でも、建物形状によって熱が逃げる外皮面積は大きく異なります。建物形状と外皮面積の関係を見ると、正方形総2階建てが最も効率よく、少し長方形になるくらいまではあまり変わりません。コの字形や分棟型など形状が複雑になるほど外皮面積が増えていきます。平屋建ても2割程度大きくなります。

複雑な建物は温熱性能の向上とセット

外皮面積が大きいということは外部とのつながりが多く、採光や通風が有利になります。一方で、熱が逃げやすく、面積が大きくなる分コストアップ[※]につながります。外部との関係を優先して温熱的に不利な形状で計画するなら外皮性能を向上[第4章、5章]させて、熱損失を減らす工夫が必須となります。これらの長所短所を理解して建物形状とボリュームを検討しましょう

図：100㎡の床面積に対する外皮面積（階高3m）

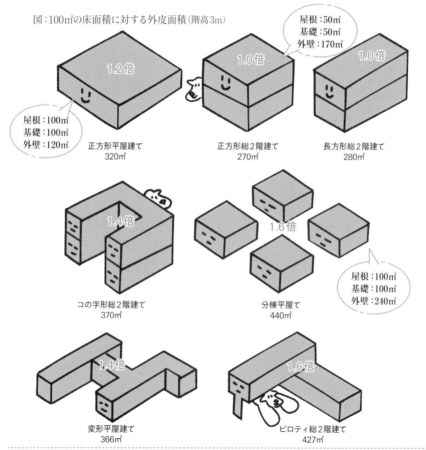

屋根：50㎡
基礎：50㎡
外壁：170㎡

1.2倍

1.0倍

1.0倍

屋根：100㎡
基礎：100㎡
外壁：120㎡

正方形平屋建て
320㎡

正方形総2階建て
270㎡

長方形総2階建て
280㎡

1.4倍

1.6倍

屋根：100㎡
基礎：100㎡
外壁：240㎡

コの字形総2階建て
370㎡

分棟平屋て
440㎡

1.4倍

1.6倍

変形平屋建て
366㎡

ピロティ総2階建て
427㎡

※ 正方形総2階建てと平屋建てを比べると、平屋建ては外壁こそ少ないが、基礎と屋根が2倍になります。お金がかかる基礎が2倍もあることから、建設費も割高になります

家の中心を断面から考える

心地よい空間には自然と人が集まってきます。ただし、すべての部屋を日当りが良く心地よい空間にするのは難しいもの。住まい調書［18頁］やインタビューから、家族が大切にしたい空間を読み取って優先して計画します。まずは建物形状や屋根形状に大きく影響する断面を意識して計画しましょう。

リビングは1階、2階、どっちがよい？

家族が集まり日中使用することの多いリビングを、1階と2階のどちらに配置するか考えてみます

1階リビング

外部空間にアクセスしやすく、将来のバリアフリー化に対応しやすいです。庭と一体で使える反面、外部からの視線や騒音に配慮が必要です。せっかくの南面日照も、視線が気になってカーテンを閉めっぱなしでは台無しです。また、隣棟の影の影響を受けやすいため、隣棟距離や吹抜けなどを利用して日照を確保しましょう

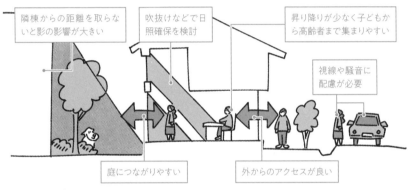

隣棟からの距離を取らないと影の影響が大きい

吹抜けなどで日照確保を検討

昇り降りが少なく子どもから高齢者まで集まりやすい

視線や騒音に配慮が必要

庭につながりやすい

外からのアクセスが良い

2階リビング

日照や通風も得やすく、外部からの視線も遮り、眺望も得やすいなどメリットが多いですが、日常的に昇り降りが発生するのが最大の課題。いかにスムーズに2階に誘導できるかがカギです。階高を低めにしたり、上りやすい階段を計画するなど工夫が必要となります

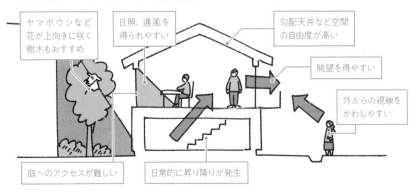

ヤマボウシなど花が上向きに咲く樹木もおすすめ

日照、通風を得られやすい

勾配天井など空間の自由度が高い

眺望を得やすい

外からの視線をかわしやすい

庭へのアクセスが難しい

日常的に昇り降りが発生

家の中心を方位から考える

家の中心となるリビングを、どの方位に向けるかも考えていきます。日当りの良い南か、風景がきれいな北か、朝日の差し込む東か、すべてを贅沢に取り込むか、可能性は広がります。長所を生かすことはもちろん、短所をいかになくしていくかは、次章からの温熱設計にかかってきます。

リビングは南向きがよい?

南リビング
南の窓は、冬期に安定した日照が見込め、夏期には日射を遮りやすい方位の優等生[53頁]。まずは王道の南リビングから検討しましょう

北リビング
北の窓は安定した天空光と、陽の当たるきれいな植栽を楽しめます。断熱性能の高い窓があれば、窓際のヒヤッとした不快感もありません

夏少なく、冬多い日照の確保が容易

1日の変化の少ない安定した北側の光

日の当たるきれいな庭が眺められる

南

北

西リビング
夏の西日で敬遠されがちですが、冬期は夕方にたっぷりの熱が得られて夜に暖かさを持ち込めます。一方、夏の西日は外部遮蔽[※1]でしっかり防ぎましょう

東リビング
朝日が入る気持ちのよい方位です。冬期の朝の暖房を減らせます。一方、夏の朝日は室温を上げる[※2]ので遮蔽対策も忘れずにしましょう

グレア(眩しさ)を防止する

東西の日照は真横からやってくる。庇では防げないので注意

落葉樹やすだれなどで夏の朝夕の日差しを防ぎ、冬は日射を取得

西

東

※1 すだれや外付けブラインドは季節に合わせて高さを変えて日射をコントロールしましょう[92頁]
※2 夏の朝日が西日ほど嫌われていないのは、夜間に室温が下がっているので明け方に暑さを感じにくいから。ですが西日と同じ量の熱がやってくるので、日射遮蔽対策は必須です

空間をつなげて間取りをつくる

中心となる空間のイメージができたら、そこを起点に個々の空間をつなげて間取りをつくります。廊下でつなぐのではなく、空間どうしをつなげていく感じです。

空間をつなげて間取りをつくる

たとえば、リビングをキッチンや洗面所とつなげた一体型の大きな空間にして、リビングで勉強している子どもの気配を感じながら、親御さんはキッチンで料理をします。さらにデッキを介して南の庭ともつながり、調理中も庭とのつながりを実感できます。このように、空間の重なりが中間領域になり、曖昧ながらも広がりのある豊かな空間になっていきます

空間の3つのタイプ

空間の3つのタイプを意識して計画しましょう。基本となる一体型は、空間をつなげて大きな空間をつくります。小さな家でも広々とした室内になりますが、空間が大きいため暖冷房エネルギーが多くなります[182頁]。個室型は必要な空間を仕切れ、効率の良い暖冷房やプライバシーの確保が容易。半個室型は、それぞれのメリットを持つ反面、デメリットも引継いでいます

一体型	個室型	半個室型
メリット ・室間温度差が出にくい ・空間が広く見える ・通風経路を取りやすい デメリット ・気積が増え暖冷房エネルギーが増える ・プライバシー確保が難しい	メリット ・必要な空間だけ暖冷房でき効率的 ・生活時間帯が異なる場合でも、それぞれに空間を活用しやすい デメリット ・各室に暖冷房機器が必要	メリット ・格子や欄間などで空間的につながり、視覚的な広がりが得やすい ・光や通風が多少得られる デメリット ・視線は遮れるが音や気配が伝わる

LDKと和室を欄間でつなげ、温度差の少ない空間構成と視覚的な広がりを取得

LDKをデッキを介して大きな南庭につなげ、たっぷりの日射取得と室内からの伸びやかさを取得

みんなが集まる家族室は効率的に暖冷房できるように区画。引き戸で調整

和室 半個室型
リビング 一体型
キッチン　階段
洗面 一体型
水廻り
家族室 個室型
玄関
デッキ
南庭
車庫

南の隣棟からの距離を確保することで日照を取得

夕方の日差しを遮り、道路からの視線遮蔽を兼ねる

風除室のように区画できる玄関。庭に通り抜けられる動線計画

個室型や半個室型も、引き戸を積極的に採用することで、住まい手が自由に開閉でき、一体型のように通風や昼光も効果的に利用できるよ

断面で空間の質が変わる

空間の高さによって、広くても圧迫感が出て窮屈に感じたり、狭くても開放的で伸びやかに感じたりします。勾配天井や水平天井でも印象がかなり異なります。断面を考えることで、同じ間取りでも空間の質は大きく変わるのです。

断面で空間を整える

高い空間（吹抜けなど）
空間が大きく、ハイサイドライトの工夫で日照や通風を得やすくなります。一方、上下温度差が出やすくなるため、断熱・気密性能の向上や天井扇などの撹拌機が必須です

天井扇

ひろびろ

メリット
・高窓からの日射熱や昼光の利用が容易
・上部は視線を気にせず開放しやすい
・圧迫感が少なく、開放的な印象を与える
デメリット
・気積が大きく暖冷房や換気負荷が大きい
・高所のメンテ対策を考える必要がある
・気密性能が悪いと上下温度差がつきやすい

低い空間
コンパクトで室温をコントロールしやすく、落ち着いた空間になります。反面、圧迫感が出やすいため、水平方向の視線の抜けや、座の空間で視線を下げる工夫などが必要です

メリット
・気積が小さいため暖冷房効率がよく、
　立上り時間が短い
・落ち着いた雰囲気を演出しやすい
デメリット
・中途半端な高さは圧迫感が出やすい

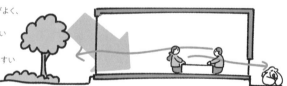

高い・低いのハイブリッド空間
高い空間と低い空間のいいとこどり。一体型空間の中で高さを変化させることでメリハリの効いた空間をつくることができます。それぞれの長短を引き継いでいます

天井扇

吹抜け面積が小さければ、場面に応じて水平スクリーンで空間を仕切る工夫も有効

おちつく〜

階段は熱や光をつなげる空間

階段は吹抜け同様、視線、空気、光、熱の動きが生まれる面白い空間です。吹抜けと組み合わせて空気の流れもつくりましょう。一方で、吹抜け同様の弱点を抱えていますので、高気密化や断熱区画ができる建具も併せて検討しましょう。階段は上下階の位置を合わせる必要があるので、計画初期から考える必要があります。

機能に合わせて階段を使い分ける

階段の形態で機能性や拡がり感が異なります。一体型の空間に設置しやすい「ひな壇型」と「ストリップ型」を見てみましょう

ひな壇型
階段横の壁をなくしたひな壇のような階段

メリット
・壁がなく広々と見える
・階段下を収納に活用できる

デメリット
・足元まで見えるため、設置場所に配慮が必要

ストリップ型
ささら桁と踏み板だけの階段メリット

メリット
・視線や風、光が抜け、広がりのある空間になる

デメリット
・階段下に収納がとりにくい
・足元まで見えるため、設置場所に配慮が必要

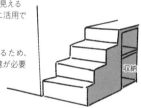

収納

風・光

間取りと断面は同時にイメージする

断面形状や階段の位置を意識して、計画をまとめていきます。間取りと断面は同時に考えて、行ったり来たり。暮らしに合わせた魅力的な空間をつくりましょう

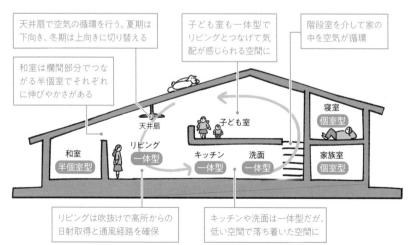

天井扇で空気の循環を行う。夏期は下向き、冬期は上向きに切り替える

子ども室も一体型でリビングとつなげて気配が感じられる空間に

階段室を介して家の中を空気が循環

和室は欄間部分でつながる半個室でそれぞれに伸びやかさがある

天井扇

子ども室

寝室
個室型

和室
半個室型

リビング
一体型

キッチン
一体型

洗面
一体型

家族室
個室型

リビングは吹抜けで高所からの日射取得と通風経路を確保

キッチンや洗面は一体型だが、低い空間で落ち着いた空間に

実践！ プランニング

いよいよプランニングの実践です。みなさんは、いつもどのような流れで
計画を練っていますか。筆者のプランニングの流れを紹介します。

最低でも5案はつくって検討する

計画初期段階は、時間（30分程度が多い）を
決めて、いくつもの案をひたすらつくってい
きます。時間を決めるというのがポイントで、
煮詰まっても、だらだら引きずりません。少
しずつ視点を変えて（駐車場の配置を変えた
り、2階リビングにしたり、通風にこだわってみ
たり……）計画すると、それぞれの良し悪し
が整理され、新しい可能性がひらめきます

5～10案くらい出そろったら第2段階。一番
気に入った案をベースにじっくり煮詰めて
いきます。ボツ案も住まい手の暮らしをイメ
ージしているため、水廻り構成はA案、吹
抜けと寝室の関係はB案というように、こ
れまでの案がつながっていくことが多いで
す。大切なのは、住まい手の心地よい暮ら
しが実現されることです

プランについて考え続けていると、ある
時、間取りや断面、日照の関係すべてが
ピタッとはまる瞬間があります。これし
かない！と感じたらプランニングが完成。
この瞬間が訪れるまでひたすら手を動か
し続けましょう

プランニングのチェック項目をまとめました。具体的に説明できるように煮詰めていきましょう

チェック		項目	参考頁
☐	全体	条件を変えながら複数案の計画案を作成した	
☐		ポジティブ要素を生かした計画とした	44頁
☐	配置計画	南の方位を大切にした建物配置になっている	54、55頁
☐		周辺の影の状況を検討した	62～65頁
☐	建物形状	敷地形状に合わせて配置や屋根を検討した	56～59頁
☐		凸凹の少ない建物形状になっている	64頁、72頁
☐	通風利用	通風を意識した窓を検討した	66～69頁
☐	昼光利用	昼光利用を意識した窓を検討した	70頁、71頁
☐	間取り	家の中心を意識した計画とした	73頁、74頁
☐		太陽の動きを意識して部屋を検討した	61頁
☐		外構と建物の関係を検討した	60頁、68頁
☐		隣家の窓や室外機を外して窓を配置した	45頁
☐		廊下を設けず空間をつなげて計画した	75頁
☐		吹抜けや階段室で空気の動きを意識した	76頁、77頁

column

人生の1/3を過ごす寝室空間は最重要

住まいで一番大切にしたい空間はどこでしょう。実は寝室こそ大切にしたい部屋なのです[※1]。日本人の平均睡眠時間は7.6時間[※2]。家にいる時間の多くを寝室で過ごしていることになります。しかも、就寝中は意識がなく身動きが取れません。家のなかでもとりわけ寝室の室内環境が重要になるわけです。

寝室チェックリスト

寝室のチェックリストを記載します。最低レベルは主に各種法令が定める要件なので、改修時でも満たしたい性能です。基本レベルは健康を害さない室内環境。できれば推奨レベルを目指しましょう

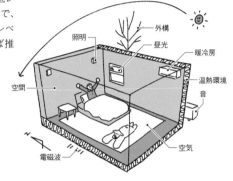

温熱環境（躯体性能）		
温熱性能により、室温低下を防ぎ、最低室温が維持できる		
最低	・断熱等級4（省エネ基準）以上 ・気密性能C値3.0㎠/㎡以下の性能	
基本	・断熱等級5（HEAT20G1程度）程度 ・気密性能C値1.0㎠/㎡以下の性能	
推奨	・断熱等級6（HEAT20G2程度）以上 ・気密性能C値0.5㎠/㎡以下の性能 ・熱容量の大きな内装材の設置	

温熱環境（暖冷房設備）		光環境（照明設備）		光環境（昼光利用）		空気環境	
暖冷房設備で適切な室内空間が実現できる		好みに応じて光環境がコントロールできる		適切な自然光を採り入れることができる		適切な空気環境が維持できる	
最低	・室温を維持できる能力の暖冷房設備の設置［162頁］	最低	・必要な明るさが確保できる照明器具の設置（夜間移動の安全性確保） ・電球色の照明器具の設置	最低	・開口部面積が床面積の1/7以上ある	最低	・24時間換気の適切な設置
基本	・直接体に当たらないような吹き出し口の設置	基本	・調光機能の導入 ・機器のパイロットランプが目に入らない設置	基本	・光と視線制御が可能な窓の付属物（障子やロールスクリーンなど）の設置	基本	・室内通気性の確保
推奨	・不快な気流のない放射暖房（床暖房、パネルラジエーターなど）の設置	推奨	・調色機能の導入	推奨	・2方向に開口部の設置 ・朝日が入る開口部の設置	推奨	・2方向に換気可能な開口部の設置 ・CO₂モニター等を活用した空気質の確認、対応

音環境		電磁波環境		空間		外構計画	
不快な振動や騒音がなく、室内を静かに保てる		電磁波の影響を受けにくい配慮がなされている		十分な広さが確保され、休息・睡眠空間が確保されている		自然の変化が感じられ、自然や緑を楽しめる	
最低	・エアコンやエコキュート等の室外機を寝室から離れた位置に設置	最低	・分電盤やパワーコンディショナー等が寝室近くに設置されていない	最低	・9㎡以上の広さを確保	最低	・プライバシーを配慮した外部空間（植栽や目隠しなど）
基本	・不要な音が伝わらない部屋配置 ・2階からの排水管等を寝室のそばから除外	基本	・電気配線が寝室の床下に通っていない	基本	・12㎡以上の広さを確保	基本	・目や耳を楽しませる外構（花木、果樹など）
推奨	・寝室を道路から離れた位置に配置 ・落ち着いた音環境を実現できる吸音性のある内装材の設置	推奨	・配線やコンセントからアースがとられている（すべてアース住宅）	推奨	・好みに合わせた広さや天井高さ ・落ち着きある色合いや素材感を持った内装材	推奨	・屋外でリラックスできる場所の設置

※1 海外でも寝室の重要性が指摘され、ドイツ・バウビオロギー測定技術指針では寝室における温度、湿度、CO₂のほか、放射性物質や電磁波、汚染物質などの指針が定められています
※2 総務省の社会生活基本調査（2016年）にもとづく全国の平均睡眠時間（10歳以上、土日を含む週全体の平均）より

第 4 章　窓性能は熱収支で考える

窓はパッシブデザインの成否を決める最重要部位です。冬期は日射を採り込む大切な部位ですが、外壁や屋根と比べると断熱性能が劣っており、窓から入った熱は、すぐに窓から出て行ってしまうというジレンマがあります。一方、夏にも注意が必要です。日射熱が入るのは窓からが大半。ですが、夏を旨として庇を出しすぎると冬の日射も防いでしまいます。

冬の日射を採り入れながら、いかに夏の日射を遮蔽するか。窓の配置や大きさは感覚で決めるのではなく、窓の機能と熱の損得計算から窓の性能を考えます。

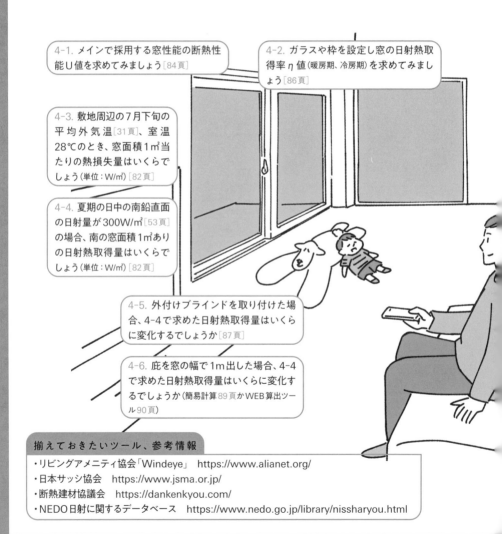

4-1. メインで採用する窓性能の断熱性能U値を求めてみましょう[84頁]

4-2. ガラスや枠を設定し窓の日射熱取得率 η 値（暖房期、冷房期）を求めてみましょう[86頁]

4-3. 敷地周辺の7月下旬の平均外気温[31頁]、室温28℃のとき、窓面積1㎡当たりの熱損失量はいくらでしょう（単位：W/㎡）[82頁]

4-4. 夏期の日中の南鉛直面の日射量が300W/㎡[53頁]の場合、南の窓面積1㎡ありの日射熱取得量はいくらでしょう（単位：W/㎡）[82頁]

4-5. 外付けブラインドを取り付けた場合、4-4で求めた日射熱取得量はいくらに変化するでしょうか[87頁]

4-6. 庇を窓の幅で1m出した場合、4-4で求めた日射熱取得量はいくらに変化するでしょうか（簡易計算89頁かWEB算出ツール90頁）

揃えておきたいツール、参考情報

- リビングアメニティ協会「Windeye」　https://www.alianet.org/
- 日本サッシ協会　https://www.jsma.or.jp/
- 断熱建材協議会　https://dankenkyou.com/
- NEDO日射に関するデータベース　https://www.nedo.go.jp/library/nissharyou.html

4-8. 冬期の日中の南鉛直面の日射量が600W/㎡[53頁]の場合、南の窓面積1㎡ありの日射熱取得量はいくらでしょう（単位：W/㎡）[82頁]

4-7. 敷地周辺の1月下旬の平均外気温[31、32頁]、室温20℃のとき、窓面積1㎡当たりの熱損失量はいくらでしょう（単位：W/㎡）[82頁]

4-9. 4-7、4-8のとき、窓の損得計算の結果はいくらでしょう。（単位：W/㎡）[82頁]

4-10. 夜間の窓の損得計算の結果はいくらでしょう（最低外気温、日射取得はなしと想定）（単位：W/㎡）[82頁]

第4章の到達点

熱の損得計算から窓の性能を決めることができる

窓は熱収支で性能を考える

窓に求める機能はたくさんあります[94頁]が、そのなかでも熱性能はとても大切です。窓の性能を熱収支で考えてみます。そのときに重要になるのが断熱性能の熱貫流率 U 値[※1]と、日射熱を制御する性能の日射熱取得率 η 値です。

窓は2つの性能で考える

窓の熱収支は2つの性能を使って簡単に計算ができます

熱貫流率U値[W/㎡K]（断熱性能）
1㎡当たり、室内外の温度差が1℃[※2]の場合に何Wの熱を通すかを示す値。U値が小さいほど断熱性能が高いことを示します

日射熱取得率 η 値[一]（日射熱制御性能）
窓に当たった日射のうち、何割の熱が入ってくるかを示す値。冬期は η 値が大きいほど日射を取得し、夏期は小さいほど日射を遮蔽します

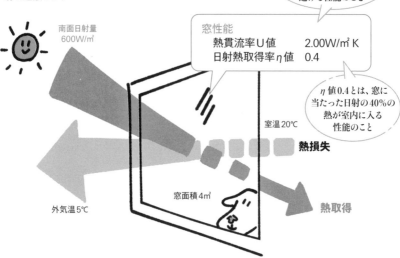

U値2.00W/㎡Kとは、温度差が1℃のとき、窓1㎡から2Wの熱が逃げる性能のこと

南面日射量
600W/㎡

窓性能
熱貫流率U値　　2.00W/㎡K
日射熱取得率η値　0.4

η値0.4とは、窓に当たった日射の40%の熱が室内に入る性能のこと

室温20℃

熱損失

窓面積4㎡

外気温5℃

熱取得

U値2.00W/㎡K、η値0.4の4㎡（2m×2m）の南窓の熱損失と熱取得を見てみます

熱損失　U値2.00W/㎡K　×　窓面積4㎡　×　内外温度差15K　＝　120W
熱取得　η値0.4　　　　×　窓面積4㎡　×　南面日射量600W/㎡　＝　960W

つまり南の日射が600W/㎡ある日中は120Wの速さで熱が逃げながら、960Wの熱が入ってくることになります。プラス840Wの熱収支であり、電気ストーブ強程度の熱と同等です。窓が大きいほど晴れた日中は徐々に暖かくなっていきます

※1 窓全体の断熱性能はwindowのwを取ってUw値、ガラス（glass）の性能はUg値、窓枠（frame）はUf値といったように、表現することがあります

※2 1℃差＝1K差と同じ意味合い。U値の単位にあるK（ケルビン）は絶対温度の単位で、通常使用する℃（摂氏）と同じ温度幅

仕様から窓性能のアタリをつける

窓性能のアタリをつけるには、仕様ルート[※1]が便利です。おすすめは等級5、6[※2]の樹脂サッシ＋LowEペア。大きな窓は熱損失も大きくなるのでトリプルガラスも検討したいところです。夏対策の日射遮蔽は、有効な庇[※3]がある場合はLowE日射取得型、庇がない場合はLowE日射遮蔽型が目安です。

窓の性能等級から仕様から選択する

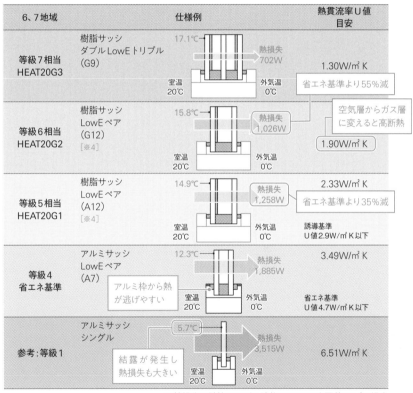

6、7地域	仕様例	熱貫流率U値 目安
等級7相当 HEAT20G3	樹脂サッシ ダブルLowEトリプル (G9) 17.1℃ 熱損失702W 室温20℃ 外気温0℃	1.30W/㎡K 省エネ基準より55%減
等級6相当 HEAT20G2 [※4]	樹脂サッシ LowEペア (G12) 15.8℃ 熱損失1,026W 室温20℃ 外気温0℃ 空気層からガス層に変えると高断熱	1.90W/㎡K
等級5相当 HEAT20G1 [※4]	樹脂サッシ LowEペア (A12) 14.9℃ 熱損失1,258W 室温20℃ 外気温0℃ 省エネ基準より35%減	2.33W/㎡K 誘導基準 U値2.9W/㎡K以下
等級4 省エネ基準	アルミサッシ LowEペア (A7) 12.3℃ 熱損失1,885W アルミ枠から熱が逃げやすい 室温20℃ 外気温0℃	3.49W/㎡K 省エネ基準 U値4.7W/㎡K以下
参考：等級1	アルミサッシ シングル 5.7℃ 熱損失3,515W 結露が発生し熱損失も大きい 室温20℃ 外気温0℃	6.51W/㎡K

※熱損失の計算はモデル建物[111頁]の窓面積27㎡の場合

日射遮蔽性能（夏対策）
5～7地域有効な庇、軒等[※3]がある場合：ガラスの日射熱取得率η値≦0.74
　　　　有効な庇、軒等[※3]がない場合：ガラスの日射熱取得率η値≦0.49

※1 各性能等級の仕様は、HEAT20の設計ガイドブック2021より
※2 等級は住宅の品質確保の促進に関する法律の断熱等級のこと。等級4が現行の省エネ基準で、等級5から7になるほど高断熱であることを示しています
※3 有効な庇、軒等とは外壁からの出寸法が窓下端から庇までの高さの0.3倍以上の出のものを指します
※4 ペアガラスの（A12）とは空気（Air）層12mmのこと、（G12）とはアルゴンガスやクリプトンガス（Gas）層12mmのことを指します

窓の熱貫流率U値を計算する

仕様ルートからのステップアップは窓の性能を自分で設計します。まずは、断熱性能を示す熱貫流率U値を求めます。窓の熱貫流率U値の求め方は次の4つです。

精度が高い

1. 表から求める方法
   ・断熱建材協議会　https://dankenkyou.com/
   ・日本サッシ協会　https://www.jsma.or.jp/
2. 簡易計算で求める方法［本頁］
3. ポータルサイトから求める方法
   ・住宅性能評価表示協会　https://www.hyoukakyoukai.or.jp/
   ・リビングアメニティ協会「Windeye」　https://www.alianet.org/
4. メーカーの自己適合宣言書から求める方法［88頁］

窓の断熱性能　簡易計算法

窓U_W値の簡易計算は、表の式にガラスの熱貫流率Ug値を代入して計算します

表：枠の種類とガラスの仕様に応じた窓の熱貫流率の計算式［※］

枠の種類	ガラスの仕様	計算式
木製建具または樹脂製建具	複層	$Uw = 0.659 \times Ug + 1.04$
	単板	$Uw = 0.659 \times Ug + 0.82$
木と金属の複合材料製建具 または樹脂と金属の複合材料製建具	複層	$Uw = 0.800 \times Ug + 1.15$
	単板	$Uw = 0.800 \times Ug + 0.88$
金属製建具またはその他	複層	$Uw = 0.812 \times Ug + 1.51$
	単板	$Uw = 0.812 \times Ug + 1.39$

Uw：窓の熱貫流率 W/㎡K　　Ug：ガラス中央部熱貫流率 W/㎡K

ガラス種類	熱貫流率Ug値 w/㎡K
トリプルガラス（ダブルLow-E-G10）	1.00
トリプルガラス（ダブルLow-E-G12）	0.90
トリプルガラス（ダブルLow-E-G14）	0.82
トリプルガラス（ダブルLow-E-G16）	0.76
ペアガラス（Low-E-G12）	1.60
ペアガラス（Low-E-G16）	1.40
ペアガラス（Low-E-A6）	2.60
ペアガラス（Low-E-A12）	1.80
ペアガラス（A6）	3.30
ペアガラス（A12）	2.90
単板ガラス	6.00

（目盛：0.0　1.0　2.0　3.0　4.0　5.0　6.0）

計算例

樹脂サッシ＋LowEペアガラス（G12）の熱貫流率U値を計算する。Ug値は表より1.60W/㎡KなのでU表の式に代入して開口部の熱貫流率Uw値＝$0.659 \times 1.60 + 1.04 = 2.09$W/㎡Kとなります。
ちなみにアルミサッシ単板ガラスは、Uw値＝$0.812 \times 6.00 + 1.39 = 6.26$W/㎡Kとなり、樹脂サッシ＋ペアガラス（LowE-G12）の3倍近い熱が逃げます

※ ガラスのUg値は、建築研究所の省エネ法の技術情報「第三節熱貫流率及び線熱貫流率」でより多くの種類を確認できます
https://www.kenken.go.jp/becc/house.html

付属部材で断熱性アップ

開口部のさらなる断熱性能の向上に付属部材との組み合わせがあります。障子や雨戸を閉めることで空気層ができ、断熱性能を高めることができます。

付属部材の断熱効果の計算

付属部材を閉めた熱貫流率は、窓の熱抵抗に付属部材の熱抵抗を足すことで計算できます

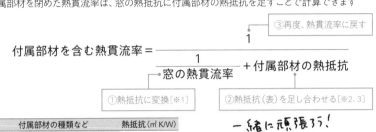

③再度、熱貫流率に戻す

$$付属部材を含む熱貫流率 = \cfrac{1}{\cfrac{1}{窓の熱貫流率} + 付属部材の熱抵抗}$$

①熱抵抗に変換［※1］　②熱抵抗（表）を足し合わせる［※2、3］

付属部材の種類など	熱抵抗 (m² K/W)
シャッターまたは雨戸	0.10
障子	0.18
上下端がともに密閉されたカーテン	0.10
上下端の一方が密閉されたカーテン	0.08
ハニカムスクリーン	0.21
ダブルハニカムスクリーン	0.33
太鼓張り障子	0.27
板戸	0.20

一緒に頑張ろう!

計算例

樹脂サッシ+ペアガラス (Low-E-G12) Uw値2.09W/m² Kに障子を加えると「付属部材を含む熱貫流率 = 1/ (1/2.09 + 0.18) = 1.52W/m² K」となり、3割近く性能が向上。アルミサッシ+単板ガラスUw値6.26W/m² Kに障子を加えると「付属部材を含む熱貫流率 = 1/ (1/6.26 + 0.18) = 2.94W/m² K」となり、2倍以上性能が向上します。性能の悪い開口部ほど付属部材の効果が大きくなります

省エネ法では付属部材の効果は半分

ここで注意したいのは、省エネ法のUw値は、付属部材を1年中閉めっぱなしではなく、閉めた状態50%、開けた状態50%で暮らすことを想定して計算すること。つまり「0.5×開口部のみの熱貫流率+0.5×付属部材を含む熱貫流率」です。数値は、安全側をみて小数点第3位以下を切り上げます

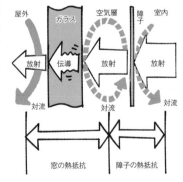

屋外　ガラス　空気層　障子　室内

放射　伝導　放射　放射

対流　対流　対流

窓の熱抵抗　障子の熱抵抗

計算例

上の計算例の数値を用いた計算をします。
省エネ法の付属部材を考慮したUw値
= (0.5×窓単体性能2.09W/m² K)
　+ (0.5×付属部材付き性能1.52W/m² K)
= 1.81W/m² K

※1 熱貫流率と熱抵抗の関係は112頁を参照
※2 省エネ基準で適用できる付属部材は建築的に設置されるシャッター、雨戸、障子に限られます。これは、カーテンなどの付属部材は住まい手が外したりしてしまい、性能を保証できないためです。実際にはカーテンなども開閉によって断熱性能が向上するので、住まい手に適切に説明しましょう
※3 省エネ法では、複数の付属部材（障子と雨戸など）を設置した場合、いずれか一つを評価するルールです

窓の日射熱取得率 η 値を計算する

断熱性能の次は日射熱制御性能です。日射熱制御は、冬の日射取得と夏の日射遮蔽の両立を考えないといけません。その判断の手がかりとなるのは日射が入ってくる割合を示す日射熱取得率 η 値です。窓の日射熱取得率 η 値の求め方は次の4つです。

精度が高い ↓
1. 省エネ法の表（枠により3種類）から求める方法[※1]
2. ガラスと枠の種類から簡易計算で求める方法[86頁]
3. JISに定める計算、測定した値を用いる方法
4. メーカーの自己適合宣言書から求める方法[88頁]

窓の日射熱制御　簡易計算法

窓の日射熱取得率 η 値は①ガラス、②付属部材に加え、③枠の種類、④庇の4つのバランスで決まり、3つの掛け算で計算できます

窓の日射熱取得率 η 値

= ①ガラス+②付属部材[※2]　　×　③枠の種類　　×　④庇等の補正

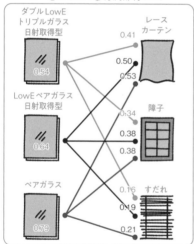

ダブルLowE
トリプルガラス
日射取得型　　　　　レースカーテン
0.54

0.41
0.50
0.53

LowEペアガラス
日射取得型　　　　　障子
0.64

0.34
0.38
0.38

ペアガラス　　　すだれ
0.79

0.16
0.19
0.21

③枠の種類

ガラスのみ
1.00

アルミサッシ
樹脂＋アルミ
0.80

樹脂サッシ
木製建具
0.72

④庇等の補正

長い庇
冷房期0.24
暖房期0.05

〜

庇なし
冷房期0.93
暖房期0.72

> サッシ種別ごとのガラスの見付け面積を考慮した値で樹脂サッシは枠が太くガラスが小さくなるため0.72、アルミサッシは枠が薄くガラスが大きいため0.8を乗じる

> 庇等の補正係数の簡易計算法は89頁、詳細に計算する場合は「日よけ効果係数算出ツール」[90頁]を利用する

計算例

樹脂サッシ＋LowEペアガラス（日射取得型）＋障子＋庇なし（冷房期）を計算すると、上図の①ガラスと②付属部材より0.38。これに③枠の影響0.72と④庇なしの0.93を乗じます。
η 値＝0.38×0.72×0.93＝0.25となり、窓に当たる日射の25%が室内入ってくることがわかります。障子なしだと、η 値＝ガラスのみの性能0.64×0.72×0.93＝0.42となり42%の日射熱取得になります

※1 ①ガラスと②付属部材、③枠の種類から求めるの η 値の表は、建築研究所の省エネ法の技術情報「第四節日射熱取得率」で確認できます。④庇等の補正は別途計算します。https://www.kenken.go.jp/becc/house.html
※2 ガラスと付属部材の η 値は87頁表を参照

日射のコントロールは付属部材

ガラスを通して入ってくる日射熱をコントロールするのは、障子やカーテンといった付属部材の選択が大切です。付属部材の影響はかなり大きく、夏と冬で変化させやすくおすすめです。

付属部材の効果を数値で理解

①ガラスに②付属部材を組み合わせた日射熱取得率 η 値を表[※1]に示します。たとえば、Low-E ペアガラス日射取得型を見ると、ガラスだけでは 0.64 ですが、和障子を閉めると 0.38、すだれを吊るすと 0.19 と、3倍以上も遮蔽効果が向上します。夏はすだれを吊って日射を遮りつつ、冬はすだれを外して日射を採り込むなど、夏と冬でモードを変化させましょう[※2]

室内側の遮蔽は効果が低い

サッシとカーテンの間に熱がこもる

室外側の遮蔽は効果が高い

すだれは外で跳ね返すので遮蔽効果が高い

数値からわかるように遮蔽効果は外付けブラインドやすだれなど、屋外側で行うのが効果的

表：ガラスと付属部材の組み合わせによる日射熱取得率 η 値

ガラスの仕様		ガラスのみ	レースカーテン	内付けブラインド	和障子	外付けブラインド	すだれ
ダブルLow-Eトリプルガラス	日射取得型	0.54	0.41	0.37	0.34	0.12	0.16
	日射遮蔽型	0.33	0.25	0.24	0.22	0.08	0.10
Low-Eトリプルガラス	日射取得型	0.59	0.46	0.42	0.37	0.14	0.18
	日射遮蔽型	0.37	0.31	0.28	0.25	0.10	0.11
トリプルガラス		0.72	0.51	0.44	0.38	0.18	0.19
Low-Eペアガラス	日射取得型	0.64	0.50	0.45	0.38	0.15	0.19
	日射遮蔽型	0.40	0.32	0.28	0.26	0.11	0.12
ペアガラス		0.79	0.53	0.45	0.38	0.17	0.21
シングルガラス		0.88	0.56	0.46	0.38	0.19	0.24

※1 省エネ基準では、建築的に設置される和障子と外付けブラインドのみで評価するルールとなっているため注意
※2 省エネ基準では、冷房期と暖房期は同じ付属部材を設置しているものとして評価するルールとなっているが、実設計では夏と冬で分けて検討しましょう

窓性能は自己適合宣言書を用いる

外皮性能に大きく影響する開口部。メーカーが自社のサッシについてより正確に計算したり試験した結果が『自己適合宣言書』として公開されています。

自己適合宣言書で精度よく高性能に

データを探したり、入力する手間は増えますが、より正確で高い評価が得られます。製品によっては、倍近い性能になることもあるので、精度よく計算する場合はおすすめ。ネットからメーカー名と自己適合宣言書で検索すると、最新の情報が手に入ります

表1：自己適合宣言書のサンプル値

メーカー商品名	仕様	サッシ種類	熱貫流率U値			日射熱取得率η値	
			簡易計算	自己適合宣言	向上割合	省エネ法	自己適合宣言
LIXIL エルスターX	樹脂サッシ ダブルLowE三層(Ar15)	縦すべり出し	1.56	0.86	181%	0.39	0.33
		引き違い		1.21	129%		
YKK APW430	樹脂サッシ ダブルLowE三層(Ar16)	縦すべり出し	1.54	0.90	171%	0.39	0.34
		引き違い		1.05	147%		
LIXIL サーモスTW	アルミ樹脂サッシ ダブルLowE三層(Ar14)	縦すべり出し	1.80	1.04	173%	0.43	0.37
		引き違い		1.24	145%		
	アルミ樹脂サッシ LowEペア(Ar16)	縦すべり出し	2.27	1.47	154%	0.51	0.47
		引き違い		1.65	138%		
YKK APW330	樹脂サッシ LowEペア(A16)	縦すべり出し	1.96	1.31	150%	0.46	0.45
		引き違い		1.36	144%		

＊ LIXILはクリアガラス、YKKはニュートラルガラスの値、
　Arはアルゴンガスの封入を示す

簡易計算では、サッシ種別や中空層のガスの種類に関係なく一定の値ですが、自己適合宣言書ではより正確に示されます

> 同じシリーズの開口部でも、開き勝手やガラスの種類で性能が変わる

> 簡易計算のU値より自己適合宣言の方がかなり良い値

表2：ガラス構成ごとの開口部の熱貫流率区分・開口部の日射熱取得率例

> 空気層やガラスの種類で異なる

			アルゴンガス入り							
			一般ガラス		合わせガラス					
			透明	型	透明型(30mil)	型(30mil)	透明型(60mil)	型(60mil)		
			GAP3 (CAP3)	GZP3 (CZP3)	GFP3 (CFP3)	GDP5 (CDP5)	GXP3 (CXP3)	GJP3 (CJP3)	GYP3 (CYP3)	GLP3 (CLP3)
ガラス構成		室外ガラス厚	3	4	4	4	4	4	3	3
		中空層厚	12	11	11	10	10	10	10	10
		中空ガラス厚	3	3	4	4	3·3	3·3	3·3	3·3
		中空層厚	12	11	11	10	10	10	10	10
		室内ガラス厚	3	4	3	5	3	3	3	3
熱貫流率区分	ダブルLow-E	日射遮蔽型ニュートラル	①	②	②	③	③	③	③	③
		日射遮蔽型ブルー	①	②	②	③	③	③	③	③
		日射遮蔽型ブロンズ	①	②	②	③	③	③	③	③
	シングルLow-E 日射取得型ニュートラル		③	③	③	④	④	④	④	④
日射熱取得率	ダブルLow-E	日射遮蔽型ニュートラル	0.34	0.34	0.34	0.34	0.33	0.33	0.33	0.33
		日射遮蔽型ブルー	0.22	0.22	0.22	0.22	0.21	0.21	0.21	0.21
		日射遮蔽型ブロンズ	0.22	0.22	0.22	0.21	0.21	0.21	0.21	0.21
	シングルLow-E 日射取得型ニュートラル		0.41	0.40	0.40	0.40	0.39	0.39	0.39	0.39

自己適合宣言書

簡易計算

表3：開口部の熱貫流率　性能一覧例

> 上の表から選択した番号で対応する性能を見る

区分記号	ガラス中央部の熱貫流率 [W/㎡K]	開口部の熱貫流率 [W/㎡K]				試験値	計算値	簡易的評価	建具とガラスの組合せ
		付属部材なし	シャッター又は雨戸あり	※障子あり	風除室あり				
									樹脂スペーサー仕様
①	0.75以下	1.05	1.01	0.97	0.96	○			
②	0.82以下	1.13	1.08	1.04	1.02	○			
③	1.1以下	1.26	1.19	1.15	1.12	○			
④	1.2以下	1.54	1.44	1.38	1.34			○	

庇の簡易計算で効果を検討

庇等の補正[※1]を求めるには次の3つの方法があります。①の定数は庇の有無にかかわらず、同じ値を用いるため簡単ですが、せっかくの庇の効果が反映されません。庇があれば②の簡易計算か③で詳細に計算することをおすすめします。

精度が高い

①定数を用いる方法（冷房期：0.93、暖房期0.51の固定値）
②簡易計算で求める方法[※2、本頁]
③日除け効果係数と斜入射特性を用いる方法[90頁、91頁]

庇の効果　簡易計算法

開口部の高さy2と庇までの間隔y1、庇の出zから、簡単に庇の影響が計算できます。使用する計算式は下図のように冷房期、暖房期[※3]、方位によって異なります

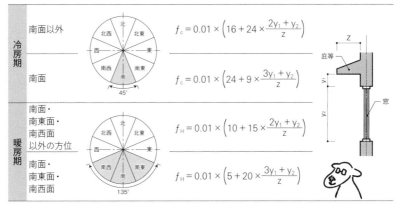

	方位	計算式
冷房期	南面以外	$f_c = 0.01 \times \left(16 + 24 \times \dfrac{2y_1 + y_2}{z} \right)$
	南面	$f_c = 0.01 \times \left(24 + 9 \times \dfrac{3y_1 + y_2}{z} \right)$
暖房期	南面・南東面・南西面以外の方位	$f_H = 0.01 \times \left(10 + 15 \times \dfrac{2y_1 + y_2}{z} \right)$
	南面・南東面・南西面	$f_H = 0.01 \times \left(5 + 20 \times \dfrac{3y_1 + y_2}{z} \right)$

簡易計算法のため庇の形状によっては適正な値が算出されないことがあります。そのため冷房期の値が0.93を超える場合は0.93、暖房期の値が0.72を超える場合は0.72とします

計算例

南面の高さ2m（y2=2）のすぐ上（y1=0）に庇が0.5m（Z=0.5）出ている状況を計算する。上図の式から

冷房期（南）fc $= 0.01 \times \left(24 + 9 \times \dfrac{3 \times \boxed{y_1 \ 0} + \boxed{y_2 \ 2}}{\boxed{z \ 0.5}} \right) = 0.60$

暖房期（南）fH $= 0.01 \times \left(5 + 20 \times \dfrac{3 \times \boxed{y_1 \ 0} + \boxed{y_2 \ 2}}{\boxed{z \ 0.5}} \right) = 0.85 \Rightarrow 0.72$

つまり南面は0.5mの庇で、冷房期は60%の日射熱が開口部に到達（40%遮蔽効果）するのに対し、暖房期は72%の日射熱が到達（28%の遮蔽効果）することがわかります

※1 庇等の補正のことを「取得日射量補正係数」と言い、冷房期はfc、暖房期はfHで表します。fの後についているH(Heating season)は暖房期、C (Cooling season)は冷房期を示します
※2 庇の簡易計算は、本書付属のExcel[234頁]「環境デザインサポートツール」の「⑩日射取得計算」シートで検討できます
※3 暖冷房期間は、日平均外気温をフーリエ変換した年周期成分が15℃以下となる期間を暖房期、23℃以上となる期間を冷房期としています（省エネ基準での定義）

深い庇は冬の日射も遮る

夏対策で庇を大きく出すと、冬も日照を遮ってしまいます。特に幅広の庇で窓高さ以上に庇を出すと夏と冬が逆転します。これは直達日射の割合が大きい[53頁]冬に、深い庇で直達日射が当たりにくくなり、天空日射の影響が大きくなるためです。

庇の出し過ぎに注意

図は窓の冷房期と暖房期におけるガラスの入射角特性[※1]を考慮した庇の効果（日射熱が入る割合）です。南は庇がなくても[※2]入射角特性によって冷房期79%、暖房期87%（差8%）です。実線は窓幅の庇、点線は窓幅＋4mの庇を示します。窓高さの1/3程度で冷房期と暖房期の差が最大（差14〜16%）となり効果的です。東西の庇は夏と冬の差がほとんどありません

庇の役割は、日射調整のほか、雨掛かりや夜露の防止、汚れを防ぐのに効果があるので、庇をなくすことはおすすめしない

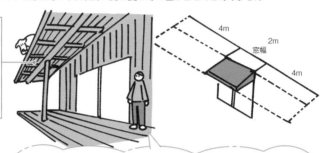

南の深い庇や屋根は、冬の日照も大きく遮るので、日照調整としての庇は、夏と冬のどちらを優先するかで出寸法を検討しよう。日射取得優先であれば、庇は短めに外付けブラインドなどで日射を調整をするか透明な庇などを検討しよう

図：窓（幅2m、高さ2m）の庇の出による日射熱取得効果の割合[※3]

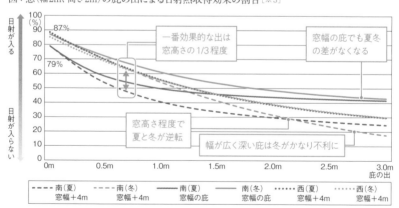

一番効果的な出は窓高さの1/3程度

窓幅の庇でも夏冬の差がなくなる

窓高さ程度で夏と冬が逆転

幅が広く深い庇は冬がかなり不利に

| ――― 南（夏）窓幅＋4m | ――― 南（冬）窓幅＋4m | ——— 南（夏）窓幅の庇 | ——— 南（冬）窓幅の庇 | ・・・・・・ 西（夏）窓幅＋4m | ・・・・・・ 西（冬）窓幅＋4m |

※1 ガラスに対して斜めから日射が当たると反射しやすい特性。庇がなくても100%になることはありません。特に60°を超える角度は反射がかなり大きくなります

※2 庇がない場合の最も詳細な数値は、入射角特性を考慮した「規準化日射熱取得率」の表から選択します。基準化日射熱取得率の表は、建築研究所の省エネ法の技術情報「第四節日射熱取得率」で確認します

※3 グラフは「日除け効果係数と斜入射特性を用いる方法」で日よけ効果係数算出ツールVer3.5.0（建築研究所：https://shading.app.lowenergy.jp/）を用い、6地域・複層の規準化日射熱取得率を乗じた値

袖壁の出し過ぎに注意

「日よけ効果係数算出ツール」[※] を使用すれば、通常の庇以外にも、建物が張り出した袖壁やサイドフィンの効果検討ができます。

袖壁で日射を30%カット

南の窓脇の袖壁の出を伸ばすと、夏（グレー）と冬（オレンジ）どちらも日射取得が減っていきます。袖壁の出が窓の高さ程度で20〜30%程度の遮蔽効果になり、それ以上は、変化が少なくなります。冬の方が日射遮蔽が効きやすいので出しすぎは厳禁です。庇付き（細点線）を見ると、袖壁の効果よりも庇の効果が大きいことがわかります

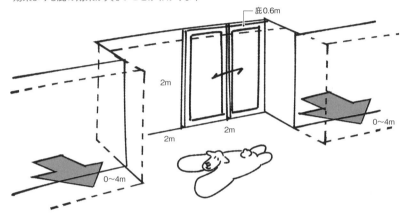

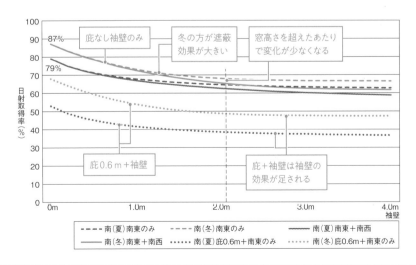

※ グラフは「日除け効果係数と斜入射特性を用いる方法」で、日よけ効果係数算出ツールVer3.5.0（建築研究所：https://shading.app. lowenergy.jp/）を用い、6地域・複層の規準化日射熱取得率を乗じた値

季節によって衣替えする

日射遮蔽は付属部材や植栽で強化できますが、日射取得は当初以上に増やすことはできません。付属部材や落葉樹で夏と冬の衣替えができるように工夫しましょう。特に日射を採り込みたい窓は、冬優先の窓計画を考えましょう。

付属部材や植栽で夏と冬に衣替え

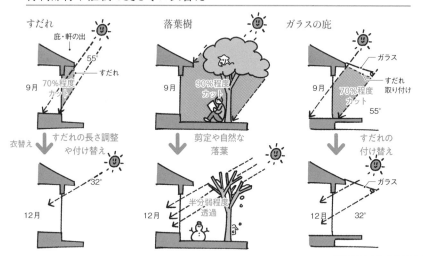

	遮蔽部材	遮蔽効果 [※1]
屋外	すだれ	70～75%程度
	外付けブラインド	80%程度
	網戸 [※3]	50%程度
室内	和障子	36～60%程度
	内付けブラインド	30～50%程度
	レースカーテン	25～35%程度

樹木名遮蔽部材	遮蔽効果 [※2]	
	夏至	冬至
ケヤキ	93%程度	75%程度
プラタナス	87%程度	66%程度
イチョウ	83%程度	57%程度
ソメイヨシノ	91%程度	54%程度
遮蔽部材なし	0%	

網戸も意外と遮蔽効果が高い。冬は引き込めるか外して収納できる工夫をしよう

落葉樹で冬期に葉が落ちても、幹や枝で、半分以上の遮蔽効果を発揮してしまう。植栽位置なども考慮しよう

計算例

南の樹脂サッシLow-Eペアガラス日射取得型と日射遮蔽型（付属部材なし）で冬の日射の入り方を比較。開口部高さ2m、窓上すぐに0.5mの庇（暖房期の庇補正 f_H 0.72）が付いていると想定すると、日射取得型は①ガラスのみの性能0.64×③枠の影響0.72×④庇補正 f_H 0.72 ＝ η_H 値0.332（33.2%）、日射遮蔽型は①0.40×③0.72×④0.72 ＝ η_H 値0.207（20.7%）となります。
暖房期は付属部材がなくても枠と庇の影響で、日射取得型でもガラス性能の半分近い0.332（33%）まで減っていることがわかります。日射遮蔽型ではさらに少ない0.207（20%）。日射取得は後付けで増やせないため、日射取得用の窓は冬を優先して窓仕様を決め、夏は付属部材で対応しましょう

※1 温暖地版自立循環型住宅への設計ガイドラインより普通ガラスの遮蔽効果を試算した値
※2 樹木の遮蔽効果は「夏季と冬季における単木落葉樹の木漏れ日率に関する数値解析」熊倉永子・中大窪千晶・梅干野晁（2011）、ランドスケープ研究74より昼と夕方の平均を試算した値
※3 網戸の遮蔽効果は「住宅における太陽熱の直接利用時の日射遮蔽の影響について - 住宅設計のための定量化 -」山本けい（2012）、岐阜県立森林文化アカデミー課題研究より

実践！ 窓の熱収支計算

窓の性能から熱収支の計算をしてみましょう。

窓の熱収支計算

南面の樹脂サッシLowEペアガラス(G12)日射取得型(付属物なし)、開口部幅2m、高さ2m、窓上すぐに0.5mの庇(簡易計算法で冷房期0.60、暖房期0.72の補正)が付いていると想定

演習1：冷房期、暖房期の日射取得率η値はいくらか？
演習2：暖房期において南鉛直面に600W/㎡の日射があった場合、どれくらいの熱が入ってくるか？
演習3：開口部の熱貫流率U値が2.09W/㎡K、室温20℃、外気温10℃の時、熱損失量はいくらか？

窓に日射がしっかり当たることが前提の計算です。計画段階で隣棟からの離れを確保し、影にならない位置に窓を設けるように工夫しましょう

		①ガラスと②付属部材 LowEペアガラス日射取得 型(付属部材なし)[87頁※]		③枠の種類 樹脂サッシ [86頁※]		④庇の補正 冷房期0.60、暖房期0.72 [簡易計算法89頁※]	日射熱取得率η値
演習1	冷房期ηH値	0.64	×	0.72	×	0.60 =	0.276
	暖房期ηC値					0.72	0.332

		暖房期日射熱取得率ηH値		開口部面積		南面日射量	取得日射量
演習2	日射取得量	0.332	×	4.00㎡	×	600W/㎡	796W

		熱貫流率U値		開口部面積		内外温度差	熱損失量
演習3	熱損失量	2.09W/㎡K	×	4.00㎡	×	10.0K	84W

この4㎡の開口部からの日射熱取得は796Wで熱損失量は84Wとなるので、日中の熱収支は差分の712Wのプラスになります

今回の計算は晴れた日中ですが、取得日射量は曇りで1/5〜1/10程度、夜間はゼロになります。一方で熱損失は終日続くため、熱収支は右図のグラフのように1日の収支で判断します[※]

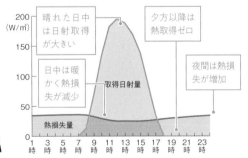

晴れた日中は日射取得が大きい
夕方以降は熱取得ゼロ
日中は暖かく熱損失が減少
夜間は熱損失が増加
取得日射量
熱損失量

計算例

上記と同じ条件で、樹脂アルミ複合サッシ普通ペアガラス(A12)の熱収支を計算してみます。
暖房期ηH値は、①ガラス0.79×③枠0.80×④庇0.72 = 0.455。日射熱取得量は0.455×4.00㎡×600W/㎡K = 1,092W。熱貫流率U値は、84頁の簡易計算法で求めると3.47W/㎡Kとなり、熱損失量は、3.47W/㎡K×4.00㎡×10.0K=139W。つまり、熱収支は953Wのプラスになります。
普通ペアガラスはLow-Eペアガラスに比べて熱損失量は増えますが、日射取得量は増えます。日当りの良さや暮らし方(夜間は断熱強化のために障子を閉めるなど)に合わせて適切な窓を選択しましょう

※ 1日の窓の熱収支の検討は、本書付属のExcel[234頁]「環境デザインサポートツール」の「㉓窓検討」シートで検討できます

窓は6つの機能で考える

ここで窓の役割について考えてみましょう。窓には、採光、熱取得、断熱、通風、視認、通行の主に6つの機能が求められます。

窓の6つの機能

たとえば、通行と熱取得の機能を持たせるには、通行の機能から掃き出し窓で、熱取得からも大きな窓がよいでしょう。しかも熱が逃げない高断熱な窓が重要で、熱の欲しい時間帯か、日中を通して最大限日が当たる位置に設けるのが効果的です。また、通風がメインなら風向きを意識した開けやすい窓[67頁]、採光なら光の均斉度から上部に横長の窓[70頁]が効果的です

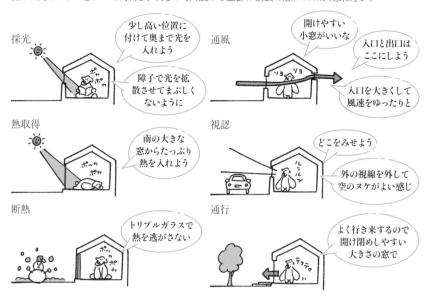

採光
少し高い位置に付けて奥まで光を入れよう
障子で光を拡散させてまぶしくないように

通風
開けやすい小窓がいいな
入口と出口はここにしよう
入口を大きくして風速をゆったりと

熱取得
南の大きな窓からたっぷり熱を入れよう

視認
どこをみせよう
外の視線を外して空のヌケがよい感じ

断熱
トリプルガラスで熱を逃がさない

通行
よく行き来するので開け閉めしやすい大きさの窓で

南は日照調整に非常に優れた方位[53頁]で、日中使用する頻度が高いリビングは、南に大きな窓を開けるのが定石です。ですが、敷地や建物によっては南の大きな窓が有用とはいえません。大きな窓は断熱された壁に比べて熱が逃げやすく、隣棟などで日射が当たらないと逆に室内環境が悪くなるからです

人に見られている気がする…
寒い…

「それでもやっぱり南に窓がほしい」という場合は、高断熱サッシなどの工夫で実現しましょう。家相や風水と同じように、住まい手の気持ちの問題は軽々しく否定しないことが大切です

熱移動の3形態＋α

column

温熱環境を構成する熱移動には3つの形態：放射・対流・伝導があります。それぞれの特徴が
理解できると、今この瞬間はどんな感じで熱が動いていると、見えない熱がイメージできるよう
になります。蒸発は一般に伝熱に含みませんが、体感にも影響しますので、＋αとして紹介します。

熱移動は放射・対流・伝導＋蒸発

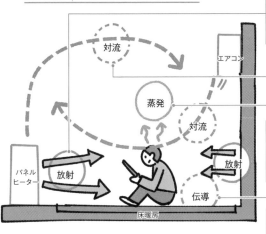

放射
物を介さず電磁波によって熱が伝わる。
放射温度（壁や窓、床、天井、暖房設備な
どの表面温度）と着衣量が影響する

対流
空気などの流体を介して熱が伝わる。
気温、湿度、気流、着衣量が影響する

蒸発
水分が蒸発して水蒸気になる
ときに物質から熱を奪う。特に
湿度と気流が影響する

伝導
物質が直接接することで熱が伝わる。直
接触れる床の材質や椅子の座面（熱伝導
率と容積比熱）が影響する［225頁］

人体からの放熱もこの3形態＋αで決まります。安静時や活
動時［※1］にどのように放熱しているかの、人体への影響度
を確認しましょう（下表）

冬の安静時では、放射と対流の影響が
大きく、8割近くを占める。つまり、表面
温度と空気温度の大切さがわかる

伝導は小さいが、は
だしの場合は影響
が大きくなる

		冬		夏	
		安静時	活動時	安静時	活動時
顕熱放熱[※2]	呼吸による放熱	1～2%		1～2%	
	放射による放熱	37～42%	22～31%	22～38%	18～27%
	対流による放熱	33～40%	20～28%	19～33%	16～24%
	伝導による放熱	1～2%		1～2%	
潜熱放熱[※2]	呼吸による損失	5～8%	8～11%	7～16%	10～12%
	不感蒸泄による放熱	13～21%	7～12%	20～40%	8～15%
	発汗による放熱	0%	20～38%	0%	24～44%

活動時は発汗による放熱が増
えるが、それでも放射と対流
の影響は大きいまま

夏も同様の傾向だが、汗の効
果の割合が増し、湿度調整の
大切さがうかがえる

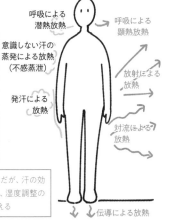

呼吸による
潜熱放熱

呼吸による
顕熱放熱

意識しない汗の
蒸発による放熱
（不感蒸泄）

放射による
放熱

発汗による
放熱

対流による
放熱

伝導による放熱

※1 安静時 1.0Met で PMV-0.5～0.5程度、活動時 1.7～3.0Met で PMV1.0～2.0程度で計算した値
※2 顕熱と潜熱は165頁を参照

第 **5** 章 温熱性能が心地よさを決める

温熱性能は熱の出入りをコントロールし、夏の暑さや冬の寒さを取り除くことで、心地よさのベースをつくります。温熱性能には「断熱（保温）性能」、「日射熱制御（取得・遮蔽）性能」、「気密性能」、「防露性能」の４つの性能があり、それぞれに大切な役割を担っています。住まい手にあった心地よさの実現には、それぞれの特徴と計算を理解する必要があります。
さらに熱の出入りから暖冷房負荷の算定を行い、適切な暖冷房設備選定の根拠とします。

5-1. あなたが考える理想的な断熱材は何ですか？理由も含めてまとめてみましょう

5-2. あなたの標準断熱仕様を決めて屋根、外壁、床（基礎）の、熱貫流率U値を計算しましょう［114～120頁］

5-3. 1月下旬の最低外気温［31頁］、室温20℃の時の外壁、開口部の室内表面温度を計算してみましょう［119頁］

5-4. 計画中の建物の外皮平均熱貫流率U_A値を計算してみましょう［122、123頁］

5-5. 換気熱損失を加えて、熱損失係数Q値を求めましょう［126、127頁］

5-6. 1月下旬の最低外気温［31頁］、室温20℃の時、換気も含めた熱損失は何Wでしょうか［162、163頁］

5-7. 計画中の建物をさらに20％断熱性能を向上するように各部位の仕様を検討してみましょう［124、125頁］

揃えておきたいツール、参考情報

- 環境デザインサポートツール　本書付録［234、235頁］
- 建築研究所 建築物のエネルギー消費性能に関する技術情報
  https://www.kenken.go.jp/becc/index.html
- （一社）住宅性能評価・表示協会　https://www.hyoukakyoukai.or.jp/
- NEDO日射量データベース　https://www.nedo.go.jp/library/nissharyou.html
- ESHパッシブデザインツール（非常温熱計算/無償）環境共生住宅推進協議会
  https://www.kkj.or.jp/contents/booktool_index.html

基準名		1地域	2地域	3地域	4地域	5地域	6地域	7地域	8地域	目標イメージ
断熱等性能 等級7 (HEAT20 G3相当)	U_A値	0.20		0.23		0.26			-	無暖房住宅の目標
	目安Q値	0.95		1.01		1.07			-	体感温度がおおむね15℃を下回らない
	η_{AC}値	-				3.0	2.8	2.7	-	熱中症予防の最低限の性能
	目安 η_{AH}値	1.6				1.7			-	暖房期日射熱取得の標準値
断熱等性能 等級6 (HEAT20 G2相当)	U_A値	0.28		0.34		0.46			-	省エネ+温熱環境+コストのバランス解
	目安Q値	1.15		1.30		1.60			-	体感温度がおおむね13℃を下回らない
	η_{AC}値	-				3.0	2.8	2.7	5.1	熱中症予防の最低限の性能
	目安 η_{AH}値	1.7		1.8		2.0			-	暖房期日射熱取得の標準値
断熱等性能 等級5 (省エネ基準 誘導基準)	U_A値	0.40	0.50		0.60				-	ZEHを目指す最低性能
	目安Q値	1.45	1.70		1.95				-	体感温度がおおむね10℃を下回らない
	η_{AC}値	-				3.0	2.8	2.7	6.7	熱中症予防の最低限の性能
	目安 η_{AH}値	1.9	2.0		2.2				-	暖房期日射熱取得の標準値
断熱等性能 等級4 (省エネルギー基準)	U_A値	0.46		0.56	0.75	0.87			-	健康を害さない最低目標
	目安Q値	1.60		1.90	2.40	2.70			-	体感温度がおおむね8℃を下回らない
	η_{AC}値	-				3.0	2.8	2.7	6.7	熱中症予防の最低限の性能
	目安 η_{AH}値	2.0		2.1	2.4	2.6			-	暖房期日射熱取得の標準値
断熱等性能 等級3 (H4省エネ基準)	U_A値	0.54		1.04	1.25	1.54		1.81		H4省エネ基準相当(既存住宅評価用)
	目安Q値	1.80		3.10	3.60	4.30		5.00		
	η_{AC}値					4.0	3.8	4.0		熱中症予防の最低限の性能
断熱等性能 等級2 (S55省エネ基準)	U_A値	0.72		1.21	1.47	1.67		2.35		S55省エネ基準相当(既存住宅評価用)
	目安Q値	2.30		3.50	4.20	4.70		6.40		

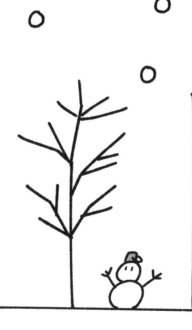

5-8. 計画中の建物の日射熱制御性能 η_A 値(夏期、冬期)を計算してみましょう[136、137頁]

5-9. 隣地の影響を考慮して η_A 値を補正してみましょう[140頁]

5-10. 冬期の水平面日射量が450W/㎡[53頁]のとき、建物内に入ってくる日射熱は何Wでしょうか[138頁]

5-11. 夏期の水平面日射量が600W/㎡[53頁]のとき、建物内に入ってくる日射熱は何Wでしょうか[138頁]

5-12. 屋根と外壁の冬型内部結露の防露計算(透湿抵抗比か定常計算)をしてみましょう[159〜161頁]

5-13. あなたの目指す温熱環境を埋由とともに文章化してみましょう

第5章の到達点

温熱環境をイメージして外皮設計ができる

押さえるべき温熱性能は4つ

温熱性能の目標は、断熱性能などの数値を高めることではありません。心地よくエコに暮らせる環境をつくることです。たとえば、せっかくの高断熱住宅でも気密性能が低いと隙間風でヒヤッとしたり、窓が小さいと日射のポカポカした心地よさが得られなかったりします。心地よさの実現にはコツがいるのです。

4つの温熱性能

1つの性能だけを高めるのではなく、下図にある4つの温熱性能の効果を意識してバランスよく向上させることが、心地よさの実現には欠かせません

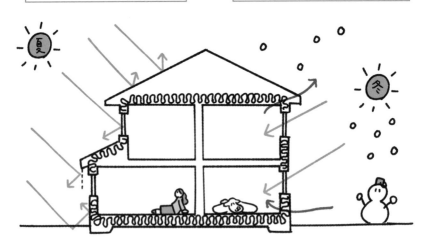

<u>省エネ基準　必須</u>
熱の移動をコントロールする
断熱性能
（保温性能）
断熱性能の効果　[102〜104頁]

<u>省エネ基準　必須</u>
日射をコントロールする
日射熱制御性能
（日射遮蔽・日射取得）
日射熱制御性能の効果　[130頁、131頁]

空気の移動をコントロールする
気密性能
気密性能の効果　[143〜145頁]

<u>長期優良住宅　必須</u>
湿気をコントロールする
防露性能
防露対策　[152〜155頁]

次頁から4つの性能の効果と計算方法、性能数値から設計に活用できる内容を見ていきましょう

省エネ基準は健康と省エネの最低クラス

この章で扱う温熱性能のねらいは2つ。1つ目は、暖房がなくても家の中から寒さをなくし、健康性や心地よさを向上させること。2つ目は、熱を逃がさないようにして暖冷房エネルギーを減らし、同時にCO_2排出量や光熱費の削減をすることです。この両輪の底上げで、心地よいエコハウスの土台が出来上がります。

温熱性能は健康・心地よさと省エネの実現

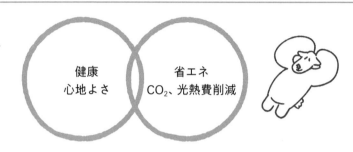

健康
心地よさ

省エネ
CO_2、光熱費削減

省エネ基準は最低ライン

温熱性能とエネルギー性能の計算方法と、最低限の基準値(目標値)を決めているのが省エネルギー基準。また、温熱性能の目安に品確法[※1]の断熱等性能等級があります

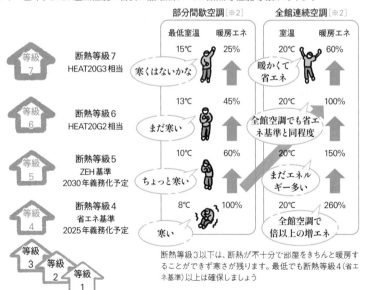

断熱等級3以下は、断熱が不十分で部屋をきちんと暖房することができず寒さが残ります。最低でも断熱等級4(省エネ基準)以上は確保しましょう

※1 住宅の品質確保の促進等に関する法律では、構造や防耐火、劣化対策、バリアフリーなど10個の性能の等級を規定しています。その中に断熱等性能等級と一次エネルギー消費量等級も含まれています

※2 断熱等級ごとの最低室温と暖房エネルギーは、一般的な住宅(間取りや窓面積などは省エネ基準モデル住宅)をイメージした場合の参考値

断熱等級6以上を目指す

温熱性能の向上には性能的なデメリットはなく、高性能なほど良いです。しかし、高性能化するには当然建設費もかかります。無理のない範囲で、どのくらいの温熱性能を目指すべきか、健康や心地よさ、エコの観点から順を追って考えてみましょう。

健康における最低限の目標室温

夏の最高温湿度[※1]

32℃
50%以下

断熱等級4（省エネ基準）程度の性能

冬の最低室温[※2]

室間温度差5℃以内

居室
18℃以上

非居室
15℃程度

これらは、あくまで健康を害さない最低レベルの温熱環境です。この温度域では暖かくて心地よいとは、とても言えません。心地よい環境の目安はどのくらいでしょうか

心地よさの目標室温と表面温度

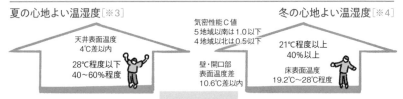

夏の心地よい温湿度[※3]

天井表面温度
4℃差以内

28℃程度以下
40〜60%程度

気密性能C値
5地域以南は1.0以下
4地域以北は0.5以下

壁・開口部
表面温度差
10.6℃差以内

冬の心地よい温湿度[※4]

21℃程度以上
40%以上

床表面温度
19.2℃〜28℃程度

上記に加え、住まい手の好みを実測した室温[16頁、230頁]も参考にします。この温度域を実現するには、暖房設備も大切です。それぞれの暖房方式からベースとなる温熱性能を考えます

空調を含めて心地よいエコハウスの温熱性能を決める

暖房方式には全館空調と居室のみの空調、また連続空調と間歇空調があり、それぞれに温熱環境とエネルギーに対してメリット・デメリットがあります。組み合わせて心地よいエコハウスを考えます

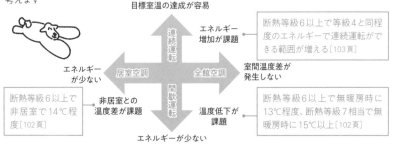

目標室温の達成が容易

連続運転

エネルギー増加が課題

断熱等級6以上で等級4と同程度のエネルギーで連続運転ができる範囲が増える[103頁]

エネルギーが少ない

居室空調

全館空調

間歇運転

室間温度差が発生しない

断熱等級6以上で非居室で14℃程度[102頁]

非居室との温度差が課題

温度低下が課題

断熱等級6以上で無暖房時に13℃程度、断熱等級7相当で無暖房時に15℃以上[102頁]

エネルギーが少ない

温熱環境とエネルギーから、それぞれの暖房方式で断熱等級6以上が目標です

※1 WBGT28℃中症厳重警戒の温湿度を想定しています｜※2 WHOの勧告より居室の室温はおおむね18℃以上、表面結露判定基準より非居室の最低室温15℃以上と想定しています。室間温度差は筆者が考える許容できるであろう温度差としています｜※3 温湿度はおおむねPMV+0.5以下となるような温湿度、天井面との温度差はISO 7730の不均一放射の指標より不満足者率が5%以下となるように想定しています｜※4 温度はおおむねPMV-0.5以上となるような温湿度、床や壁、開口部との温度差はISO 7730の不均一放射の指標より不満足者率が5〜10%以下となるように想定しています[226頁]。気密性能は計画換気量と漏気量から筆者が考える性能としています

断熱等級4（省エネ基準）から50〜100万で断熱等級6

高断熱化に伴うコストアップは建物仕様や規模にもよりますが、30坪前後の住宅では下記のような建設費アップの目安［※1］で考えてみましょう

断熱等級4　基準
断熱等級5　20〜40万程度アップ

断熱等級6　50〜100万程度アップ
断熱等級7　250〜350万程度アップ

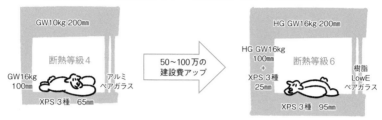

投資回収年月からも等級6がおすすめ

建設費アップの単純な回収年からも断熱等級6以上程度の費用対効果が高いと考えられます。等級4から等級6に性能向上すると、間歇空調では2.0万円/年削減のため［103頁］、建設費アップ分（50〜100万）を回収するのに25〜50年、全館空調では4.2万円/年削減されるため12〜24年の回収年数となります。今後、燃料費が高騰したり、高性能建材が安価になれば、もっと上の性能が適切になるため、随時見直すことが大切です

図：断熱等級4からのコスト比較

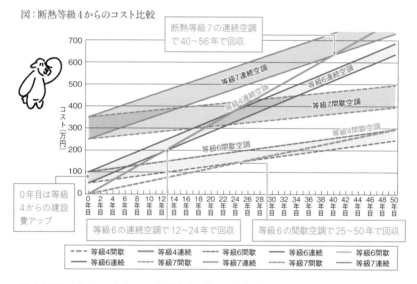

数十年暮らす住まいと考えると、年齢変化に伴って体感や暮らし方が変化することもあります。また、引き継ぐことがあれば、より多様な住まい手に対応できる性能が求められます。最近の坪単価は100万を超えることも多いため、たとえば断熱工事で100万円アップするとしても、計画の工夫で1坪減らせれば、同じ総工事費で断熱等級6は十分実現可能な性能です

※1 建設費アップ金額は、建物仕様や面積によってかなりばらつきますが、10社の工務店アンケート（2020年）に基づいた目安として示しています

断熱の基本は寒さをなくすこと

断熱性能を高める効果やメリットをきちんと説明できるでしょうか。改めて問われると、意外とうまく説明できなかったりするものです。断熱の一番の効果は家の中から寒さをなくし、心地よさのベースをつくることです。また、特に近年は室温と健康の関係[215頁]が明確になり、暖かい環境が健康寿命を延ばすこともわかってきました。

断熱の効果1　自然室温の向上

断熱性能が高い住宅は、暖房を消した後も室温が下がりにくくなり、明け方の室温を高く維持できます。室温の下がりにくさは、ライフラインが途絶えたときにも寒くなりにくいため、防災の面からも大切です。等級6以上で寒さがかなり少なくなってきます

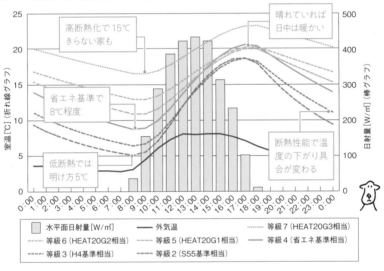

断熱の効果2　部屋間温度差の低減(温度差係数[220頁]で計算)

断熱性能が高い住宅は、自然室温(無暖房時の室温)も高いため、暖房している部屋としていない部屋の温度差が小さくなり、家中の寒さがなくなります。無防備で移動する室間の温度差はヒートショックの原因にもなるため断熱性能が健康に影響します

断熱の効果3　室温の均質化と空調の効率向上、設定室温までの時間短縮

断熱性能を高めると、冷たく重い冷気がなくなるため、エアコンなどの対流式の暖房でも暖気が足元付近まで到達しやすくなります。また、高温の熱が不要になるため、ヒートポンプの効率も向上します。さらに、断熱強化によって設定室温までの暖房時間も短くなります

等級4相当の断熱性能

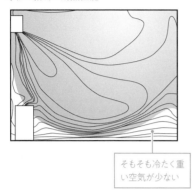

そもそも冷たく重い空気が少ない

等級2相当の断熱性能

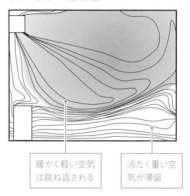

暖かく軽い空気は跳ね返される

冷たく重い空気が滞留

断熱の効果4　暖房エネルギー、暖房費の削減

断熱性能が高まると、熱が逃げにくくなり、暖房エネルギーと暖房費が安く[※1、※2]なります。また、全館空調と間歇空調の差が少なくなり、空調方式の選択肢が広がります

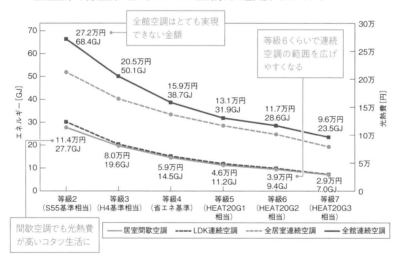

表：計算に用いた各種性能値

断熱等級	U_A値	η_{AH}値	η_{AC}値
等級2（S55年基準相当）	1.67	5.2	3.9
等級3（H4年基準相当）	1.19	4.1	2.9
等級4（省エネ基準相当）	0.81	3.8	2.7

断熱等級	U_A値	η_{AH}値	η_{AC}値
等級5（HEAT20G1相当）	0.54	2.9	2.0
等級6（HEAT20G2相当）	0.41	2.5	1.7
等級7（HEAT20G3相当）	0.26	2.3	1.6

※1 電気単価を40円/kWhと想定した光熱費予測です。電力単価に再エネ賦課金、燃料費調整額を想定した単価です
※2 省エネ基準モデルの建物をベースにサッシの高断熱化で冬期の日射取得が減ることを想定した性能です

断熱の効果5　体感温度の向上と結露防止

私たちが感じる温度は空気の室温だけではありません。壁や床の放射温度も同じくらいの影響度があり、室内では一般的に体感温度[※]は、(室温＋平均放射温度)/2で計算できます。断熱性能の向上で放射温度が室温に近づき、同じ室温でも体感温度が向上します。同時に放射温度の向上は、表面結露の防止にも有効です

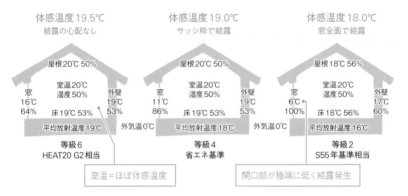

壁や天井をいくら高断熱にしてもアルミサッシでは枠のアルミ表面温度が5℃近くまで下がるため結露が発生します。また、無断熱では平均放射温度が10℃程度のため、室温が20℃あっても体感温度は15℃と低くなってしまいます

断熱の効果6　不均一放射による局部不快感やコールドドラフトの回避

局所的に断熱性能が不足すると、その部位の冷え込みで局部不快感につながったり、冷やされ空気が下降(コールドドラフト)し冷気が床付近に流れ足元を冷やしてします[226頁]

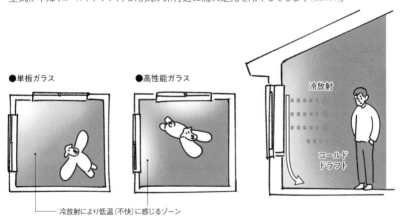

※ ここでいう体感温度は作用温度(OT)のことで、正確には風速の影響も受け、OT=(対流熱伝達率[W/㎡K]×室温[℃]＋放射熱伝達率[W/㎡K]×平均放射温度[℃])/(対流熱伝達率[W/㎡K]＋放射熱伝達率[W/㎡K])で計算できます

目指すは標準計算ルート

断熱性能を考える部位は、開口部、外壁、屋根・天井、床、基礎の5種類です。各部位をバランスよく高めることで、局所的に冷たくなったり暑くなったりすることなく、安定した室内環境を得ることができます。

4つの省エネ基準判定ルート

省エネ基準の適合判定には4つのルートがあります[※1]。最も簡単な仕様ルートは、計算なしで断熱目安がつかめます。まずは、仕様ルート[83頁、106～109頁]からそれぞれの部位の断熱材がどの程度必要かを見てみましょう

		標準計算ルート	簡易計算ルート[※2]	モデル住宅法[※2]	仕様ルート
	難易度	標準 (パソコン等使用)	やや容易 (パソコン等使用)	やや容易 (手計算)	容易 (計算しない)
外皮性能	外皮性能	数値評価	簡易数値評価		適否のみ
	建物形状・面積	評価できる	評価できない (モデル住宅で評価)		評価できない
	部位毎の性能		評価できる		適否のみ
	方位の影響	評価できる	評価できない		
	窓の大きさの影響	評価できる	評価できない		
	計算ツール	外皮計算用Excel等 (本書付属)	外皮計算用Excel等	簡易計算シート	計算しない
1次エネルギー	1次エネルギー	数値評価	簡易数値評価	ポイント評価	適否のみ
	設備毎の性能	評価できる	評価できない		
	太陽光発電	評価できる	評価できない		
	計算ツール	WEBプログラム		簡易計算シート	計算しない

仕様ルートから標準計算ルートにステップアップ

慣れてきたら標準計算ルート[111頁～]での計算がおすすめです。標準計算ルートでは数値からいろいろなことが見えてきて、設計の検討に役立ちます

屋根断熱○mm
壁断熱○mm
床断熱○mm
ペアガラス

仕様ルートは
断熱厚さで設計
(建物性能はわからない)

ステップアップ

熱貫流率U値
日射熱取得率η値

標準計算ルートは
建物性能で設計

標準計算ルートのメリット
・断熱厚みや庇の効果などほぼすべての温熱要素を評価できる
・性能バランスを見ながら設計ができる[124頁]
・室内表面の温度や室温予測ができる[119頁]
・建物性能に合わせた設備選定ができる[162頁]

※1 参考テキスト：改正建築物省エネ法のオンライン講座の資料ライブラリーの「仕様基準ガイドブック」や「住宅の省エネルギー基準と評価方法」
https://shoenehou-online.jp/download/
※2 簡易計算ルートとモデル住宅法は2025年4月に廃止の予定

外壁は付加断熱で熱橋をなくす

外壁は住宅のなかでも面積割合が多く、家全体の温熱性能に大きく影響します。断熱等級6以上は柱の外側にも断熱を施す付加断熱が一般的。付加断熱の手間はかかりますが、柱などの熱橋から熱が逃げにくく安定した断熱性能が得られます。性能とコストバランスに優れた等級6を目安に仕様を検討しましょう。

外壁の性能等級から仕様を選択する

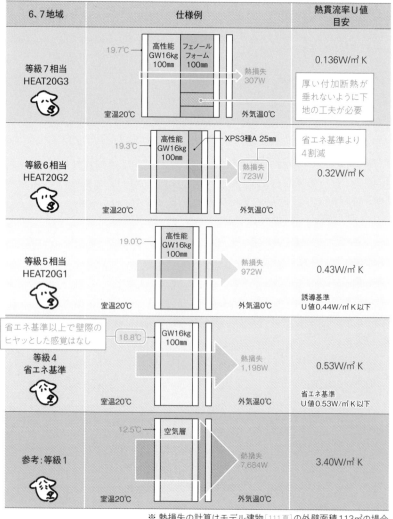

※ 熱損失の計算はモデル建物[111頁]の外壁面積113㎡の場合

＊各性能等級の仕様はHEAT20の設計ガイドブック2021より

屋根・天井で夏の暑さと冬の熱損失を防ぐ

屋根・天井は、夏・冬ともに大切な部位です。夏は日射で過熱した屋根の熱［132頁］が入ってきやすく、冬は暖かい空気が上部から逃げやすいからです。天井断熱は小屋裏のふところがあれば厚みを増しやすいです。屋根断熱は熱橋が出やすいので、納まりを考えながら同程度以上の厚さを検討しましょう。

屋根・天井の性能等級から仕様を選択する

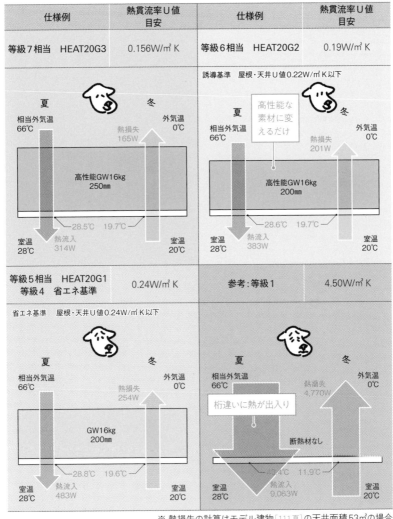

※ 熱損失の計算はモデル建物［111頁］の天井面積53㎡の場合

＊各性能等級の仕様は HEAT20 の設計ガイドブック2021より

床の断熱が床表面温度を決める

床は直接体に触れるため、表面温度を敏感に感じやすい部位です。特に冬の床面の暖かさの確保は、不快感をなくすためにもとても大切です[224頁]。断熱材が落ちないように下地やクリップでしっかり固定します。また、床下点検口の熱橋対策や床下のカビのリスク回避のための防湿や換気に配慮しましょう。

床の性能等級から仕様を選択する

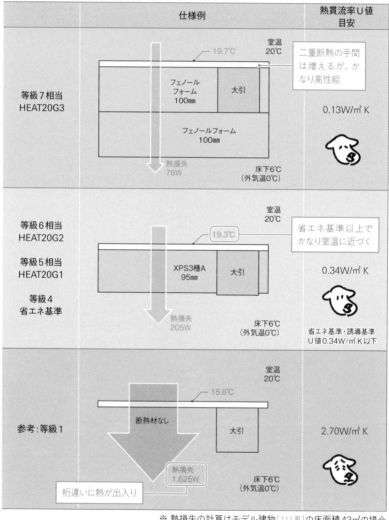

| | 仕様例 | 熱貫流率U値 目安 |

等級7相当 HEAT20G3
19.7℃ / 室温20℃
フェノールフォーム 100mm / 大引
フェノールフォーム 100mm
熱損失 78W / 床下6℃（外気温0℃）
二重断熱の手間は増えるが、かなり高性能
0.13W/㎡K

等級6相当 HEAT20G2
等級5相当 HEAT20G1
等級4 省エネ基準
室温20℃
19.3℃
XPS3種A 95mm / 大引
熱損失 205W / 床下6℃（外気温0℃）
省エネ基準以上でかなり室温に近づく
0.34W/㎡K
省エネ基準・誘導基準 U値0.34W/㎡K以下

参考：等級1
室温20℃
15.8℃
断熱材なし / 大引
熱損失 1,625W / 床下6℃（外気温0℃）
桁違いに熱が出入り
2.70W/㎡K

※ 熱損失の計算はモデル建物[111頁]の床面積43㎡の場合

＊各性能等級の仕様はHEAT20の設計ガイドブック2021より

基礎断熱は底版全面が基本

基礎断熱は、外気に接する立上り以外にも、底版中央部からも熱が逃げていきます。外周部近傍だけでなく底版全面に敷くことを検討してください。特に床下エアコン[188頁]などで床下を暖める時には特に大切です。床断熱でも玄関や浴室部分は基礎断熱を施します。面積が小さくても省略せずにしっかり断熱しましょう。

基礎の性能等級から仕様を選択する

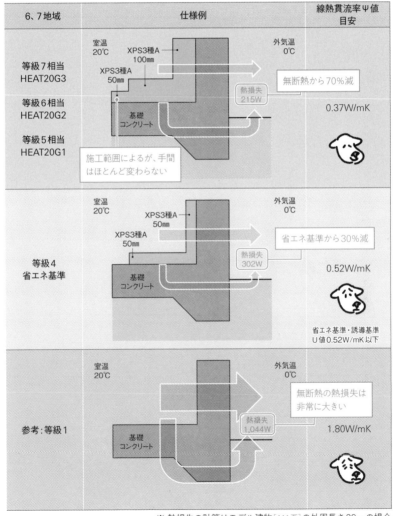

6、7地域	仕様例	線熱貫流率Ψ値 目安
等級7相当 HEAT20G3 / 等級6相当 HEAT20G2 / 等級5相当 HEAT20G1	室温20℃ / XPS3種A 100mm / XPS3種A 50mm / 外気温0℃ / 基礎コンクリート / 熱損失215W / 無断熱から70%減 / 施工範囲によるが、手間はほとんど変わらない	0.37W/mK
等級4 省エネ基準	室温20℃ / XPS3種A 50mm / XPS3種A 50mm / 外気温0℃ / 基礎コンクリート / 熱損失302W / 省エネ基準から30%減	0.52W/mK / 省エネ基準・誘導基準 U値0.52W/mK以下
参考：等級1	室温20℃ / 外気温0℃ / 基礎コンクリート / 熱損失1,044W / 無断熱の熱損失は非常に大きい	1.80W/mK

※ 熱損失の計算はモデル建物[111頁]の外周長さ29mの場合

＊各性能等級の仕様はHEAT20の設計ガイドブック2021より

断熱ラインを意識する

温熱性能をしっかり確保するためには、外皮の断熱ラインが一筆書きでつながっている必要があります。開口部や外壁はそのまま内と外を隔てる断熱ラインですが、天井断熱か屋根断熱、床断熱か基礎断熱はどちらでも選択可能です。それぞれに利点と短所がありますので、空間のつくり方や暖房方式に合わせて選択しましょう。

天井断熱と屋根断熱の利点

天井断熱の利点は、断熱が入れやすく室内がコンパクトでコストメリットがあることです。一方、屋根断熱の利点は、小屋裏空間が活用でき勾配天井も可能になるなど、空間の魅力を発揮しやすいことです。筆者の場合は小屋裏まで活用でき、空間の魅力が高まる屋根断熱で設計することが多いです

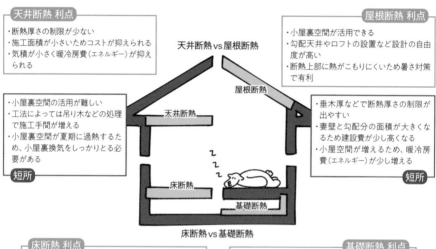

天井断熱 利点
・断熱厚さの制限が少ない
・施工面積が小さいためコストが抑えられる
・気積が小さく暖冷房費(エネルギー)が抑えられる

屋根断熱 利点
・小屋裏空間が活用できる
・勾配天井やロフトの設置など設計の自由度が高い
・断熱上部に熱がこもりにくいため暑さ対策で有利

天井断熱vs屋根断熱

屋根断熱

天井断熱

・小屋裏空間の活用が難しい
・工法によっては吊り木などの処理で施工手間が増える
・小屋裏空間が夏期に過熱するため、小屋裏換気をしっかりとる必要がある
短所

・垂木厚などで断熱厚さの制限が出やすい
・妻壁と勾配分の面積が大きくなるため建設費が少し高くなる
・小屋空間が増えるため、暖冷房費(エネルギー)が少し増える
短所

床断熱

基礎断熱

床断熱vs基礎断熱

床断熱 利点
・気積が小さく暖冷房費(エネルギー)が少ない
・暖房した熱が床表面を直接暖めるため、床表面温度が室温に近づきやすい
・自然系断熱材など断熱材の選択肢が豊富

基礎断熱 利点
・配管貫通部が単純なため、気密性能が確保しやすい
・水廻りも含めて基礎断熱で統一できるため断熱・気密の連続性を確保しやすい
・床下空間の湿気コントロールがしやすい

・配管貫通部や柱の取合いなどが多いため、気密施工に手間がかかる
・水廻りや土間部分は基礎断熱となるため、断熱・気密の連続性に注意が必要
・床下は外気の影響を受けるため、立地によっては夏型結露のリスクがある
短所

・床下の気積が増えるため、暖冷房費(エネルギー)が少し増える
・床下温度が少し低く、床表面温度が上がりにくいため、床下暖房などの配慮が必要
・断熱材がボード状の断熱材に限られる(外部は防蟻対策品などで対策する必要がある)
短所

床断熱と基礎断熱の利点

床断熱の利点は、空間がコンパクトになり光熱費を抑えやすくなります。一方、基礎断熱の利点は外皮構成がシンプルになるので施工精度を上げやすく、床下を空調チャンバーとして活用する床下エアコンの採用が可能になります[188頁]

標準計算ルートを始めよう

標準計算ルートで、建物全体の性能を計算してみましょう[114〜139頁]。少し手間がかかりますが、順に進めればそれほど難しくありません。手計算で流れを理解したら、本書付属の環境デザインサポートツール[234頁]内のExcelを使うと簡便に計算できます。

理想は計算しなくてもおおむねの性能がイメージできること

たとえば、下図のような建物があったとしましょう。断熱性能はどのくらいかわかりますか？省エネ基準？等級6くらい？計算しないとわからない？[答えは123頁]
温熱設計の理想は計算をしなくてもプランと仕様を見ただけでおおむねの性能がイメージできることです。ですが、この領域に到達するには、何度も計算をして勘所を身に付ける必要があります

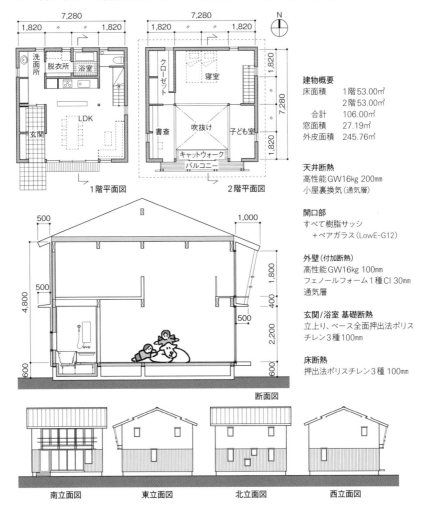

建物概要
1階 53.00㎡
2階 53.00㎡
合計 106.00㎡
窓面積 27.19㎡
外皮面積 245.76㎡

天井断熱
高性能GW16kg 200mm
小屋裏換気(通気層)

開口部
すべて樹脂サッシ
＋ペアガラス(LowE-G12)

外壁(付加断熱)
高性能GW16kg 100mm
フェノールフォーム1種CI 30mm
通気層

玄関/浴室 基礎断熱
立上り、ベース全面押出法ポリスチレン3種100mm

床断熱
押出法ポリスチレン3種 100mm

1階平面図　2階平面図

断面図

南立面図　東立面図　北立面図　西立面図

断熱性能 基本の3つを理解する

断熱性能を示す指標に「熱伝導率λ」、「熱抵抗R値」、「熱貫流率U値」があります。これらの用語を整理して、断熱材を選択する基準を確認します。それぞれ、数値が大きい方が良いのか、小さい方が良いのかをしっかり理解しておきましょう。

熱伝導率λと熱抵抗R値、熱貫流率U値

熱伝導率は材料の厚さが1mと固定されていて、素材ごとの断熱性能の善し悪しの比較はできますが、実際の建築では厚さがまちまちです。そのため、実際にどの程度の性能が得られるかは、厚さを考慮した熱抵抗や熱貫流率を確認する必要があります。素材の性能（熱伝導率）に加えて、厚さも重要な要素なのです

1m厚の性能

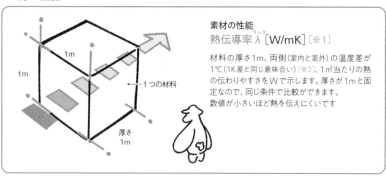

素材の性能
熱伝導率 λ [W/mK] [※1]

材料の厚さ1m、両側（室内と室外）の温度差が1℃（1K差と同じ意味合い）[※2]、1㎡当たりの熱の伝わりやすさをWで示します。厚さが1mと固定なので、同じ条件で比較ができます。
数値が小さいほど熱を伝えにくいです

厚さを考慮した性能

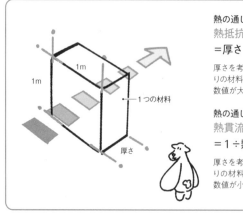

熱の通しにくさ
熱抵抗 R 値 [㎡K/W]
＝厚さ[m]÷熱伝導率λ [W/mK]

厚さを考慮して、両側の温度差が1℃、1㎡当たりの材料の熱の伝わりにくさを示します。
数値が大きいほど熱を伝えにくいです

熱の通しやすさ
熱貫流率 U 値 [W/㎡K]
＝1÷熱抵抗R値[㎡K/W]

厚さを考慮して、両側の温度差が1℃、1㎡当たりの材料の熱の伝わりやすさをWで示します。
数値が小さいほど熱を伝えにくいです

※1 分母のmは厚みのことではなく、すでに計算された単位です。計算前の単位は[W/（㎡・(K/m)）]で1㎡当たり、1m厚り当たりのことを示します
※2 K（ケルビン）とは絶対温度の単位です。一般的に使用しているセ氏温度と同じ温度間隔のため、温度差1℃は温度差1Kと言い換えても同じ意味合いになります

断熱性能は性能と厚みで決まる

熱抵抗や熱貫流率の計算が理解できれば、さまざまな素材を比較できるようになります。

厚みを考慮して検討する

高性能グラスウール16kgで厚さ100mmと同じ断熱性能をほかの材料で実現するには、木材で316mm、コンクリートでは4mも必要です。一方、高性能なフェノールフォームは薄く（53mm）ても同じ性能となりますが、30mmまで薄くなると、同じ性能は発揮できません。そのため、断熱材の性能は「熱伝導率λ」と「厚み」の両方が反映された「熱抵抗R値」か「熱貫流率U値」で評価します

表：代表的な建材や断熱材の性能

$0.0125m ÷ 0.221W/mK$

$1 ÷ 0.057㎡K/W$

	素材名称	厚み	熱伝導率λ [W/(mK)]	熱抵抗R値 [㎡K/W]	熱貫流率U値 [W/(㎡K)]	
建材	せっこうボード	12.5mm	0.221	0.057	17.544	断熱性能が低い
	天然木材	120mm	0.120	1.000	1.000	
	合板	12mm	0.160	0.075	13.333	同じ厚みの性能（熱伝導率）では最も性能が低い材料
	コンクリート	150mm	1.600	0.094	10.368	
断熱材	高性能グラスウール16kg	100mm	0.038	2.632	0.380	
		50mm		1.316	0.760	
	セルロースファイバー	100mm	0.040	2.500	0.400	熱伝導率も比較的よく、厚みがあるため最も断熱性能が高い
	押出法ポリスチレンフォーム3種	60mm	0.028	2.143	0.467	
		30mm		1.071	0.933	
	フェノールフォーム1種CI	30mm	0.020	1.500	0.667	

同じ厚みの性能（熱伝導率）では最も断熱性能が高い材料

同じ断熱材なら厚みに関係なく熱伝導率は同じ

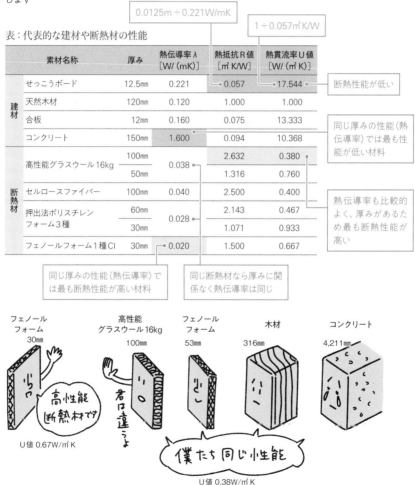

フェノールフォーム 30mm
高性能グラスウール16kg 100mm
フェノールフォーム 53mm
木材 316mm
コンクリート 4,211mm

U値 0.67W/㎡K

U値 0.38W/㎡K

※ 熱伝導率λの値は省エネ基準の技術解説や建材のカタログから得ることができます

熱貫流率U値を計算して熱移動を理解

単一素材の熱貫流率U値の計算は簡単[112頁]ですが、建築の各部は複数の材料を組み合わせてつくられています。複数の部材を考慮した熱貫流率U値が計算できれば、いろいろなことが見えてきます。熱貫流率計算と聞くと難しそうですが、ステップどおりに計算すれば簡単に求めることができます。

熱貫流率U値計算の基本[※1]

まず、基本的なルールを押さえます。断熱材が入っている部位と柱や梁などの部位(熱橋)ごとに、各素材の熱抵抗R値を足し合わせます[※2]。それを熱貫流率U値に変換し、最後に部位ごとの割合(熱橋面積比)で案分して各部の平均熱貫流率U値を求めます

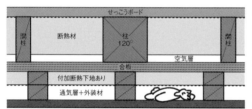

内装仕上げ：石こうボード⑦12.5の上EP
防湿シート：(計算に算入しない)
断熱材：高性能グラスウール16kg⑦100
構造部：柱や間柱⑦120
密閉空気層：⑦20
面材：合板⑦12
付加断熱材：フェノールフォーム1種CI⑦30
透湿防水シート：(計算に算入しない)
外壁通気層+外装材

熱貫流率U値の計算ステップ(外壁、屋根、天井、床共通)

STEP1　素材を順番に書き出す(断熱材と熱橋は続けて記入)[※3]
STEP2　図面から厚みを記入(m単位に統一)
STEP3　熱伝導率を調べて記入[236頁、他][※4]
STEP4　断熱部と熱橋部の構成と厚みを意識して、熱抵抗を計算
　　　　　熱抵抗R値＝厚さ÷熱伝導率(一部、固定値が入る)
　　　　　・表面の熱伝達抵抗は部位ごとに固定値1[115頁表1]を選択
　　　　　・付加断熱(下地あり)は熱抵抗を0.9掛け[※5]、下地なしはそのままの熱抵抗
　　　　　・熱橋部が分厚い場合は断熱部の厚みに合わせ、さらに熱橋部が密閉されていれば
　　　　　　空気層とみなす[※6]
STEP5　断熱部、熱橋部のそれぞれの熱抵抗を足し合わせる
STEP6　熱貫流率を計算　　熱貫流率＝1÷熱抵抗
STEP7　熱橋面積比の固定値3[115頁表3]から記入
STEP8　熱橋面積比を考慮して、部位平均の熱貫流率U値を計算

※1　森林文化アカデミー専門技術者研修のオンデマンド講座でU値計算の動画解説を行っています。https://www.forest.ac.jp/about/specialist/mok-ondemand/
※2　複数の材料の足し合わせは必ず熱抵抗の値で計算します。熱貫流率U値は足し合わせできません
※3　シート類や薄い仕上げ材は熱抵抗がほとんどないため計算に算入しません
※4　熱伝導率は本書付属Excel[234頁]の素材データシートや建築研究所の省エネ法の技術情報「第三節熱貫流率及び線熱貫流率」、各建材メーカーのwebサイトやカタログから得られます
※5　付加断熱で下地がある場合は熱抵抗に0.9掛け(熱橋を10%想定)。フェノールフォーム1種CI 30mmでは、0.03m÷0.020W/mK＝1.5m²K/Wとなり、1.5m²K/W×0.9＝1.35m²K/Wを計算に見込んでいます
※6　面材で密閉された空気層は厚みに関係なく0.09m²K/W(固定値2[115頁表2])の熱抵抗をとります。おおむねグラスウール16kgの4mm厚程度の性能。厚みが大きくても内部で空気対流が起こり、性能はさほど変化しません

STEP1 熱橋の厚みは断熱厚さに統一

STEP2/STEP3 断熱部に熱橋の熱抵抗は入れない

STEP4 空気層の熱抵抗は断熱部、熱橋部の両方に

外壁	素材名称	厚さd m（STEP1）	熱伝導率λ W/mK（STEP2）	熱抵抗R値 ㎡K/W 断熱部（STEP3）	熱橋部（STEP4）	
室内表面	熱伝達抵抗	—	—	0.110	0.110	固定値1（表1）
素材1	せっこうボードGB-R	0.0125	0.221	0.057	0.057	
素材2-1（断熱材）	高性能グラスウール16kg	0.1000	0.038	2.632	—	
素材2-2（熱橋）	天然木材（構造材）	0.1000	0.120	—	0.833	
素材3	密閉空気層	—	—	0.090	0.090	固定値2（表2）
素材4	合板	0.0120	0.160	0.075	0.075	
素材5（付加断熱）	フェノールフォーム1種CI	0.0300	0.020	1.350	1.350	付加断熱計算
室外表面	熱伝達抵抗（通気層あり）	—	—	0.110	0.110	固定値1（表1）
熱抵抗合計		㎡K/W	STEP5	4.424	2.625	
熱貫流率 ＝1÷熱抵抗合計		W/㎡K	STEP6	0.226	0.381	
熱橋面積比率			STEP7	0.83	0.17	固定値3（表3）
（外壁平均）熱貫流率U値	0.226W/㎡K×0.83 ＋ 0.381W/㎡K×0.17		STEP8	0.25W/㎡K		四捨五入

付加断熱（熱橋あり）は熱抵抗に0.9掛け

足し合わせは熱抵抗の値で行う

0.226W/㎡K×0.83 ＋ 0.381W/㎡K ×0.17

今回計算した外壁の熱貫流率U値は0.25W/㎡Kとなり、等級6の仕様目安［106頁］の0.32W/㎡Kより良い性能になりました。外壁の熱貫流率U値0.25W/㎡Kとは、外壁1㎡当たり、室内と室外の温度差が1℃（1K差と同じ）当たり、0.25Wの速さで熱が移動する性能を示しています

熱貫流率U値から熱損失の速さがわかる

「熱貫流率U値」の意味が理解できれば、単純な数値として見えていたものが、身近なイメージになります

たとえば、外壁面積160㎡、室温20℃で外気温0℃（温度差20K）の場合は、0.25W/㎡K×160㎡×20K＝800Wとなり、外壁全体から800Wの速さ（電気ストーブ強程度）で熱が逃げることになります。つまり、室温を20℃に保つためには、外壁の熱損失分として800Wの熱を室内に供給する必要があります。これを家全体で計算できれば、暖房設備の選定ができるようになります

熱損失の速さ＝熱貫流率U値×面積×温度差

仕様ごとの固定値

表1：表面熱伝達抵抗 ［㎡K/W］

	室内側	室外側（通気層・小屋裏・床裏）	室外側（外気）
屋根・天井	0.09	0.09	0.04
外壁（垂直面）	0.11	0.11	0.04
床	0.15	0.15	0.04

表面の熱伝達抵抗は、素材表面からの放射と対流の影響を考慮した熱抵抗値です

表2：空気層の熱抵抗 ［㎡K/W］

空気層の種類	空気層の熱抵抗
面材で密閉された空気層（工場生産された製品の内部や耐力面材内部の空気層）	0.09
他の空間と連通していない空気層［※7］	0
他の空間と連通している空気層［※8］	0

表3：熱橋面積比

	熱橋部分	断熱部分	備考
屋根	0.14	0.86	たるき間
天井	0.13	0.87	桁・梁間
外壁	0.17	0.83	軸組構法
	0.23	0.77	枠組壁工法
床	0.15	0.85	大引間
	0.20	0.80	根太間
	0.30	0.70	大引＋根太間
	0.13	0.87	枠組壁工法

熱橋面積比は構造躯体と断熱材の面積割合で、部位、仕様ごとに決められた値をとります。たとえば、外壁は見付け面積で考えると、断熱部が83％、柱や梁の構造部が17％と想定した値です

※7 空気層よりも室内側の建材の熱抵抗値の加算は可能です

※8 空気層よりも室内側の建材の熱抵抗値の加算はできません

天井、床のU値は熱橋と表面抵抗に注意

屋根や天井、床も外壁と同じ計算の流れです。異なるのは、表面熱伝達抵抗と熱橋面積比[115頁]の2点だけです。

天井の熱貫流率U値の計算

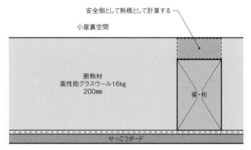

安全側として熱橋として計算する
小屋裏空間
断熱材 高性能グラスウール16kg 200mm
梁・桁
せっこうボード

内装仕上げ：PB⑦9.5 EP塗り
防湿シート（計算に参入しない）
断熱材：高性能グラスウール16kg
⑦200
構造部：梁・桁あり
小屋裏空間

（STEP1〜STEP8は114頁参照）

天井	素材名称	厚さd [m] STEP2	熱伝導率λ [W/mK] STEP3	熱抵抗R=d/λ [㎡ K/W] 断熱部	熱橋部	
	STEP1			STEP4		
室内表面	熱伝達抵抗	—	—	0.090	0.090	STEP4
素材1	せっこうボードGB-R	0.0095	0.221	0.043	0.043	
素材2-1（断熱材）	高性能グラスウール16kg	0.2000	0.038	5.263	—	
素材2-2（熱橋）	天然木材（構造材）	0.2000	0.120	—	1.667	
室外表面	熱伝達抵抗（小屋裏）	—	—	0.090	0.090	
熱抵抗合計		[㎡ K/W]		5.486	1.890	STEP5
熱貫流率 ＝1÷熱抵抗合計		[W/㎡ K]		0.182	0.529	STEP6
熱橋面積比率				0.87	0.13	STEP7
（天井平均）熱貫流率U値	0.182W/㎡ K×0.87＋0.529W/㎡ K×0.13			0.23W/㎡ K		STEP8

天井の熱貫流率は0.23W/㎡ Kとなり、等級6の仕様目安[107頁]の0.19W/㎡ Kより悪い性能になりました。吊天井で熱橋がなければ、U値は0.18W/㎡ Kとなるため、梁等の熱橋によって3割ほど性能低下しています

_{column}

熱橋を詳細に計算

熱橋は115頁の一般的な熱橋面積比を用いることが慣例です。ですが、特殊な構法の場合は、計算値の誤差が大きくなってしまいます。そんなときは、詳細に面積を拾って計算することも可能です。

$$詳細な熱貫流率 = \frac{（断熱部のU値×断熱部の面積）＋（熱橋部のU値×熱橋部の面積）}{面積の合計}$$

床の熱貫流率U値の計算

内装仕上げ：フローリング⑦15
内装下地：合板⑦24
断熱材：押出法ポリスチレン3種A⑦100
構造部：土台、大引
床裏（床下空間）

フローリング
合板
押出法ポリスチレン3種A
100mm

土台・大引

床裏（床下空間）

安全側として断熱材と同じ厚みのみ算
入。土台が120mm角でも100mm厚で計算

（STEP1〜STEP8は114頁参照）

床	素材名称	厚さd [m]	熱伝導率λ [W/mK]	熱抵抗 R=d/λ [㎡K/W]		
		STEP1	STEP2	STEP3	断熱部	熱橋部
室内表面	熱伝達抵抗	—	—	0.150	0.150	STEP4
素材1	天然木材（フローリング）	0.0150	0.120	0.125	0.125	
素材2	合板	0.0240	0.160	0.150	0.150	
素材3-1（断熱材）	押出法ポリスチレン3種A	0.1000	0.028	3.571	—	
素材3-2（熱橋）	天然木材（構造材）	0.1000	0.120	—	0.833	
室外表面	熱伝達抵抗（床裏）	—	—	0.150	0.150	

			断熱部	熱橋部	
熱抵抗合計		[㎡K/W]	4.146	1.408	STEP5
熱貫流率 ＝1÷熱抵抗合計		[W/㎡K]	0.241	0.710	STEP6
熱橋面積比率			0.85	0.15	STEP7
（床平均）熱貫流率U値	0.241W/㎡K×0.85＋0.710W/㎡K×0.15		0.31W/㎡K		STEP8

➡ 床の熱貫流率は0.31W/㎡Kとなり、等級6の仕様目安［108頁］の0.34W/㎡Kより良い性能になりました

---

column 表面熱伝達抵抗は放射と対流の影響

表面熱伝達抵抗は、躯体内部を伝導してきた熱が躯体表面に到達したときに、放射と対流によって空間に伝わるときの抵抗です。外壁、天井、床で対流（空気に乗って熱が伝わる［95頁］）のしやすさが違うために値が異なります。天井は上方向への熱移動なので対流で熱が伝わりやすく表面熱伝達抵抗が小さくなります。

	壁 室内側	天井 室内側	床 室内側	外部
放射熱伝達	4.7W/㎡K	4.7W/㎡K	4.7W/㎡K	4.7W/㎡K
対流熱伝達	4.4W/㎡K	6.4W/㎡K	2.0W/㎡K	20.3W/㎡K
合計表面熱伝達	9.1W/㎡K	11.1W/㎡K	6.7W/㎡K	25.0W/㎡K
表面熱伝達抵抗	0.11㎡K/W	0.09㎡K/W	0.15㎡K/W	0.04㎡K/W

1÷表面熱伝達

対流の影響は風速によって異なり、通気層がない外部は表面熱伝達抵抗は小さくなります。（風速の影響は132頁参照）また、通気層内の遮熱シートは、放射熱伝達を軽減する効果がありますが、熱抵抗換算としては外壁で0.12㎡K/W［※］、屋根で0.07㎡K/W程度ですので断熱が施された躯体では効果は薄くなります

※ 仮に外壁の放射熱伝達が0W/㎡Kになったとすると、表面熱伝達抵抗は対流分のみの1÷4.4W/㎡K＝0.23㎡K/Wとなり、元の外壁の表面熱伝達抵抗0.11㎡K/Wとの差は0.12㎡K/Wとグラスウール10kgの6mm程度分の効果になります

施工精度で性能が大きく変わる

当たり前のことですが、施工精度が悪く隙間があいてしまうと、断熱性能は低下してしまいます。ここまでの計算は完璧に施工した場合の数値ですので、施工精度をしっかり確保することが重要です。

密閉した空間に隙間なく施工する

計算どおりの性能を100%として、隙間が発生すると隙間の分だけ性能が低下します。外部まで貫通した隙間があるとさらに低下し、その隙間に床下の外気が流れ込むと半分以下になる状況も発生します。充填断熱施工では密閉した空間に、隙間なく断熱材を施工することが大切です

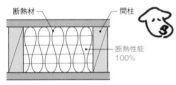

断熱材が隙間なくしっかり施工された状態
この施工が計算の状態

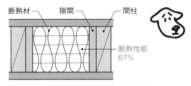

隙間が貫通すると欠損面積以上の性能低下
が発生

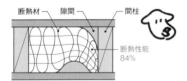

大きい断熱材を無理やり押し込むと隙間
が発生。隙間の分だけ性能低下

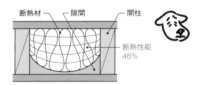

少し大きめの断熱材を押し込むと、室内側に
隙間が発生、かつ床下の空気が壁内に流入
すると性能が大きく低下

気流止めの大切さ

根太の間から床下の冷たい空気が壁内に入ってしまうと、断熱性能が半減してしまいます。根太仕様の床は、根太間に気流止めを設置するか、根太レス工法で壁内に床下空気を入れないように施工します（改修時の留意点は221頁を参照）

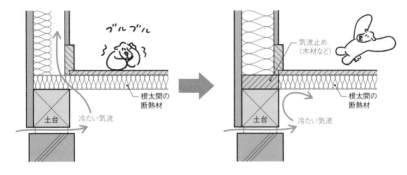

室内表面温度はU値で決まる

室内の体感温度は、おおむね(室温＋平均放射温度)/2で考えます。つまり放射温度(室内表面温度)は室温と同じくらい重要なのです。この放射温度は熱貫流率U値から簡単に求めることができます。

室内表面温度はU値から計算できる

窓際のヒヤッとした感覚は、表面温度が低いため放射[95頁]によって熱が奪われることが大きく影響しています。この表面温度は熱貫流率U値から求めることができます

計算例：計算[※1]で表面温度を求める

たとえば樹脂サッシ＋ペアガラス(Low-E-G12)のU値が2.09W/㎡Kの場合の、外気温0℃[※2、3]、室温20℃の室内表面温度を計算します
- 熱抵抗は0.48㎡K/Wです。(熱抵抗＝1÷U値＝1÷2.09)

図のように縦軸に温度、横軸に熱抵抗をとると関係性がわかります
- 熱抵抗0㎡K/Wのときは外気温0℃、熱抵抗が最大の0.48㎡K/Wのときは室温20℃になります

室内側垂直面の表面熱伝達抵抗は0.11㎡K/W[※4]なので、この値を減らした座標を読み取ると室内表面温度が求められます
- 室内表面温度＝室内温度20℃－{(表面熱伝達抵抗0.11㎡K/W×室内外温度差20℃)÷全体の熱抵抗0.48㎡K/W}＝15.4℃

CADなどで正確に作図しても表面温度が求まります

一方、アルミサッシ＋単板ガラスのU値は6.26W/㎡K、熱抵抗は0.16㎡K/Wなので、上記式の全体熱抵抗の値を変更すると表面温度が6.3℃とかなり低くなり、窓際の冷えと結露のリスクが高くなります

図：熱抵抗値と温度の関係[※5]

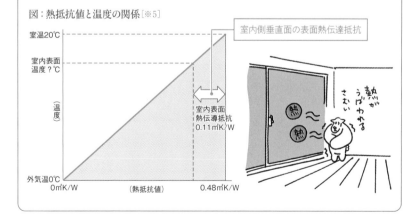

室内側垂直面の表面熱伝達抵抗

室温20℃
室内表面温度？℃
(温度)
外気温0℃
0㎡K/W
(熱抵抗値)
0.48㎡K/W

室内表面熱伝導抵抗0.11㎡K/W

※1 今回の計算は、室内外の温度が変化せず、常に一定の場合(定常状態)の表面温度を示します
※2 外気温を想定するときは、気象庁のデータの検索方法[31頁]を参考にしてください
※3 日射が当たった面の外気温は、相当外気温度[132頁]を用います
※4 各部位の表面熱伝達抵抗は、115頁を参照してください
※5 森林文化アカデミー専門技術者研修のオンデマンド講座でU値から表面温度を計算する動画解説を行っています。https://www.forest.ac.jp/about/specialist/mok-ondemand/

基礎は長さ当たりの線熱貫流率Ψ値で評価

基礎の断熱性能は、面積当たりの熱貫流率U値ではなく基礎の立上り長さ1m当たりの性能として、線熱貫流率 Ψ 値[W/mK]で表現します。基礎断熱では、地面に熱がじんわり伝わりながら、熱が行ったり来たりと複雑に動きます。そのため、現在の省エネ法の計算では5つの方法[※1]から選択できるようになっています。

基礎断熱の計算方法[※2]

方法1	基礎形状によらない値を用いる方法(計算なしの固定値)
方法2	定常二次元伝熱計算の代表的な値を用いる方法
方法3	任意認定に係る算定方法(最も詳細な計算値)[121頁]
方法4	簡略計算法[本頁]
方法5	詳細計算法(付録Excelで計算可能)

基礎断熱の簡略計算法(方法4)

立上り部分の断熱材(R_1、R_4)の熱抵抗によって3つの計算式から式を選択し値を代入して求めます

①$R_1 + R_4 ≧ 3$の場合

　式① 　$\Psi = 0.76 - 0.05 (R_1 + R_4) - 0.1 (R_2 + 0.5 R_3)$ W

②$3 > R_1 + R_4 ≧ 0.1$の場合

　式② 　$\Psi = 1.30 - 0.23 (R_1 + R_4) - 0.1 (R_2 + 0.5 R_3)$ W

③$0.1 > R_1 + R_4$の場合

　式③ 　$\Psi = 1.80 - 0.1 (R_2 + 0.5 R_3)$ W

*R_1〜R_4は断熱材の熱抵抗[m²K/W]
＊WはW_2とW_3のいずれか大きい方の寸法[m]。
ただし、0.9mを超える場合は0.9m

基礎は熱損失が意外と大きな部位ですので、しっかり性能を高めましょう

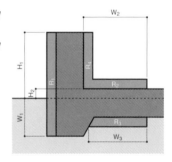

計算例:基礎断熱簡略計算法

たとえば、押出法ポリスチレン3種A(熱伝導率 λ 0.028W/mK)100mmを、立上り(R_4部分)と底版(R_2部分)に敷き詰めた場合

・熱伝導率 λ 0.028W/mKの断熱材の熱抵抗R値は、3.57m²K/W(計算式0.1m÷0.028W/mK)
・$R_1=0 + R_4=3.57$となり、3以上となるため、式①を使用します
・線熱貫流率 $\Psi = 0.76-0.05×(0+3.57) -0.1 (3.57+0.5×0) ×0.9 = 0.26$W/mKとなります
　これは、内外温度差1℃、立上り長さ1m当たり0.26Wの熱が移動する性能です

※1 方法1〜3は2022年に設定された新しい計算方式です。詳細に計算されている分、従来の方法4、5よる数値が悪く出ることがあります。また、方法1〜3の線熱貫流率Ψ値は地際のみの値で基礎立上りは含まないため立上り部は別途外壁としての計算が必要です。方法4、5の線熱貫流率Ψ値はGL＋400までの立上りを含みます
※2 森林文化アカデミー専門技術者研修のオンデマンド講座で5つの基礎計算の動画解説を行っています。https://www.forest.ac.jp/about/specialist/mok-ondemand/

定常WEB計算で基礎を詳細に検討

基礎断熱の線熱貫流率Ψ値の計算方法のなかでも最も精度が高いのは、建築研究所がWEBで公開している「土間床等の外周部の線熱貫流率の算出プログラム」(方法3)[※1]です。

任意認定による算定方法WEBプログラム(方法3)

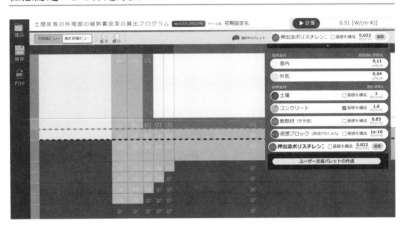

外周部のみと底版全面断熱では、倍近い性能差が発生します。特に床下エアコン[188頁]のように床下空間を暖める暖房方式を採用する場合は、基礎底版の全面に断熱を敷きましょう

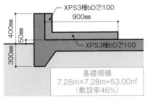

外周部900mm断熱

XPS3種bDⓐ100
900mm
400mm
50mm
XPS3種bDⓐ100
300mm

基礎規模
7.28m×7.28m=53.00㎡
(敷設率46%)

Ψ値 0.56W/mK
(地際0.47W/mK＋立上り壁0.09W/mK)

底版断熱で
2倍の性能

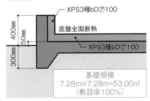

底版全面断熱

XPS3種bDⓐ100
底盤全面断熱
400mm
50mm
XPS3種bDⓐ100
300mm

基礎規模
7.28m×7.28m=53.00㎡
(敷設率100%)

Ψ値 0.28W/mK
(地際0.19W/mK＋立上り壁0.09W/mK)

外気0℃、基礎内20℃の場合は温度差が20℃ですが、床下エアコンなどで基礎内を30℃に暖房すると温度差は1.5倍になり、熱損失も1.5倍です。簡略計算法では基礎外周部0.9mの範囲しか計算しないため、外周部しか断熱していない事例も見かけますが、土中に向けて無視できない熱が逃げています。無断熱と30mm断熱では4倍近い断熱性能差があります[223頁]ので、薄くても底版断熱を行いましょう

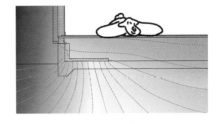

※1 土間床等の外周部の線熱貫流率の算出プログラム https://ground.app.lowenergy.jp/
※2 従来から使用してきた方法4、5[120頁]では、底版中央部の熱損失が検討されていませんので、良い値が出ることがありますが、実際には底版中央部から熱が逃げていますので注意してください

外皮平均熱貫流率U_A値の計算

建物全体の断熱性能は「外皮平均熱貫流率U_A値」[※]で表します。これは建物の外皮から平均的に、熱がどの程度移動するかを示す値です。U_A値は外皮総熱損失量を外皮面積合計で割り、外皮面積1㎡当たり、内外温度差1℃当たりの熱損失量を表します。数値が小さい方が高性能です。STEP1〜5の手順で計算できます。

STEP1　各部位の熱貫流率U値を求める

各部位の素材構成に合わせて熱貫流率U値・Ψ値を計算します［84頁、114〜117頁、120頁］

部位	断熱仕様		熱貫流室U値・Ψ値
天井	高性能グラスウール 200mm	0.23W/㎡ K	
外壁	高性能グラスウール 100mm ＋フェノールフォーム 30mm	0.25W/㎡ K	
開口部	樹脂サッシ LowE ペア(G12)	2.09W/㎡ K	
床	硬質ウレタン3種A 100mm	0.31W/㎡ K	
基礎	硬質ウレタン3種A 100mm	0.26W/mK	基礎だけ長さ当たりの性能

天井0.23
外壁0.25
開口部2.09
床0.31

各部位の熱貫流率U値をグラフ化して比較すると、各部位の断熱性能の良し悪しが明確になります。同じ面積の場合、開口部からは他の部位の数倍も熱が逃げやすいのが一目瞭然です

STEP2　各部位の外皮面積を求める

外気に接する部位の面積(外皮面積)を求めます

・水平方向の寸法は柱の中心線の長さを取ります
・垂直方向の寸法は内法高さを取ります。天井断熱はFL〜天井仕上げまで、屋根断熱はFL〜桁天まで
・基礎断熱部の高さ寸法は基礎天端を基本に、玄関など部分的な基礎断熱の場合(今回)はFLからの高さとしても良い
・開口部は出来寸法かJISに基づく呼称寸法 (カタログの小文字のwとh寸法)

計算例

1階床面積と天井面積：東西7.28m×南北7.28m＝53.00㎡
土間の立上り長さ：玄関室内側5.46m＋浴室室内側5.46m＝10.92m、外気側も同様に玄関5.46m＋浴室1.82m＝7.28mの長さ
西外壁面：窓含む外壁面積は南北7.28m×高さ4.8m＝34.94㎡(天井断熱なので小屋裏は含まない)
2つの開口部：0.6m×1.3m＝0.78㎡、0.6m×0.9＝0.54㎡で合計1.32㎡となり、実質の外壁面積は33.62㎡

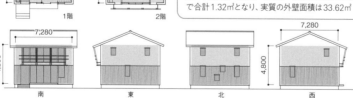

南　　　東　　　北　　　西

外皮面積は日射取得計算でも活用するのでリストにして整理しておきましょう。特に面積が大きい部位に着目。今回のモデル建物の形状では、面積の比率が最大となる外壁の断熱性能を高めることが最も大切なことと読み取れます

※ U_A値のAは Average (平均)のこと

STEP3 温度差係数を選択する

温度差係数とは、外気温と室温の差を1.0（100%）とした場合の隣接空間との温度差です。床下換気口などで外気とつながる床下は外気の温度にまで冷え込むことはなく、温度差係数は0.7を用います。たとえば、外気温0℃、室温20℃の時、温度差は20℃ですので、0.7（70%）の温度差は14℃差となり、床下の気温は6℃と見込みます

隣接空間の種類	温度差係数	外気温0℃ 室温20℃の場合、 隣接気温
外気	1.0	0℃
外気に通じる床裏 （床下）	0.7	6℃

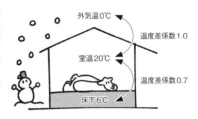

熱の逃げる速度は温度差に比例するので、3割ほど暖かい床下は熱損失も3割ほど少なくなります

STEP4 外皮総熱損失量 q を求める

各部の熱損失量は「U値×面積×温度差係数」[※]で求められます。すべての部位の熱損失量を足し合わせたものが外皮総熱損失量qです

		部位面積	外皮面積	熱貫流率 U値・Ψ値	温度差係数	熱損失量
天井		53.00㎡	53.00㎡	0.23W/㎡K	1.0	12.19W/K
外壁	南	14.41㎡	112.57㎡	0.25W/㎡K	1.0	28.14W/K
	東	33.08㎡				
	北	31.46㎡				
	西	33.62㎡				
開口部	南	20.53㎡	27.19㎡	2.09W/㎡K	1.0	56.83W/K
	東	1.86㎡				
	北	3.48㎡				
	西	1.32㎡				
床		43.06㎡	43.06㎡	0.31W/㎡K	0.7	9.34W/K
土間	面積	9.94㎡	9.94㎡	—	—	—
	外気側長さ 7.28m	—		0.26W/mK	1.0	1.89W/K
	床下側長さ 10.92m	—		0.26W/mK	0.7	1.99W/K
外皮面積合計		245.76㎡				110.38W/K

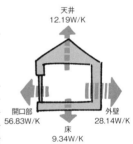

外皮総熱損失量qとは建物全体から内外温度差1℃当たりに逃げていく熱です。この値を小さくすることで熱が逃げにくくなります

STEP5 外皮平均熱貫流率 U_A 値を求める

外皮総熱損失量qを外皮面積の合計で除したものが外皮平均熱貫流率U_A値です。今回計算した外皮平均熱貫流率U_A値は0.45W/㎡Kとなり、ちょうど断熱等級6をクリアする値[97頁表]です。U_A値は外皮面積1㎡当たりの熱貫量なので、さまざまな形状や規模の建物を、同じ土俵で性能比較できます

> U_A値は省エネ基準の判定に用いる値のため必ず安全側になるように、U_A値は小数点第3位以下を切り上げます

$$外皮平均熱貫流率 U_A 値 = \frac{外皮総熱損失量 q \quad 110.38W/K}{外皮面積 \ 合計 \quad 245.76㎡} = 0.45W/㎡K$$

少数点第3位以下を切り上げ

※ 基礎断熱部は「線熱貫流率Ψ値×基礎立上り長さ×温度差係数」で熱損失量を計算します

熱損失の大きい部位から検討する

外皮面積と熱損失の割合を図にしてみると、設計の状況が一目瞭然です[※]。この外皮面積と熱損失のバランスから断熱計画を検討をしていきます。

外皮面積と熱損失を読み解く

上段は外皮面積割合、下段が熱損失割合です(123頁STEP4をグラフ化)。たとえば開口部の面積割合は11.3%ですが、熱損失割合は最も大きく51.5%もあります。一方、外壁の面積割合は44.8%と大きいですが、付加断熱の効果もあり熱損失割合は25.5%に抑えられています。効果的に性能向上を目指すには、面積に対して熱損失の大きい部位を狙うのがコツです

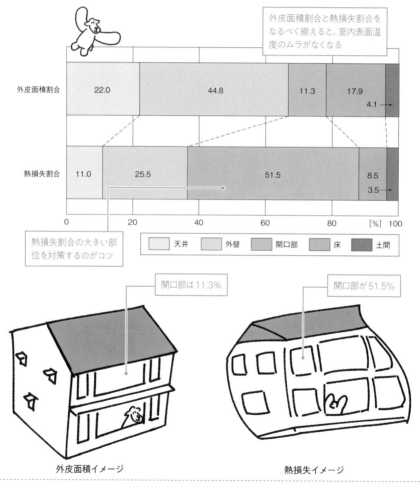

外皮面積割合と熱損失割合をなるべく揃えると、室内表面温度のムラがなくなる

熱損失割合の大きい部位を対策するのがコツ

凡例: 天井　外壁　開口部　床　土間

開口部は11.3%

開口部が51.5%

外皮面積イメージ

熱損失イメージ

※ 本書付属のExcel[234頁]「環境デザインサポートツール」の「⑨熱損失結果」では、面積と熱損失の割合が自動的に表示されます

さらなる断熱強化を検討

等級6＋αを目指して、もう一段高い断熱性能を検討してみましょう。たとえば熱損失の大きい開口部南面の6つの窓を樹脂サッシ＋トリプルガラス（ダブルLowE-G12）に変更するだけで、20％以上も建物全体の性能が向上します。手間はかかりますが、自己適合宣言書を調べることで、精度を上げながら性能を向上できます

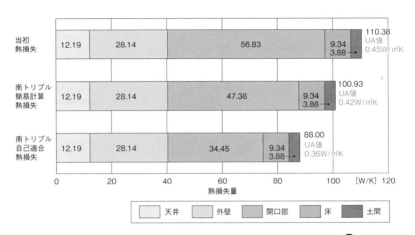

計算例：開口部をトリプルガラスに変更した場合

開口部の簡易計算を値を用いた場合のUₐ値

トリプルガラス（ダブルLowE-G12）単体のUg値　0.90W/㎡K

樹脂製建具 複層ガラスの式に代入　Uw ＝ 0.659 × 0.90+1.04 ＝ 1.63W/㎡K［84頁］

変更前の南開口部熱損失　20.53㎡ × 2.09W/㎡K × 1.0 ＝ 42.91W/K

変更後の南開口部熱損失　20.53㎡ × 1.63W/㎡K × 1.0 ＝ 33.46W/K

変更による熱損失削減量　42.91W/K － 33.46W/K ＝ 9.45W/K

変更前の外皮総熱損失量q　110.38W/K － 削減量9.45W/K ＝ 100.93W/K

Uₐ値 ＝ 100.93W/K／245.76㎡ ＝ 0.42W/㎡K（8.6％削減）

自己適合宣言書の値を用いた場合のUₐ値

自己適合宣言書［88頁］を調べてUw値が1.00W/㎡K［※］と仮定する。

変更後の南開口部熱損失　20.53㎡ × 1.00W/㎡K × 1.0 ＝ 20.53W/K

変更による熱損失削減量　42.91W/K － 20.53W/K ＝ 22.38W/K

変更前の外皮総熱損失量q　110.38W/K － 削減量22.38W/K ＝ 88.00W/K

Uₐ値 ＝ 88.00W/K／245.76㎡ ＝ 0.36W/㎡K（20.3％削減）

南以外の窓も自己適合宣言書の値を用いることで、精度を高めながらさらに性能が向上します

本書付属のExcelツール［234頁］を用いれば、このような煩雑な計算をしなくてもすぐに変更後の結果が見れます。ですが、最初は手計算で流れを理解して勘所を身に付けることをおすすめします。計算しなくても、仕様変更で性能がこのくらいになるという感覚が身につけられますし、計算ツールの入力ミスで数値が違った場合にも気が付くことができるからです

※ 自己適合宣言書は同じシリーズの開口部でも開き勝手等で性能が変わります［88頁］。詳しくはメーカーのwebサイトなどで数値を確認して使用しましょう

換気や漏気でも熱損失が発生

建物からは、これまで計算した熱貫流による熱損失だけでなく、換気や隙間風によっても熱が逃げて行きます。換気による熱損失を加えることで、建物全体からの実際の熱損失がわかります。

空気の持っている熱の損失を計算する

換気や漏気による熱損失は下の式で簡単に求めることができます

$$
換気熱損失量 = \frac{空気1㎥の容積比熱}{0.35Wh/㎥K} \times \frac{建物内の気積}{㎥} \times \frac{換気回数}{回/h}
$$

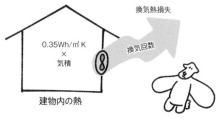

0.35Wh/㎥Kは、温度差1℃のとき、空気1㎥が持っている熱量です。この値に建物内の気積（空気の量）を乗じると、建物全体が持っている空気の熱量になります。それが、換気（換気回数）によって逃げている熱量になるのです

通常、新築時の換気回数には漏気は考慮せず、機械換気を想定して0.5回/hで計算します

> **計算例：換気による熱損失**
>
> たとえば、床面積106.00㎡、天井高2.4m（気積254.4㎥）の建物容積で換気回数0.5回/hの場合、
> ・0.35Wh/㎥K×254.4㎥×0.5回/h＝44.52W/Kとなります
> ・内外温度差が1℃（1K差と同じ）の場合の値なので、温度差が20℃（外気温0℃、室温20℃）のときは、44.52W/K×20K＝890Wの熱を捨てていることになります。つまり、電気ストーブ1個分以上の熱が逃げているのです

隙間風の熱損失を考慮する

隙間風による漏気を見込む場合は、表の値[※1、2]を参考に換気回数に足し合わせてください[※3]。換気回数に隙間風の影響や熱交換換気の効果を見込むことで、実際の建物状況に近づきます

換気設備による換気回数		0.5回/h
隙間風による漏気回数	C値5.0cm²/㎡	0.5回/h
	C値3.0cm²/㎡	0.3回/h
	C値1.0cm²/㎡	0.1回/h

> **計算例：漏気による熱損失**
>
> たとえば、気密性能C値が3.0cm²/㎡の場合、
> ・0.35Wh/㎥K×254.4㎥×0.3回/h＝26.71W/Kの漏気分が足されますので、換気・漏気分が1.6倍になります
> ・漏気は風速や温度差によって異なり予期しない損失ですが、高断熱になるほど影響が無視できなくなります

※1 外部風速2m/s、内外温度差20℃、隙間特性値N値1.5、風圧係数0.5（住宅地）と想定した計算値
※2 C値は気密性能を示しています。気密性能の解説は142頁〜、風速や温度差などの影響を考慮した漏気回数は144頁を参照してください
※3 隙間風による漏気量は、換気方式によって異なります。換気設備がない場合と第一種換気設備は、漏気量がそのまま影響しますが、第三種換気では漏気分が換気設備で排出されるため、第一種換気よりも影響が少なくなります

Q値は換気を考慮した指標

換気や漏気を考慮した温熱指標に熱損失係数Q値[※1]があります。外皮平均熱貫流率U_A値は各部位を通過する熱しか評価しませんが、熱損失係数Q値は換気損失[126頁]を含む指標なので、実際の熱損失の計算に活用しやすい値です。

熱損失係数Q値を計算する

U_A値との違いは、①換気を含み②床面積当たりの性能の2点のみ

熱損失係数Q値は下の式で求めます

$$熱損失係数Q値 = \frac{外皮総熱損失量q + 換気熱損失量}{延床面積}$$

計算は簡単で、外皮総熱損失量q[123頁STEP4]に換気熱損失量[126頁]を加え、延床面積で割ればQ値を算出できます。たとえば、延床面積[※2]106.00㎡の建物で、外皮総熱損失量qが110.38W/K、換気熱損失量44.52W/Kだとすると、

$$熱損失係数Q値 = \frac{\underset{110.38W/K}{外皮総熱損失量q} + \underset{44.52W/K}{換気熱損失量}}{\underset{106.00㎡}{延床面積}} = 1.46W/㎡K$$

床面積1㎡、内外温度差1℃当たり、換気も含めて1.46Wの熱が逃げることを意味します

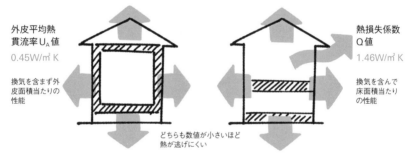

外皮平均熱貫流率U_A値
0.45W/㎡K

換気を含まず外皮面積当たりの性能

熱損失係数Q値
1.46W/㎡K

換気を含んで床面積当たりの性能

どちらも数値が小さいほど熱が逃げにくい

断熱性能が向上してくると、換気による損失が目立ち30%近い熱損失割合が発生しています。さらに熱損失を減らしたい場合は、熱交換気なども検討します

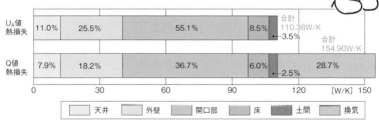

U_A値 熱損失	11.0% 25.5% 55.1% 8.5% -3.5%		合計 110.38W/K	
Q値 熱損失	7.9% 18.2% 36.7% 6.0% -2.5% 28.7%		合計 154.90W/K	

0   30   60   90   120   [W/K] 150

天井　外壁　開口部　床　土間　換気

熱損失係数Q値と外皮平均熱貫流率U_A値は同じ単位（W/㎡K）ですが、Q値は換気を含んで床面積当たりということで意味合いは異なります（U_A値は換気を含まず、外皮面積当たり）

※1 熱損失係数Q値は、H11年の省エネルギー基準で用いていた断熱指標です
※2 Q値の延べ床面積は吹抜けなど（2FLからの天井高さ2.1m以上）の面積も含めます

UA値とQ値の誤解

UA値やQ値が良くても暖かいとは限らない

UA値やQ値は熱の出入りのしにくさを表す保温性能ですので、日射が入らなければ寒いまま保温してしまいます

> 断熱性能が劣る窓は小さいほどUA値を上げやすいが、日射が入りにくくなってしまう。暖かさを得るにはUA値だけではなく、日射取得も併せて考える

日中あったか

UA値
0.45W/㎡K

暖房付けないと一日中寒い

UA値
0.45W/㎡K

熱損失はUA値やQ値ではなく総熱損失量で考える

面積1㎡当たりの性能を示すUA値やQ値は、大きな家も小さな家も同じ土俵で性能比較ができて便利です。ですが、暖房費や冷房費に影響するのは総熱損失量です

> 規模が大きくなると分母の面積が増え、UA値やQ値は見かけ上、性能が向上する。しかし大きな建物は当然熱損失量も大きくなってしまう

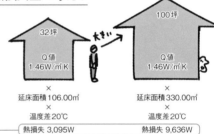

32坪	100坪
Q値 1.46W/㎡K	Q値 1.46W/㎡K
× 延床面積106.00㎡	× 延床面積330.00㎡
× 温度差20℃	× 温度差20℃
熱損失 3,095W	熱損失 9,636W

同じQ値でも3倍以上熱が逃げる

同じ断熱仕様でもUA値やQ値は異なる

同じ断熱仕様で計画しても面積割合が異なれば、UA値やQ値は異なります

> たとえば窓面積の割合が大きくなったり、床面積が小さかったり、複雑な形状だとUA値やQ値は悪くなりがち。標準仕様を決めるのは良いことだが、計算・確認するクセを付けよう

各部位のU値は同じままで建物の規模（窓面積比は同じ）を変化させた熱損失量（換気含む）、UA値、Q値

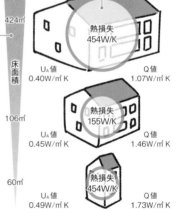

熱損失は規模に影響を受けやすい

424㎡

熱損失 454W/K

UA値 0.40W/㎡K

Q値 1.07W/㎡K

床面積

106㎡

熱損失 155W/K

UA値 0.45W/㎡K

Q値 1.46W/㎡K

60㎡

熱損失 454W/K

UA値 0.49W/㎡K

Q値 1.73W/㎡K

Q値は床面積の影響を受けやすい

高断熱住宅も部分的に寒い空間がある

高断熱な住宅でも下屋で飛び出た玄関などは、床面積に対して外皮面積が多くなり、部分的に寒くなります

建物全体UA値
0.46W/㎡K

玄関だけのUA値
0.72W/㎡K

温冷感を決める温熱6要素＋α

心地よさに作用する要素に温熱の6つの要素があります。環境側の4要素（気温・湿度・気流・放射温度）と人体側の2要素（着衣量、活動量）です。加えて、日本では室内で靴を履く習慣がないため、＋αの要素として熱伝導と蓄熱量が影響する床の材質も重要です[225頁]。人の温冷感は、室内環境だけでなく人体側の要素も大きな要素です。

温熱環境の6つの要素

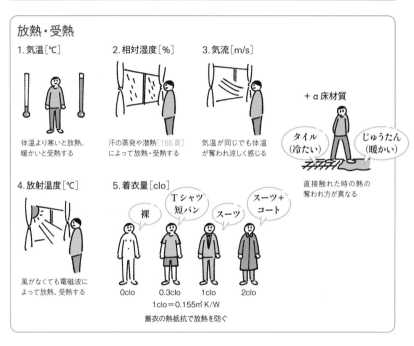

放熱・受熱

1. 気温[℃]
体温より寒いと放熱、暖かいと受熱する

2. 相対湿度[%]
汗の蒸発や潜熱[165頁]によって放熱・受熱する

3. 気流[m/s]
気温が同じでも体温が奪われ涼しく感じる

＋α床材質
タイル（冷たい）
じゅうたん（暖かい）
直接触れた時の熱の奪われ方が異なる

4. 放射温度[℃]
風がなくても電磁波によって放熱、受熱する

5. 着衣量[clo]
裸　Tシャツ短パン　スーツ　スーツ＋コート
0clo　0.3clo　1clo　2clo
1clo＝0.155㎡K/W
着衣の熱抵抗で放熱を防ぐ

発熱

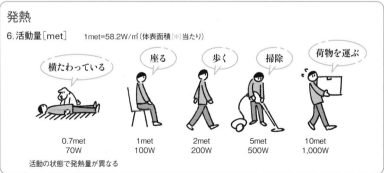

6. 活動量[met]　1met=58.2W/㎡（体表面積[※]当たり）

横たわっている　座る　歩く　掃除　荷物を運ぶ
0.7met　1met　2met　5met　10met
70W　100W　200W　500W　1,000W

活動の状態で発熱量が異なる

※ 体表面積は成人男性でおおむね1.7㎡、成人女性で1.5㎡程度

日射遮蔽で苛烈な暑さをなくす

熱中症の4割近くが住宅内［※］で、高齢者では5割を超えることもあります。夏の日射遮蔽で夏の暑さを防ぎ、心地よさの向上と熱中症の予防に備えます。

日射遮蔽の効果1　室温を涼しく保つ

省エネ基準（オレンジ）と等級6（グレー）の温度変化を示します。レースカーテンを閉めると3℃程度低下し、外付けブラインドでさらに4℃低下、加えて通風によって外気温に近づきます。窓の付属部材、特に外部で遮蔽するのが効果的です

付属物がないと42℃を超える

外付けブラインドで35℃程度

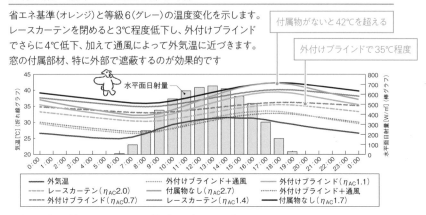

日射遮蔽の効果2　上階の体感温度を下げる

直射日光が当たる屋根表面温度は80℃を超えることがあります。この熱を遮蔽することで体感温度を室温に近づけます

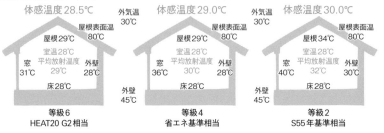

日射遮蔽の効果3　冷房エネルギー、冷房費の削減

日射遮蔽によって冷房エネルギーや冷房費を削減できます。外付けブラインドを閉めることで、2GJ、1万円程度の削減効果が見込めます。断熱性能の違いは少なめです

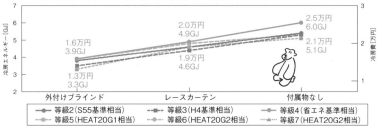

※ 総務省消防庁「令和4年（5月から9月）の熱中症による救急搬送状況」より

日射取得で心地よい暖かさ

冬の日射取得は、もっとも心地よい無料の熱源です。まずは、日射で必要な熱を確保して、足りない熱は暖房設備で補いましょう。

日射取得の効果1　室温を暖める

省エネ基準(オレンジ)、断熱等級6(グレー)の室温変化を示します。どちらも付属部材を開けると、日中は20℃近くまで室温が上がり無暖房で暮らせます

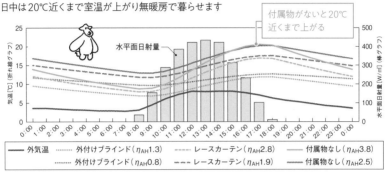

付属物がないと20℃近くまで上がる

水平面日射量

凡例
外気温
外付けブラインド($\eta_{AH}1.3$)
外付けブラインド($\eta_{AH}0.8$)
レースカーテン($\eta_{AH}2.8$)
レースカーテン($\eta_{AH}1.9$)
付属物なし($\eta_{AH}3.8$)
付属物なし($\eta_{AH}2.5$)

日射取得の効果2　温度ムラを少なく暖める

暖房設備の高温の熱は上部に溜まってしまいますが、日射の暖かい熱は部屋全体に拡がります

日射取得

温度ムラが少ない

暖房設備

温度ムラができやすい

日射取得は広い面積からゆるい熱を取り込むため、室内の温度ムラが少なくなります

1点から高温の熱を発生する暖房設備は、熱が上昇しやすいため上下温度差が生じやすいです。さらに暖房器具から離れた場所も暖めにくくなります

日射取得の効果3　暖房エネルギー、暖房費の削減

日射取得によって暖房エネルギーや暖房費を削減できます。付属部材を開けても視線や防犯を気にせず暮らせるプランニングが大切です。影響の大きな断熱性能と併せて検討します

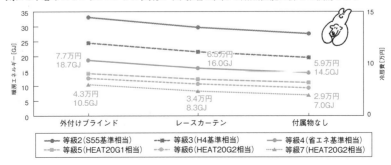

凡例
等級2(S55基準相当)
等級3(H4基準相当)
等級4(省エネ基準相当)
等級5(HEAT20G1相当)
等級6(HEAT20G2相当)
等級7(HEAT20G2相当)

日射を受けて外皮表面が暑くなる

屋根や外壁に日射が当たると、一部は反射されますが、残りは吸収され、表面温度が上がります。この外皮表面温度を相当外気温度とよびます。相当外気温度は、「日射吸収率」、「表面熱伝達抵抗」[115頁]、「全天日射量[※]」の3つに影響され、下記の簡単な式で求めることができます。

外皮表面温度(相当外気温度)を計算する

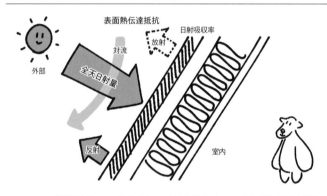

$$\begin{array}{c}相当外気\\温度\end{array} = \begin{array}{c}外気温\\[℃]\end{array} + \underbrace{\begin{array}{c}日射吸収率\\[-]\end{array} \times \begin{array}{c}表面熱伝達抵抗\\[㎡ K/W]\end{array} \times \begin{array}{c}全天日射量\\[W/㎡]\end{array}}_{温度上昇分}$$

計算例:相当外気温度

たとえば、外気温30℃、黒い屋根(表参照)で風速が3.3m/s(表参照)、晴天日の全天日射量900W/㎡の場合、
・相当外気温度は65.6℃と、気温の倍以上に相当外気温が上がります
・日射吸収率の低い白い屋根だと、相当外気温度は37.7℃と温度上昇はかなり少なくなります

日射吸収率の低い外装材や遮熱塗料を使用しても、汚れによって吸収率が上がるため、定期的な清掃が必要な点に注意しましょう

表1:代表的な建材の日射吸収率

代表的な素材	日射吸収率	日射反射率
黒色ペイント	0.92	0.08
スレートグレー	0.85	0.15
省エネ基準・砂・酸化した亜鉛鉄板	0.80	0.20
明るい色のコンクリート	0.60	0.40
赤レンガ	0.55	0.45
ステンレス・白大理石	0.45	0.55
クリーム色ペイント	0.40	0.60
白色ペイント・アルミペイント	0.20	0.80
白色プラスター・光ったアルミ箔	0.10	0.90

※ 建築設計資料集成1環境(日本建築学会編 丸善 1978年)より

表2:外部風速の影響による表面熱伝達抵抗

日射吸収率	風速	表面熱伝達抵抗
	10.0m/s	0.021
	5.0m/s	0.034
0.8	3.3m/s	0.043
	2.0m/s	0.056
	1.0m/s	0.071
	0.1m/s	0.095
0.6	3.3m/s	0.046
0.4	3.3m/s	0.048
0.2	3.3m/s	0.051

※ 全天日射量(月間平均値)は53頁を参照。40頁、135頁で詳細な分析ができます

日射は屋根や壁からも入ってくる

日射は開口部からはもちろん、屋根や壁からも熱として入ってきます。開口部からの日射熱取得率 η（イータ）値は4章で確認しました[86頁]。ここでは、屋根や壁、ドアなどの不透明な部位からの日射熱取得率 η 値の考え方を見ていきます。

不透明外皮の日射熱取得率 η 値の計算

相当外気温度（表面温度）が上がれば、室内との温度差ができるため、熱貫流率U値に比例して熱が室内に入ってきます。日射熱の侵入を防ぐためには、表面の色や素材で遮熱性能を高めるか、断熱性能U値を向上させます

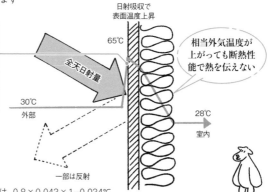

省エネ法のルールで、さまざまに変化する要素を固定（日射吸収率0.8、表面熱伝達抵抗0.043㎡ K/W、日射量を1W/㎡）して相当外気温度を求める[※1、2]

日射吸収で
表面温度上昇
65℃
全天日射量
相当外気温度が上がっても断熱性能で熱を伝えない
30℃
外部
一部は反射
28℃
室内

1W/㎡の日射量の時の温度上昇は、$0.8 \times 0.043 \times 1 = 0.034℃$ [132頁]。つまり、0.034℃の温度差ができるので、熱貫流率U値を乗じることで η 値を求めることができる

不透明外皮の日射熱取得率 η 値 = 0.034 × U値

計算例：不透明外皮の η 値の計算

たとえば天井（高性能GW200mm）のU値が0.23W/㎡ Kの場合、
- 日射熱取得率 η 値 = $0.034 \times 0.23 ≒ 0.008$
  つまり、屋根に当たる日射のうち、0.8%の熱だけ室内に入ってくることを示しています
- 無断熱の場合、天井のU値は4.5W/㎡ K程度です。この時の η 値は、$0.034 \times 4.5 = 0.153$ で、15%もの日射が入ってきます
- 断熱が施されていれば、入ってくる日射はごくわずかです。断熱性能の向上が有効にはたらくのは暖房期に限ったことではないのです

断熱があれば遮熱の効果はごくわずか

断熱がしっかり入っていると、遮熱の効果はごくわずかになります。同じお金をかけるなら夏と冬に効果がでる断熱を向上させましょう

- 通気層内の遮熱シートの効果は、グラスウール6mm程度分の効果[117頁]です。100mmも断熱があれば、106mmとの差はほとんどわかりません
- 表面遮熱の効果は表面温度の上昇を押さえること[132頁]です。ですが200mm断熱では、すでに0.8%の日射の侵入です。温度上昇を半減できても0.4%の効果しか期待できません

※1 色は濃い目のグレーを想定した日射吸収率0.8（日射の80%を吸収）、風速3.3m/s程度を想定した表面熱伝達抵抗0.043㎡ K/W。U値計算の外部は簡略化して表面熱伝達抵抗は0.04㎡ K/Wで計算しています[115頁]
※2 日射吸収率は、2023年4月より補正を行うことも可能になりました

推奨レベル

方位係数は夏冬のトータルの影響度

パッシブデザインを考えるうえで、太陽のエネルギーを大切にするのは定石です。季節
ごとの1日の変化[35頁]は見てきましたが、暖房期間と冷房期間のトータルの影響度は
どの程度でしょうか。

方位の影響度を方位係数 v（ニュー）で数値化

図の方位係数は水平面に当たる日射を100%としたときに、斜入射特性[※1]や地表面反射[※
2]を反映させた各方位の影響度[※3]を、暖房期と冷房期で示したものです（6地域[※4]）

・各鉛直面の影響度を見ると、南は暖房期に93.6%と水平面と同程度日射が当たる一方、冷房期には43.4%と半分
　以下にまで下がります。やはり南は方位の優等生なのです
・南に対して北は暖房期に少なく、冷房期に多くなるという日照の劣等生です。東西は暖房期と冷房期でそれほど変
　化がありません

図：暖房期と冷房期の水平面に対する日射の各方位への影響度（6地域）

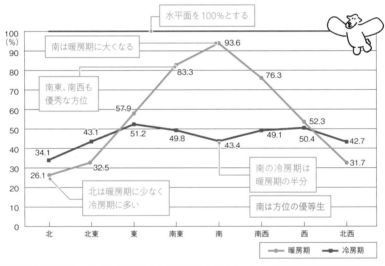

冷房期の方位係数を見ると、南面よりも東西面の方が大きいため、東西面の日射遮蔽を優先し
ます

夕方の西日が暑い印象を受けることがありますが、東西の方位係数を見ると
朝と夕方でそれほど変わりません。明け方は気温がまだ涼しいためそれほど意識して
いないだけで、夏期は東の日射遮蔽も抑えることで室温の上昇を防ぎます

※1 斜めから日射が当たると反射しやすい特性。太陽高度の変化で刻々と入射角が変化することを見込んでいます。特に60°を超える角度は反射
　　量がかなり多くなります
※2 地表面で反射した日射の影響。方位係数を決めるにあたって、影響の大きな日射の直達成分と天空放射成分に加え、この地表面反射成分も考
　　慮しています
※3 方位による影響度は、地域ごとに異なります。省エネ基準の方位係数 v（ニュー）という数値を用いて求めます
※4 6地域以外の方位係数は「平成28年省エネルギー基準に準拠したエネルギー消費性能の評価に関する技術情報」の第三章 第二節 外皮性能
　　から確認できます。https://www.kenken.go.jp/becc/house.html

時間ごとの日射量を読む

日射量は地域や方位、季節ごとに大きく異なります。日射量の図[53頁]は1月と8月の東京の平均日射量ですが、晴天日にはもっと多く、曇りの日はほとんど日射が見込めません。日射に関するデータを読み取ることで、各地域の日射量がわかります。

全国の日射量データを得る

・NEDO年間時別日射量データベース (METPV-11)
　20年間 (1990～2009年) の時刻別データベースで、たとえば12時の南鉛直面に当たる日射量などを見ることができます
・NEDO年間月別日射量データベース (MONSOLA-11)
　29年間 (1981～2009年) の月別データベースで方位角別、傾斜角別の平均日積算日射量が表示でき、年間・月間発電量を推定することができます
・建築設計用気象データ [40頁]
　10年間 (2011～2020年) の気象データ。WEB上では月ごとの表示ですが、CSV形式でダウンロードすると1時間ごとの日射量などを見ることができます

図：METPV-11の東京7月30日の水平面日射量の例

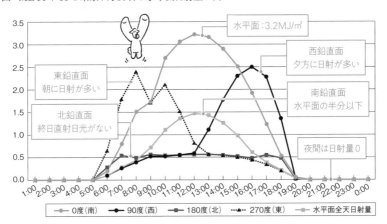

計算例：日射量のMJ/㎡hをW/㎡に変換

7月の良く晴れた正午の水平面の日射量を読み取ると3.2MJ/㎡です。1時間ごとの値なので3.2MJ/㎡hと言い換えられます。日射の強さW/㎡に変換するには、W＝J/sなので$\overset{\text{メガ}}{\text{M}}$から100万倍して、1時間の3,600秒で割ると求まります。3.2MJ/㎡h×1,000,000÷3,600s＝889W/㎡
つまり、夏正午の晴れた日は水平面1㎡当たり889Wの日射強度があります。53頁では平均的な水平面日射量600W/㎡でしたが、晴れた日には1.5倍程度の日射があります。METPV-11からは、時間ごとの鉛直面の日射強度も求まりますので、82頁のような窓単独の熱収支の計算にも活用できます

※ 日射に関するデータベース　NEDO国立研究開発法人新エネルギー・産業技術総合研究機構
：https://www.nedo.go.jp/library/nissharyou.html

外皮平均日射熱取得率 η_A 値の計算

家全体の性能は、外皮平均日射熱取得率 η_A 値で考えます。η_A 値は水平面日射量 $1W/m^2$ のとき、外皮 $1m^2$ 当たりの建物の日射熱取得量で、冷房期・暖房期の日射熱取得量を外皮面積で除して求めます。冷房期の η_{AC} は小さいほど、暖房期の η_{AH} は大きいほど優秀です。

STEP1　各部位の日射熱取得率 η 値を求める

各部位の構成から日射熱取得率 η 値を計算します[※1]

表1：モデル建物の日射熱取得 η 値（開口部の庇補正は簡易計算[※2]）

部位	断熱仕様例					日射熱取得率 η 値
天井	高性能GW16kg 200mm				U値 0.23W/m²K	0.008
外壁	高性能GW16kg 100mm + PF30mm				U値 0.25W/m²K	0.009
開口部	樹脂サッシ +ペアガラス （LowE-G12日射取得型） η 値 0.46	南	高さ2.2m 庇0.5m	冷房期 f_C 0.636		0.293
				暖房期 f_H 0.720		0.331
			高さ1.8m 庇1.0m	冷房期 f_C 0.402		0.185
				暖房期 f_H 0.410		0.189
		東北西	高さ1.5m 庇0.5m	冷房期 f_C 0.510		0.235
				暖房期 f_H 0.650		0.299
			高さ1.3m 庇0.5m	冷房期 f_C 0.784		0.361
				暖房期 f_H 0.490		0.225
			高さ0.9m 庇0.5m	冷房期 f_C 0.592		0.272
				暖房期 f_H 0.370		0.170
			高さ0.7m 庇0.5m	冷房期 f_C 0.496		0.228
				暖房期 f_H 0.310		0.143
床	床からは日射が入らないと想定します。					

(グラフ目盛: 0　0.2　0.4)

断熱された不透明外皮からはほとんど日射が入らず、透明外皮からの日射熱取得が圧倒的に多いことがわかります。開口部は同じサッシでも庇の影響でかなりバラつきます。特に南以外は冷房期の方が日射が入りやすくなっています

計算例：表1の開口部1番上の南開口部の η 値計算

開口部の η 値は、①ガラス＋②付属部材×③枠の種類×④庇等の補正で求められる[86頁]。①②LowE日射取得型ガラス（付属部材なし）の η 値は87頁表より0.64×③樹脂サッシ0.72[86頁]＝0.46になる。これに④庇等の補正を乗じて最終 η 値を求める。
庇の補正は89頁の簡易計算より、
冷房期 f_C ＝0.01×（24＋9×窓高さ2.2m/庇の出0.5）＝0.636
暖房期 f_H ＝0.01×（5＋20×窓高さ2.2m/庇の出0.5）＝0.930　0.72を超えるので0.72
冷房期 η 値＝0.46×0.636＝0.293、暖房期 η 値＝0.46×0.720＝0.331となる

STEP2　各部位の外皮面積を求める

外皮面積は U_A 値計算と同じ値[122頁、123頁]を使用しますが、断熱計算と異なり、方位ごとに面積を集計します

STEP3　方位係数 ν （ニュー）を選択する

水平面に対する各方位からの影響度を表す方位係数 ν （表2）を選択します[※3]

表2：方位係数 ν （6地域）

	方位係数（ν）	
	冷房期（6地域）	暖房期（6地域）
屋根・上面	1	
北	0.341	0.261
北東	0.431	0.325
東	0.512	0.579
南東	0.498	0.833
南	0.434	0.936
南西	0.491	0.763
西	0.504	0.523
北西	0.427	0.317
下面	0（日射取得なし）	

STEP4　日射熱取得量 m_C（冷房期）、m_H（暖房期）を求める

透明外皮と不透明外皮から入ってくる日射熱取得量は「日射熱取得率 η 値×面積×方位係数 v」で求めます。すべての部位の日射熱取得量を足し合わせたものが日射熱取得量 m_C（冷房期）、m_H（暖房期）です

表3：建物全体の日射熱取得量 m_C、m_H計算表

		部位面積 [㎡]	冷房期			暖房期		
			日射熱取得率 η 値[−]	方位係数 v [−]	日射熱取得量 m_C [W/ (W/㎡)]	日射熱取得率 η 値[−]	方位係数 v [−]	日射熱取得量 m_H [W/ (W/㎡)]
天井		53.00	0.008	1.000	0.424	0.008	1.000	0.424
外壁	南	14.41	0.009	0.434	0.056	0.009	0.936	0.121
	東	33.08		0.512	0.152		0.579	0.172
	北	31.46		0.341	0.097		0.261	0.074
	西	33.62		0.504	0.153		0.523	0.158
開口部	南 H2.2m	10.16	0.293	0.434	1.292	0.331	0.936	3.148
	南 H1.8m	9.18	0.185		0.737	0.189		1.624
	南 H1.5m	1.19	0.235		0.121	0.299		0.333
	東 H1.3m	0.78	0.361	0.512	0.144	0.225	0.579	0.102
	東 H0.9m	1.08	0.272		0.150	0.140		0.106
	北 H1.3m	1.56	0.361	0.341	0.192	0.225	0.261	0.092
	北 H0.9m	1.08	0.272		0.100	0.170		0.048
	北 H0.7m	0.84	0.228		0.065	0.143		0.031
	西 H1.3m	0.78	0.361	0.504	0.142	0.225	0.523	0.092
	西 H0.9m	0.54	0.272		0.074	0.170		0.048
床		53.00	−	0.000	0.000	−	0.000	0.000
合計		245.76			3.899			6.573

＊上記表は方位の窓高さごとに面積を合算しています。通常は窓一つずつ計算します

STEP5　外皮平均日射熱取得率 $η_{AC}$（冷房期）、$η_{AH}$（暖房期）

日射熱取得量 m_C、m_Hを外皮面積で除して、100 倍したものが外皮平均日射熱取得率 $η_{AC}$（冷房期）、$η_{AH}$（暖房期）です

冷房期の
外皮平均日射熱取得率 $η_{AC}$ 値＝ $\dfrac{日射熱取得量 m_C\ 3.90W/ (W/㎡)}{外皮面積合計\ 245.76㎡} × 100 = 1.6$

小数点第2位以下を切り上げ

暖房期の
外皮平均日射熱取得率 $η_{AH}$ 値＝ $\dfrac{日射熱取得量 m_H\ 6.57W/ (W/㎡)}{外皮面積合計\ 245.76㎡} × 100 = 2.6$

小数点第2位以下を切り捨て

> 安全側になるように、冷房期の $η_{AC}$ は小数点を第2位以下を切り上げ、暖房期の $η_{AH}$ は小数点第2位以下を切り捨てます。日射の影響が大きい南開口部が大きいため、暖房期のほうが1.7倍以上の日射取得になっており良い計画です

※1 開口部の日射熱取得率 η 値の算出は86頁を参照
※2 今回のモデルは方位ごとに窓高さと庇の出が同じ想定のため、庇などの補正が単純ですが、通常は開口部の大きさに合わせて庇などの補正をするので、通常、開口部は1カ所ずつ計算します。計算方法は89頁を参照
※3 方位係数 v は134頁参照

日射熱量は非常に大きい

日射熱取得量 m_C、m_H をグラフにすると、各部位に日射熱が入ってきている様子がわかり、日射熱制御で大切な部位が見えてきます。

日射がどの部位から入ってきているかを確認する

図の上段は冷房期、下段が暖房期の日射熱取得量です。圧倒的に大きいのは暖房期の南開口部で、暖房期の80%近くを占めます。一方、冷房期の南面は、開口部性能と方位係数の影響で半分以下になっています。それでも冷房期全体の半分以上を占めています

冷房期: 天井 0.424、外壁 0.458、南開口部 2.150、東開口部 0.294、北開口部 0.216、西開口部 0.357 m_C 3.90W/(W/㎡)

暖房期: 天井 0.424、外壁 0.525、南開口部 5.105、東開口部 0.208、北開口部 0.140、西開口部 0.171 m_H 6.57W/(W/㎡)

凡例: 天井、外壁、南開口部、東開口部、北開口部、西開口部

日射が入ってくる量を計算する

日射熱取得量 m_C、m_H は、水平面全天日射量が1W/㎡のときの日射熱なので、m_C、m_H に水平面日射量を乗じると、建物内に入ってくる日射熱が求まります。6畳用エアコンの定格能力が2.2kW（2,200W）ですので、夏と冬にそれぞれエアコン1台程度の熱のやり取りがあります

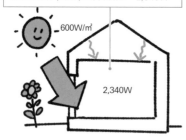

冷房期の水平面日射量が600W/㎡[※1]のとき、3.90W/(W/㎡)×600W/㎡＝2,340W

600W/㎡
2,340W

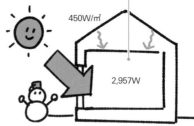

暖房期の水平面日射量が450W/㎡[※1]のとき、6.57W/(W/㎡)×450W/㎡＝2,957W

450W/㎡
2,957W

冬期の日射熱取得量の目安

トリプルガラスやLowEガラスなどで断熱性能を向上させると、暖房期の日射取得も減ってしまいます。そのため暖房期の日射取得の目安は断熱性能と関係づけて考える必要があります[※2]。

標準的な m_H の目安＝（0.0382×U_A 値＋0.0336）×床面積
今回の目安 m_H 値は、（0.0382×0.46＋0.036）×106＝5.68となるので、計算結果の6.57W/(W/㎡)は日射は十分に取得できている状況です

※1 水平面日射量は53頁に東京の平均的な日射量を示しています
※2 自立循環型住宅への設計ガイドライン日射熱の利用の基準 μ_H より近似式を算出しています

暑い日のすだれの効果を計算

断熱性能と同様、結果を予測して計算を繰り返すことで日射熱制御の勘所が磨かれます。すだれの効果を検討してみましょう。

南開口部すべてにすだれ[※1]を吊った時の η_{AC}、η_{AH}を計算

すだれを吊った時の η 値は、表[87頁]のLowE ペア（日射取得型）のすだれの η 値0.19×樹脂サッシ0.72[86頁]×庇の効果で計算できます

	庇を除く η 値	庇等の補正		最終 η 値
開口部	樹脂サッシ ＋ペアガラス （LowE-G12日射 取得型）　南 ＋すだれ η 値0.19× 0.72 = 0.14	高さ2.2m 庇0.5m	冷房期　f_C0.636 暖房期　f_H0.720	0.089 0.101
		高さ1.8m 庇1.0m	冷房期　f_C0.402 暖房期　f_H0.410	0.056 0.057
		高さ1.5m 庇0.5m	冷房期　f_C0.510 暖房期　f_H0.650	0.071 0.091

		部位面積 [㎡]	冷房期			暖房期		
			日射熱 取得率 η 値[-]	方位係数 ν [-]	日射熱 取得量 m_C [W/(W/㎡)]	日射熱 取得率 η 値[-]	方位係数 ν [-]	日射熱 取得量 m_H [W/(W/㎡)]
天井		53.00	0.008	1.000	0.424	0.008	1.000	0.424
外壁	南	14.41	0.009	0.434	0.056	0.009	0.936	0.121
	東	33.08		0.512	0.152		0.579	0.172
	北	31.46		0.341	0.097		0.261	0.074
	西	33.62		0.504	0.153		0.523	0.158
開口部	南 H2.2m	10.16	0.089	0.434	0.393	0.101	0.936	0.960
	南 H1.8m	9.18	0.056		0.224	0.057		0.490
	南 H1.5m	1.19	0.071		0.037	0.091		0.101
	東 H1.3m	0.78	0.361	0.512	0.144	0.225	0.579	0.102
	東 H0.9m	1.08	0.272		0.150	0.170		0.106
	北 H1.3m	1.56	0.361	0.341	0.192	0.225	0.261	0.092
	北 H0.9m	1.08	0.272		0.100	0.170		0.048
	北 H0.7m	0.84	0.228		0.065	0.143		0.031
	西 H1.3m	0.78	0.361	0.504	0.142	0.225	0.523	0.092
	西 H0.9m	0.54	0.272		0.074	0.170		0.048
床		53.00	－	0.000	0.000	－	0.000	0.000
合計		245.76			2.403			3.019

冷房期 η_{AC} 値 = 2.40 ÷ 245.76m = 1.0
暖房期 η_{AH} 値 = 3.02 ÷ 245.76m = 1.2

（変更前の η_{AC} 値1.6、η_{AH} 値2.6）

> すだれを吊ると窓単体で9割以上の日射を遮蔽し、家全体の冷房期で38%、暖房期で54%近くも日射を遮る効果がでます。夏の遮蔽には外部の遮蔽は最適ですが、暖房期は取り外して日射を採り込む暮らしが大切です[※2]

※1 省エネ基準では、建築的に設置される和障子と外付けブラインドのみで評価するルールとなっているため注意します
※2 省エネ基準では、冷房期と暖房期は同じ付属部材を設置しているとして評価するルールとなっていますが、実設計では夏と冬で分けて検討しましょう

隣棟遮蔽を考慮した日射熱取得

これまで求めた日射熱取得率は、野原の一軒家を想定したものです。つまり日の出から日没までしっかり日射が当たることが想定されています（省エネ法の条件）。ですが、実際には住宅地だったり、多少開けた土地だったりとさまざまです。夏は有利に働きますが、冬は日射取得が減ってしまいます。

建物全体の隣棟遮蔽係数

外皮平均日射熱取得率 η_A 値に隣棟遮蔽係数[表]を乗じることで、実際に近い日射熱取得の性能が予測できます

隣棟遮蔽係数	郊外	密集していない都市部	密集している都市部
暖房期	96%	88%	59%
冷房期	89%	83%	58%

＊立地条件の「郊外」は地域建蔽率 約25%、「密集していない都市部」で約35%、「密集している都市部」で約50%を想定しています。周辺地域の混み具合から適切な数値で補正しましょう

計算例：建物全体の隣棟遮蔽を考慮

たとえば「密集している都市部（建蔽率50%程度）」の混み具合の場合、40%近い日射が遮られていることがわかります

補正を行うと、暖房期 η_{AH} 値 2.6（137頁より）× 0.59 = 1.5
冷房期 η_{AC} 値 1.6（137頁より）× 0.58 = 0.9

第6章のエネルギー計算で、実態に近い値を得るには、この補正した値を用います。ただし、補正した値は省エネ基準の判定には使用できません

個別の隣棟遮蔽係数

もう少し詳細な個別の影響を見てみましょう

隣棟までの距離（Lx）と隣棟との高低差（Ly）から求めた隣棟比（Lx/Ly）を図に当てはめると読み、隣棟遮蔽係数（夏・冬、方位共通）が読み取れます。この値をそれぞれの日射熱取得量値に乗じることで、隣棟遮蔽の効果を見込んだ値を求めることができます

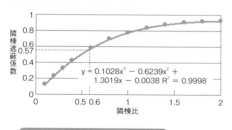

$$y = 0.1028x^3 - 0.6239x^2 + 1.3019x - 0.0038 \quad R^2 = 0.9998$$

縦軸：隣棟遮蔽係数
横軸：隣棟比

南開口部の影響が大きいので南開口部だけでも補正するのもよいでしょう

計算例：1つの窓の隣棟遮蔽の計算

たとえば窓の先3m離れたところに窓下端から5mの高さの隣棟がある場合、隣棟比（Lx/Ly）は3/5 = 0.6です。図から読み取ると隣棟遮蔽係数は0.57になり、40%以上も日射を遮るのがわかります

※「第2回建築での蓄熱利用を考えるシンポジウム」建築研究所三浦氏の資料より筆者が作成

HEAT20でもう一歩上の目標検討

断熱等級5〜7の元になったHEAT20[※1]は、単なる断熱性能基準と考えられがちですが、居住環境とエネルギーに関する4つのシナリオを満たす建物を指しています。同じ断熱性能でも、地域ごとの日射量の違いで、当然、室温やエネルギーが異なります。

断熱等級とHEAT20は少し違う

断熱等級6

断熱性能だけで決まるシンプルな指針
UA値 0.46W/㎡K（6地域）

≒

HEAT20 G2

4つのシナリオを満たす指針

居住環境
NEB
[※2]

「最低室温」
おおむね13℃を下回らない
「体感温度15℃未満の割合」
10%程度

エネルギー
EB
[※2]

「暖房負荷削減率」
省エネ基準の55%削減
「全館空調時の暖房負荷削減率」
省エネ基準の間歇空調と同程度で全館空調を実現

同じ6地域でも日射量や寒さで目標とするUA値が異なるんだ

HEAT20で目にするUA値の値は、各代表都市の目安を示しているにすぎません。HEAT20 webサイトの「外皮水準地域補正ツール」を使用することで、1最低室温、2体感温度、3暖房負荷削減率が計算できます。計画初期にUA値[※3]を検討する際に便利です

同じ6地域でも、日射量の多寡で目標となる断熱性能が3割以上も異なります

都市名	気候区分	省エネ基準	HEAT20 G1	HEAT20 G2	HEAT20 G3	暖房度日 (20-20)	鉛直面日射の暖房期間の積算値			
							南	東	西	北
6地域目安基準			0.56	0.46	0.26	—	—	—	—	—
東京	6		0.56	0.47	0.32	1,630	1,575	743	728	278
浜松	6		0.59	0.51	0.38	1,509	1,701	783	793	241
名古屋	6		0.54	0.46	0.30	1,855	1,783	882	856	284
岐阜	6		0.53	0.45	0.29	1,877	1,728	890	872	304
金沢	6	0.87	0.44	0.38	0.19	2,211	1,271	783	785	391
京都	6		0.51	0.42	0.24	1,955	1,446	820	745	365
大阪	6		0.56	0.46	0.29	1,547	1,313	697	622	271
岡山	6		0.54	0.45	0.28	1,815	1,573	873	769	312
松江	6		0.46	0.39	0.20	2,133	1,271	804	801	391
広島	6		0.54	0.43	0.26	1,780	1,447	785	752	308
高松	6		0.55	0.44	0.28	1,704	1,426	754	706	299

※1 HEAT20は「(一社) 20年先を見据えた日本の高断熱住宅研究会」の略称。研究者と住宅・建材生産団体の有志で構成され、省エネ基準以上の断熱目標レベルを設定しています
※2 NEB (Non Energy Benefit) は室温や健康性などの評価、EB (Energy Benefit) は省エネや省CO$_2$などを評価する考え方です
※3 標準プラン[180頁]で隣棟がない状況での値です。窓が小さかったり、密集地では上のシナリオを満たさないので注意してください

気密測定で性能を知る

気密性能は、相当隙間面積C値で表し、計算では求めることができず実測で確認します。C値の単位はcm²/m²で床面積1m²当たり何cm²の隙間があるかで示します。120m²の床面積住宅でC値5.0cm²/m²だと、5.0cm²/m²×120m²＝600cm²（A4の紙程度）と多くの隙間が空いていることになります。

施工精度の確認のためにも実測する

気密測定は、室内の空気を換気扇で屋外に送り出し、その流量と室内外の気圧差から求めています。気密測定の結果は、隙間の大きさを示す「相当隙間面積C値」[※1]に加え、隙間の形状を示す「隙間特性値n」[※2]を確認します

室内の仕上げ前に気密測定を行うことで、判明した隙間の補修ができます。測定時には、職人さんに同席してもらえると、隙間ができやすい部位を実感してもらえます

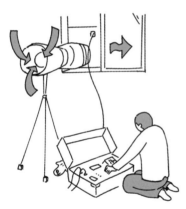

大切なことは連続した気密層をつくること

設計者
・計画・工法の検討
　気密ラインや取合い部の施工図を実施図面に記載したり、配管貫通部を減らす工夫など
・気密部材[※3]の指示
　気密シート、気密テープ、気密パッキン、気密コンセントボックス等の気密部材指示
・高気密商品の採用
　分電盤、点検口、ダウンライト等を気密性能の高い商品の選択

施工者＋設計者
・施工精度の向上
　施工者との意識共有、気密部材の適切な施工の確認
・気密測定と修正
　施工途中での気密測定の実施と隙間の修正

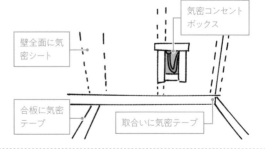

	相当隙間面積C値
超高気密	0.1〜0.5cm²/m²
高気密	0.6〜1.0cm²/m²
一般的	2.0〜5.0cm²/m²
低気密	10.0cm²/m²〜

壁全面に気密シート

気密コンセントボックス

合板に気密テープ

取合いに気密テープ

※1 相当隙間面積C値は小数点第2位以下を四捨五入し、小数点以下1桁で表します。（JISA 2201［2017年］）また、正式には3回計測し平均を取ります
※2 隙間特性値（通気特性係数）n：隙間の形状を計る指標で、単純な開口は2に近づき、毛細管のように細く長い隙間は1に近づきます。施工が良いと1に近づきます
※3 気密部材は1棟当たり15〜20万円程度かかります

気密による計画換気と温度差の軽減

気密と聞くと息苦しい印象を受けるかもしれませんが、閉め切って暮らしなさいということではありません。冬はピタッと締めて暖かく暮らし、春は開け放して心地よい風を取り込みます。住まい手自身でコントロールできることが心地よさにつながります。

気密の効果1　計画換気の実現

気密が悪く至る所に隙間があると、換気扇を使用しても給気口からではなく、近くの隙間から吸い込むだけで適切に換気できません。特に壁付けの第3種換気は室内空間がダクト代わりのため、計画換気には気密性能が大切です。換気は、CO_2 や水蒸気、VOC[※1]、生活臭を取り除くための大切な機能です。気密化して、意図した空気の流れを確保しましょう

> 狙いどおりの換気計画を実現するには、C値は低いほど良いのです。まずは、C値1.0c㎡/㎡以下を目指しましょう。気密測定と施工を何度か繰り返すと、高気密な家のポイントが身につきます

図：気密性能C値と自然給気口からの給気量の関係[※2]

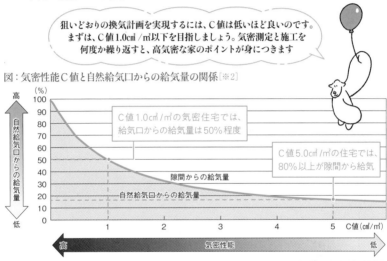

- C値1.0c㎡/㎡の気密住宅では、給気口からの給気量は50%程度
- C値5.0c㎡/㎡の住宅では、80%以上が隙間から給気

気密の設計施工にはコツがある

気密性能は計算で求めることはできませんが、気密の設計・施工にはコツがあります。どんな部材を、どこに、どのように施工するのか、気密に関する留意事項をまとめた「気密施工特記仕様書」を公開しています。[※3]
また気密測定結果を分析する「気密測定報告書フォーマット（改正JISに対応）」も公開しているため、実測を繰り返し、設計者、施工者のチームで丁寧な施工を心がけましょう

図：「気密施工特記仕様書」の一部

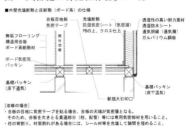

※1 揮発性の有機化合物の総称。塗料や接着剤に含まれ、室内にも多く存在します
※2「北方型住宅の熱環境計画2010年」社団法人 北海道建築技術協会より
※3 森林文化アカデミー木造建築専攻ダウンロード ページ https://www.forest.ac.jp/courses/wooden-architecture/download/

気密の効果2　上下温度差を軽減する

暖かい空気は比重が軽く部屋の上部に集まります。隙間があると、暖かい空気は天井付近から漏れ、床付近から冷たい外気が入り込み、足元が冷えてしまいます。寒いからといって暖房の設定温度を上げると、より一層空気が漏れ、さらに足元が冷え込む悪循環に陥ります

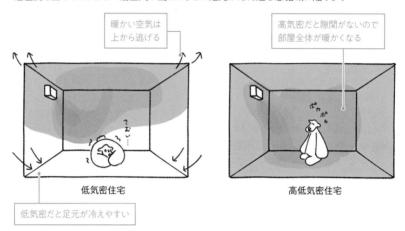

暖かい空気は
上から逃げる

高気密だと隙間がないので
部屋全体が暖かくなる

低気密住宅

高低気密住宅

低気密だと足元が冷えやすい

部屋の暖かさをキープするのにも欠かせない

同じ断熱性能の実測データ[※4]を見ると、高気密住宅では21時に暖房を消しても空気は漏れず、明け方も13℃以上をキープ。一方、低気密住宅では、深夜まで暖房をつけていても、明け方には8℃まで下がっています。暖かさを維持するには、断熱性能に加え気密性能が大切です

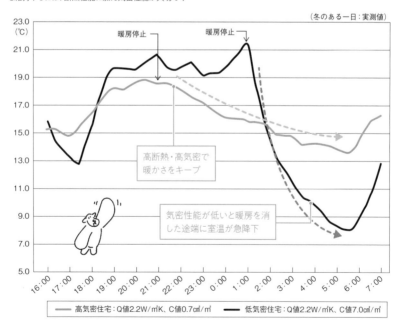

（冬のある一日：実測値）

暖房停止

暖房停止

高断熱・高気密で
暖かさをキープ

気密性能が低いと暖房を消
した途端に室温が急降下

― 高気密住宅：Q値2.2W/㎡K、C値0.7c㎡/㎡　― 低気密住宅：Q値2.2W/㎡K、C値7.0c㎡/㎡

※4「ぎふ次世代住宅導入ガイドライン」より

気密の効果3　隙間風を防ぐ

気密性能が低いと、冷たい外気が室内に直接入ってきます。入ってくる隙間風の量は、外部風速や立地状況、内外温度差、気密性能でおおむね決まります。風の強さはコントロールできませんが、気密性能を高めることで、風が強い日でも安定して隙間風を少なくすることができます

気密性能と隙間風関係［※5］

隙間風の影響（換気回数）を気密性能と立地状況から読み取ってみましょう。

STEP1　外部風速を想定します（下右図の横軸）。通常、冬期の平均風速で考えます（風速の調べ方は31頁）。
STEP2　内外温度差を想定します（下右図の縦軸ΔT）。外気温は冬期の平均外気温を取り、室温は住まい手の好みを考え、その温度差を見ます。
STEP3　立地条件を想定（下右図の放射軸I～III）し、STEP1、2の交点を取ります。
STEP4　気密性能C値の値（下左図の横軸）を取り、STEP3の交点から真横に伸ばした線との交点が、隙間風によって外気が入ってくる量（1時間当たりの換気回数）

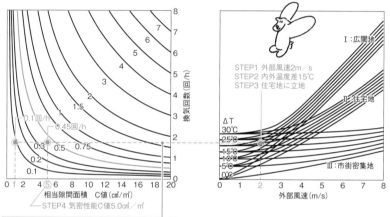

気密性能C値が5.0cm²/m²では、0.45回/hと部屋の半分くらいの外気が入ってきます。
C値を1.0cm²/m²まで高めると0.1回/hと小さく隙間風による不快感はほぼなくなります

図：気密性能の違いによる漏気回数［回/h］室内外温度差20℃、隙間特性値1.5、住宅地の場合

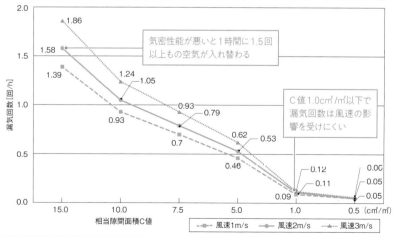

※5 本書付属の「環境デザインサポートツール」［234頁］でダウンロードするExcel「⑰漏気量計算」シートで検討できます

気密は部位の取合いを攻略する

気密性能は高めるほどよく、C値1.0㎠/㎡以下を目指しましょう。そのためには、どんなところに隙間ができやすいかを知り、設計者、職人さんたちとのチームで意識と精度を高めていきましょう

床と壁、天井と壁の取合いの隙間が60%以上

建物の隙間はどんなところにできやすいのでしょうか。隙間ができやすい箇所がわかれば、どこを注意して施工すればよいかがわかります。築40年程度の木造住宅で部位ごとに隙間を計測するとLDK（34.9㎡）だけで558㎠の隙間[※1]がありました

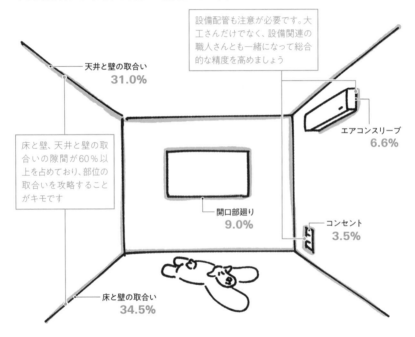

設備配管も注意が必要です。大工さんだけでなく、設備関連の職人さんとも一緒になって総合的な精度を高めましょう

天井と壁の取合い
31.0%

床と壁、天井と壁の取合いの隙間が60%以上を占めており、部位の取合いを攻略することがキモです

エアコンスリーブ
6.6%

開口部廻り
9.0%

コンセント
3.5%

床と壁の取合い
34.5%

図：部位ごとの気密性能（木造軸組住宅（C値16.0㎠/㎠）のLDKの部位別割合）[※2]

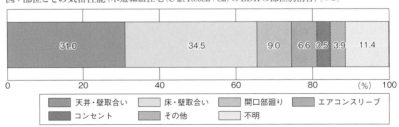

| 31.0 | 34.5 | 9.0 | 6.6 | 3.5 | 3.9 | 11.4 |

■ 天井・壁取合い　■ 床・壁取合い　■ 開口部廻り　■ エアコンスリーブ
■ コンセント　■ その他　■ 不明

※1 一般的な給気口が15㎠程度なので、いかに大きいかがわかります
※2 改修版 自立循環型住宅の設計ガイドラインより昭和50年代の木造住宅を再現した実験住宅の測定結果

結露対策と温熱は必ずワンセット

温熱性能の向上で室内外の温度差が大きくなると、結露リスクが高まります。結露による水分で、木材腐朽菌やシロアリが活動しやすく、その影響で建物が短命になったり、ダニやカビによって健康を害してしまったりすることがあります。そのため、防露性能を確実に確保し、健康で心地よく住める素地をつくります。

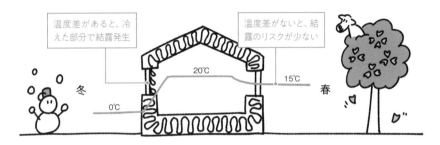

温度差があると、冷えた部分で結露発生

温度差がないと、結露のリスクが少ない

20℃

15℃

冬　　　0℃　　　　　　　　　春

設計不良の悪循環を止める

健康的で心地よいエコな住まいは高断熱・高気密化が不可欠です。一方で、湿気対策や換気計画をおろそかにすると、表面結露や内部結露を引き起こしてしまいます

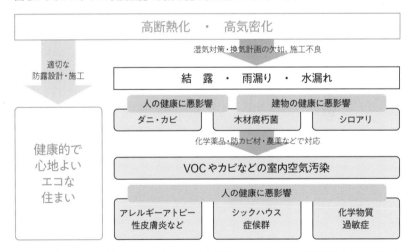

高断熱化 ・ 高気密化

湿気対策・換気計画の欠如、施工不良

適切な
防露設計・施工

結　露 ・ 雨漏り ・ 水漏れ

人の健康に悪影響　　　建物の健康に悪影響

ダニ・カビ　　　木材腐朽菌　　　シロアリ

化学薬品・防カビ材・農薬などで対応

健康的で
心地よい
エコな
住まい

VOCやカビなどの室内空気汚染

人の健康に悪影響

アレルギーアトピー
性皮膚炎など　　　シックハウス
症候群　　　　化学物質
過敏症

暖かくて水分のある環境は、ダニやカビ、木材腐朽菌、シロアリなどの生物が住みやすくなります。そのため、雨漏れ・水漏れはもってのほかですし、結露による水分も防がないといけません。[※]温熱性能を向上させるからこそ、防露対策をしっかりしましょう。温熱性能と防露性能は必ずワンセットです

※ 化学薬品で対処すると、換気計画が不十分な気密住宅では室内の空気汚染が深刻になり、シックハウス症候群や化学物質過敏症といった体調不良を引き起こす原因にもなりかねません

見えない水蒸気をイメージする

結露の原因となる水蒸気は、小さすぎて目に見えません。そんな水蒸気をコントロールするには、空気中の水蒸気量をイメージする必要があります。水蒸気量のことを絶対湿度ともよびます。

気温による水蒸気が含める量をイメージする

図は1㎥の空気が含むことのできる絶対湿度です。気温が高いほど多くの水蒸気を含むことができます。室温20℃のときは1㎥当たりの絶対湿度は最大で17.29g/㎥です。この最大量の水蒸気を含んでいる状態を相対湿度100%とよびます

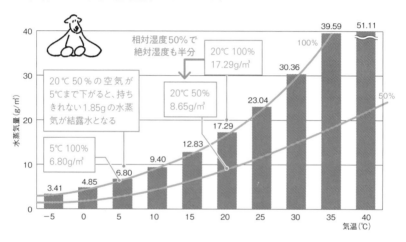

結露のメカニズムを考えてみます。たとえば、室内が20℃、相対湿度50%のときの絶対湿度は8.65g/㎥です。この空気が冷やされると徐々に持てる量が減っていき、8.7℃の時に最大持てる量が8.65g/㎥になります。この状態の相対湿度は100%で、この温度を露点温度とよびます。さらに5℃まで下がると最大で6.80gしか持てませんので、1.85gが結露水として現れます

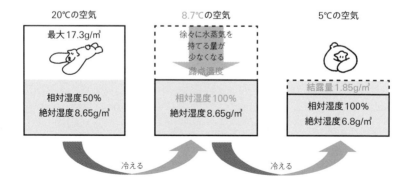

絶対湿度（水蒸気量）で注意したいのは、2つの単位があることです。空気1㎥当たりの水蒸気量（容積絶対湿度 g/㎥）と乾燥空気1kg当たりの水蒸気量（重量絶対湿度 g/kg（DA）[※1]）です。表1、表2に容積と重量当たりの飽和絶対湿度表（相対湿度100％のときの水蒸気量）の抜粋を示します。この表と温湿度計があれば、見えない水蒸気量や露点温度をイメージできます

表1: 空気の飽和容積絶対湿度表（g/㎥）[※2]

℃	g/㎥	℃	g/㎥	℃	g/㎥	℃	g/㎥	℃	g/㎥	℃	g/㎥	℃	g/㎥	℃	g/㎥	℃	g/㎥
-5.0	3.41	0.0	4.85	5.0	6.80	10.0	9.40	15.0	12.83	20.0	17.29	25.0	23.04	30.0	30.36	35.0	39.59
-4.5	3.53	0.5	5.02	5.5	7.03	10.5	9.70	15.5	13.22	20.5	17.80	25.5	23.70	30.5	31.19	35.5	40.63
-4.0	3.66	1.0	5.19	6.0	7.26	11.0	10.01	16.0	13.63	21.0	18.33	26.0	24.37	31.0	32.04	36.0	41.69
-3.5	3.79	1.5	5.37	6.5	7.50	11.5	10.33	16.5	14.05	21.5	18.87	26.5	25.06	31.5	32.91	36.5	42.78
-3.0	3.93	2.0	5.56	7.0	7.75	12.0	10.66	17.0	14.48	22.0	19.42	27.0	25.76	32.0	33.80	37.0	43.90
-2.5	4.07	2.5	5.75	7.5	8.01	12.5	11.00	17.5	14.92	22.5	19.99	27.5	26.48	32.5	34.71	37.5	45.03
-2.0	4.22	3.0	5.95	8.0	8.27	13.0	11.34	18.0	15.37	23.0	20.57	28.0	27.22	33.0	35.64	38.0	46.20
-1.5	4.37	3.5	6.15	8.5	8.54	13.5	11.70	18.5	15.83	23.5	21.16	28.5	27.98	33.5	36.60	38.5	47.38
-1.0	4.52	4.0	6.36	9.0	8.82	14.0	12.07	19.0	16.31	24.0	21.77	29.0	28.75	34.0	37.57	39.0	48.60
-0.5	4.68	4.5	6.58	9.5	9.10	14.5	12.44	19.5	16.79	24.5	22.40	29.5	29.55	34.5	38.57	39.5	49.84

相対湿度100％の時の空気1㎥当たりの水蒸気量

20℃の空気1㎥はおおむね1.2kgのため、容積絶対湿度のほうが2割ほど大きくなります

表2: 空気の飽和重量絶対湿度表（g/kg（DA））[※2]

℃	g/kg(DA)	℃	g/kg(DA)	℃	g/kg(DA)	℃	g/kg(DA)	℃	g/kg(DA)	℃	g/kg(DA)	℃	g/kg(DA)	℃	g/kg(DA)	℃	g/kg(DA)
-5.0	2.47	0.0	3.77	5.0	5.40	10.0	7.63	15.0	10.64	20.0	14.69	25.0	20.06	30.0	27.18	35.0	36.55
-4.5	2.58	0.5	3.91	5.5	5.59	10.5	7.89	15.5	11.00	20.5	15.16	25.5	20.69	30.5	28.00	35.5	37.63
-4.0	2.70	1.0	4.06	6.0	5.79	11.0	8.16	16.0	11.36	21.0	15.64	26.0	21.33	31.0	28.85	36.0	38.75
-3.5	2.81	1.5	4.21	6.5	6.00	11.5	8.44	16.5	11.73	21.5	16.14	26.5	22.00	31.5	29.73	36.5	39.89
-3.0	2.93	2.0	4.36	7.0	6.21	12.0	8.73	17.0	12.12	22.0	16.66	27.0	22.68	32.0	30.62	37.0	41.07
-2.5	3.06	2.5	4.52	7.5	6.43	12.5	9.02	17.5	12.52	22.5	17.19	27.5	23.38	32.5	31.54	37.5	42.28
-2.0	3.19	3.0	4.69	8.0	6.65	13.0	9.33	18.0	12.93	23.0	17.73	28.0	24.09	33.0	32.49	38.0	43.53
-1.5	3.33	3.5	4.85	8.5	6.89	13.5	9.64	18.5	13.35	23.5	18.29	28.5	24.83	33.5	33.46	38.5	44.80
-1.0	3.47	4.0	5.03	9.0	7.13	14.0	9.96	19.0	13.78	24.0	18.86	29.0	25.59	34.0	34.46	39.0	46.12
-0.5	3.62	4.5	5.21	9.5	7.37	14.5	10.30	19.5	14.23	24.5	19.46	29.5	26.38	34.5	35.49	39.5	47.47

相対湿度100％の時の乾燥空気（DryAir）1kg当たりの水蒸気量

どちらの単位で話をしているかを間違えないようにしましょう

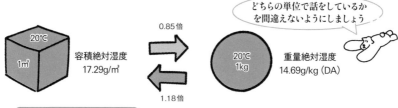

0.85倍

20℃ 1㎥ 容積絶対湿度 17.29g/㎥

20℃ 1kg 重量絶対湿度 14.69g/kg（DA）

1.18倍

計算例：水蒸気量と露点温度

たとえば18.0℃ 42％の時の水蒸気量（重量絶対湿度）を考えてみます。
表2から18.0℃のときの水蒸気量は12.93g/kg（DA）です。これは相対湿度100％のときの水蒸気量なので、0.42（42％）を乗じると、実際に存在する水蒸気は5.43g/kg（DA）とわかります。では、何度まで冷やされると結露が始まるのでしょうか。
次に、表2から5.43g/㎥になる温度を探します。5.5℃のときは最大5.59g/kg（DA）なのでぎりぎり大丈夫です。ぴが5.0℃では5.40g/kg（DA）しか持てませんので結露してしまいます。5.0℃以下に表面温度[※3]を冷やさないようにすべきです

※1 DAは乾燥空気DryAirの略
※2 本書付属の「環境デザインサポートツール」[234頁]でダウンロードするExcel「㉕空気状態」シートで詳細な水蒸気量が計算できます
※3 表面温度の計算は119頁を参照してください

水蒸気には2つの移動形態がある

見えない水蒸気量がイメージできたら、次は水蒸気の動きをイメージして、どういった状況なのかを考えましょう。水蒸気の移動形態には2種類あります。

水蒸気の移動は、空気に乗るか、自ら動くかの2通り

1. 移流：空気に乗って移動（ほとんどがこの移動）

空気換気は大量の水蒸気が移動する。また、空調時も対流で水蒸気が移動する

2. 透湿：圧力差（水蒸気量）によって自ら移動

水蒸気圧（水蒸気量）の高い方から低い方へ移動する

「移流」は蒸し暑い空気と一緒に水蒸気も入ってくる感じでイメージしやすいと思います。一方「透湿」は空気が動かなくても水蒸気だけ移動しています。多くは温度の高い方（水蒸気を含みやすい）から低い方へ動き、この動きを止める素材が冷え込んでいると結露が発生してしまいます

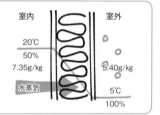

計算例：透湿の方向

室内20℃ 50%、外気5℃ 100%（降雪時）を想定して、どちらの方向に水蒸気が透湿しようとしているか考えてみましょう。
149頁表2から、室内の20℃ 100%の水蒸気量は14.69g/kg（DA）なので、50%だと7.35g/kg（DA）です。一方、室外は5℃ 100%の水蒸気量は5.40g/kg（DA）です。一見100%の方が水蒸気が多いイメージがあるかもしれませんが、温度が高く水蒸気を多く含める室内の方が水蒸気量が多くなり、室内から室外に透湿によって水蒸気は移動しようとしています

透湿による水蒸気の動き

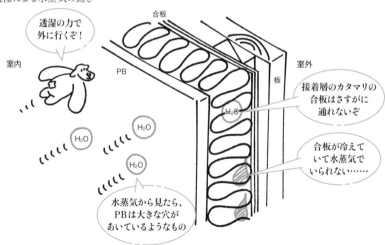

冬：温かくて絶対湿度の高い室内から、寒くて乾燥した室外に出ていく一方通行です

夏：蒸し暑い日中は室外から室内に、涼しくなった夜間は室内から室外にと1日のなかで移動方向が変化します

対策すべき結露は4種類

結露リスクが高い場所というと、冬の窓ガラスを思い浮かべる人が多いでしょう。しかし、実際は見えないだけで壁や屋根の内部でも結露が発生したり、夏でも結露リスクがあったりします。

結露は夏と冬、表面と内部の4通りの組み合わせ

結露は、暖かく湿った空気が冷えた部位に触れると発生します。そのため、結露は室内外の温度差が大きくなる冬と夏に生じ、目に見える部位で発生する表面結露と、躯体内に水蒸気が入って発生する内部結露（冬は室外側、夏は室内側）があります。組み合わせると4つの結露があります

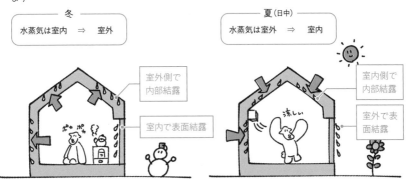

表：結露の種類と発生場所

	結露の種類	発生場所	影響
冬	表面結露	窓や壁、押入れなどの室内面	汚れ、カビ、ダニの発生
	内部結露	壁や屋根内部の室外側	断熱性能の低下、木材の腐朽、金属のさび
夏	表面結露	窓の室外面	汚れ
	内部結露	壁や屋根内部の室内側	断熱性能の低下、木材の腐朽、金属のさび

結露対策は温熱性能の総合問題

結露は温度と湿度の関係で発生します。そのため、温度（熱）と湿度（水蒸気）のコントロールを3つの温熱性能ごとに考えることが大切です。防露設計は温熱性能の総合問題なのです

断熱性能
↓
熱の
コントロール

透湿性能
↓
水蒸気の
コントロール

気密性能
↓
空気（熱と水蒸気）の
コントロール

①冬型表面結露の勘所

冬型表面結露は、冷えた窓ガラスや押入れ内部などで発生します。対策はシンプルで、窓も含めた建物全体の断熱性能を高め、建物を冷やさないことです。

冬型 表面結露は断熱強化で防ぐ

たとえば室温20℃で相対湿度50%の環境で暮らしていると、水蒸気量[※1]は7.35g/kg (DA)です。室温が10℃まで下がっても最大7.63g/kg (DA)まで含むことができるので大丈夫ですが、9.4℃以下になると結露が発生してしまいます。つまり、室内の表面温度[※2]を9.4℃以上に保てば結露は発生しません

アルミサッシ単板ガラス(U値6.26W/㎡K)の場合、外気温が0℃だとガラス表面が6.3°Cまで下がり、結露が発生してしまいます

樹脂サッシLowEペア(U値2.09W/㎡K)だと15.4℃までしか下がらず、結露は起こりません

無機物のアルミやガラスは見た目の問題と表面付着のチリでカビ発生

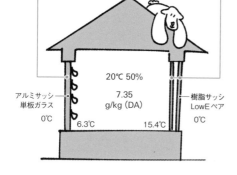

20℃ 50%
7.35
g/kg (DA)

アルミサッシ
単板ガラス
0℃
6.3℃

樹脂サッシ
LowEペア
0℃
15.4℃

栄養豊富な有機物に水分供給で不具合

冬型 表面結露の発生パターン

窓だけ断熱強化すると、ほかの断熱性能の低い部位で結露リスクが上がるので、注意しましょう

押し入れ型結露
暖かく湿った空気が襖や布団を貫通して、布団の奥の冷えた部分で結露

非暖房室型結露
暖房室の湿った空気が透湿で非暖房室に拡がり、冷えた部分で結露

暖房室型結露
暖房を消した後、冷え込んでくると水蒸気を持ちきれなくなって結露

冬型 表面結露対策はすべて同じです
断熱・気密性能を強化して冷えた部分をつくらないことです

水蒸気を出しすぎない暮らし方も大切です。調理の時にはしっかり換気扇を回したり、加湿器もほどほどにします。水蒸気をたっぷり出す開放型ストーブなどはもってのほかです[156頁]

※1 水蒸気量は149頁表2を参照してください
※2 表面温度の計算は119頁を参照してください

②夏型表面結露の勘所

夏の表面結露は、蒸し暑い日に室内の冷房によって冷やされたガラス面の外部で結露する現象です。また、涼しい地下室にも注意が必要です。

夏型 表面結露も断熱強化で防ぐ

対策は冬型表面結露と同じです。窓の性能を上げることで、冷房した室内の冷たさを窓の外に漏らさず結露しません。もともと雨に濡れることを想定した外部なので見た目だけの問題です

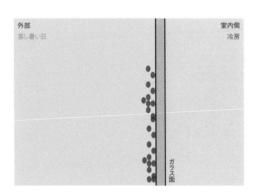

夏型 表面結露対策も断熱強化です。特に窓の断熱強化に加え、設定室温を下げすぎないこと[※]、エアコンの冷たい吹き出し空気を壁に当てないことです

地下室の夏型 表面結露は換気はほどほどに除湿する

地下室がある場合は、要注意です。地中温度は年間を通して安定しており、夏の外気よりも涼しくなります。土中に2mも入ると、10℃近く下がることもあります。そのため、外部の蒸し暑い空気が入ってくると、冷えた地下室の壁面で結露が発生します

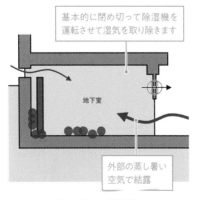

基本的に閉め切って除湿機を運転させて湿気を取り除きます

地下室

外部の蒸し暑い空気で結露

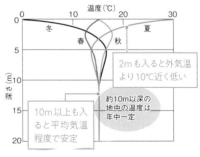

2mも入ると外気温より10℃近く低い

約10m以深の地中の温度は年中一定

10m以上も入ると平均気温程度で安定

夏型 表面結露は窓の断熱強化で防ぎます
地下室の夏型 表面結露は換気をほどほどにして除湿が有効です

※ 室温を高めに設定するためには体感温度を適切に調整することが大切です。16頁で見たように、体感温度＝（室温＋平均放射温度）/2ですので、断熱強化によって天井面などの表面温度が上がらないようにしましょう

③冬型内部結露の勘所

内部結露は躯体内で結露が発生し、木材が腐朽したり金属材にさびが発生したりして、建物の寿命を縮めます。見えないからこそ、しっかりした対策が必須です。

冬型 内部結露は水蒸気を躯体内に入れないこと

冬型内部結露対策は水蒸気のコントロールが命。室内から水蒸気を入れないようにして、入ってしまった水蒸気は外部に向かって抜きます。つまり躯体の部材構成が大切です（計算によって安全性を確認するには158頁参照）

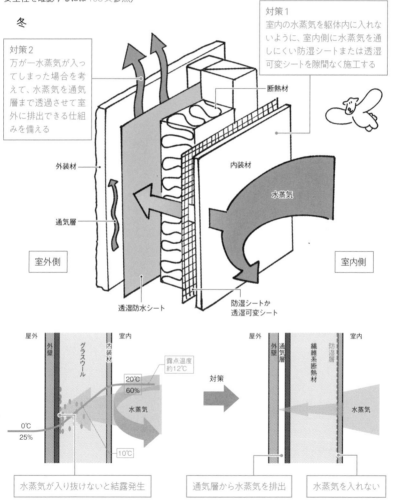

冬

対策2
万が一水蒸気が入ってしまった場合を考えて、水蒸気を通気層まで透過させて室外に排出できる仕組みを備える

対策1
室内の水蒸気を躯体内に入れないように、室内側に水蒸気を通しにくい防湿シートまたは透湿可変シートを隙間なく施工する

断熱材

外装材

内装材

水蒸気

通気層

室外側

室内側

透湿防水シート

防湿シートか透湿可変シート

屋外 / 室内

外壁 グラスウール 内装材

20℃ 60%

露点温度約12℃

水蒸気

0℃ 25%

10℃

水蒸気が入り抜けないと結露発生

対策

屋外 / 室内

外壁 通気層 繊維系断熱材 防湿層

水蒸気

通気層から水蒸気を排出

水蒸気を入れない

冬型内部結露対策は、防湿層を連続させて、湿った空気を躯体内に入れないようにして、外気側で水蒸気を抜く仕組みをつくることです

④夏型内部結露の勘所

夏の蒸し暑い日中は、室外からの水蒸気が入ってきて、冷房で冷やされた内装下地に触れて壁の中で結露が発生します。

夏型 内部結露は室内に湿気を抜くか調湿断熱材で防ぐ

夏型内部結露対策は水蒸気とうまく付き合うことです。日中に内部結露が発生しても、夕方以降は解消されることが多いため、問題となるほどの内部結露は発生しにくいです。ですが、下図の対策1~3を工夫することで、近年の極度の高温多湿状況に対応できます

夏の日中

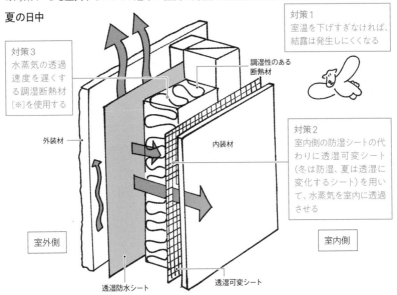

対策1
室温を下げすぎなければ、結露は発生しにくくなる

対策3
水蒸気の透過速度を遅くする調湿断熱材[※]を使用する

調湿性のある断熱材

対策2
室内側の防湿シートの代わりに透湿可変シート（冬は防湿、夏は透湿に変化するシート）を用いて、水蒸気を室内に透過させる

外装材

内装材

室外側

室内側

透湿防水シート

透湿可変シート

日中の夏型内部結露の発生状況

外壁 / 通気層 / 繊維系断熱材 / 防湿層 / 室内側 冷房

水蒸気が入ってきて冷えた室内側で結露

水蒸気

高温になった木材からの水分で結露が助長される

蒸し返し現象

外気温が下がる夕方以降は排湿

夕方以降 / 外壁 / 通気層 / 繊維系断熱材 / 防湿層

水蒸気

水蒸気が排出・再吸収

再吸収・排湿

夏型内部結露対策は室温を下げすぎないこと、室内側に調湿シートを使用することです。調湿性のある断熱材も有効です

※ 調湿系断熱材はセルロースファイバーやウッドファイバーが代表的で、水蒸気を含む性質があるため、侵入する水蒸気移動がゆっくりになります。日中が高湿な状況でも室内側に到着する前に外気温が下がり始め、再放出していきます

石油ストーブは使用を控える

いくら結露が発生しにくい家を造っても、水蒸気をどんどん放出する暮らし方だと結露が発生してしまいます。

開放型ストーブは使ってはいけない?

特に注意したいのは、ガスや石油のファンヒーターです。これらは燃焼した空気をそのまま室内に放出する燃焼器具(開放型ストーブ[※1])で、水蒸気に加えCO_2や匂いなどの汚染物質も大量に放出します。ちなみに灯油は1L燃焼させると1.1Lもの水蒸気を出します[※2]

図:燃焼器具別1時間当たりの水蒸気発生量

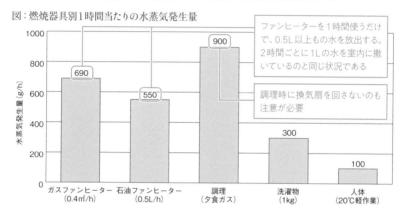

ファンヒーターを1時間使うだけで、0.5L以上もの水を放出する。2時間ごとに1Lの水を室内に撒いているのと同じ状況である

調理時に換気扇を回さないのも注意が必要

開放型ストーブは煙突がないため持ち運びしやすく、暖気がすぐに出て便利ですが、燃焼時の排ガスを室内に放出するため、空気汚染が激しく、日常での使用を控えるべきです

表:燃料別水蒸気・CO_2発生量

燃料	水蒸気発生量	水蒸気/発熱量	CO_2排出量
都市ガス	1.7L/㎥	38.4g/MJ	2.21kg/㎥
プロパンガス	3.5L/㎥	31.5g/MJ	6.54kg/㎥
灯油	1.1L/灯油L	28.6g/MJ	2.51kg/L

一方で、冬の外気は乾燥しています(絶対湿度が少ない)ので、換気を続けると過乾燥になってしまいます[164頁]。加湿器のみに頼るのではなく、洗濯の室内干し[※3]や入浴後の扉を開けるなど、暮らし方で適切な温湿度(40~60%程度[231頁])となるように調整する必要があります

※1 開放型ストーブは室内から給気し、燃焼の排ガスを室内に放出するものです。一方、FF暖房機のように外部から給気して煙突から排気することで、室内に汚れた空気を出さないストーブを密閉型とよびます。薪ストーブのように室内から給気し、煙突から排気するストーブを半密閉型とよびます。気密性能の上がった近年の住宅では煙が逆流しないように薪ストーブも本体に直接吸気する密閉型が増えてきました。

※2 炭素と水素の化合物である灯油(C11H24など)は、空気中の酸素(O_2)と結合し、二酸化炭素(CO_2)と水蒸気(H_2O)が発生します(C11H24 + 17O2 → 11 CO2 + 12 H2O)。そのため、1Lの灯油の燃焼で1.1もの水蒸気を出すのです

※3 洗濯物1kgは、300g/h程度の水蒸気(200W近い潜熱)を出すことも可能です。300[g/h]×蒸発潜熱2501[kJ/kg]×1/3600[h/s]=208W

冬型表面結露の防露計算

冬型表面結露の防露計算を行ってみましょう。冬型表面結露は温熱性能とケンカすることなく、断熱性能と気密性能を高めれば解決します。

STEP1: 室内表面の露点温度を求める

住宅性能評価・表示協会で、防露計算の室内外の温湿度が決められています。148頁を参考に、室内の温湿度から露点温度を求めましょう

室内条件
気温：15℃
相対湿度：60%
（露点温度7.4℃[※]）
（2014年改訂）

連続空調など、この室内条件より高湿な場合は、適切に湿温度を設定して安全性を確認する

外気条件
気温：最寒月の平均最低気温
相対湿度：70%
（2022年改訂EA気象データ2010年版）

表：各地域の最寒月の平均最低気温（参考）

	最寒月の平均最低気温	観測地点
1地域	-18.9 ℃	陸別
2地域	-16.9 ℃	駒場
3地域	-8.2 ℃	立科
4地域	-6.9 ℃	伊那
5地域	-4.4 ℃	真岡
6地域	-3.0 ℃	神門
7地域	0.7 ℃	後免
8地域	12.1 ℃	伊仙

STEP2: 各部位の室内表面温度を求める

各部位のU値を求めて、119頁の表面温度の計算を参考に室内表面温度を求めましょう

STEP3: 表面結露を判定する

STEP1で求めた露点温度より、STEP2の室内表面温度が高ければ表面結露が起きないと判定できます。ただし、気密性能が悪く、隙間風で冷たい外気が入ってくる場合は、その周辺が冷えて結露しますので注意しましょう

参考に、外壁と窓に関して、内外気温とU値から室内表面温度との関係をグラフ化してみました。当然、U値が0W/㎡Kに近づくほど室内表面温度は室温の15℃に近づきます

目標は3.84W/㎡K以上です。壁は10mmも断熱があればOKですが、開口部はアルミサッシ＋ペアガラスでもNGです。特にアルミ部分は－1.9℃と結露でびっしょりです

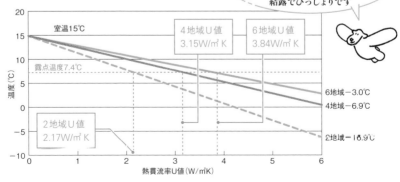

※ 露点温度は、絶対湿度の計算式によって多少の誤差が発生します。7.4℃は重量絶対湿度で求めた値で、住宅性能評価・表示協会のガイドラインも7.4℃で計算するようになっています。

冬型内部結露の安全性を確認する

冬型内部結露は目に見えないところで発生する結露のため、不安がいっぱいです。加えて温熱性能が高まるほど内外温度差が大きくなりリスクが高まることから、対策は必須です。

結露の安全性確認は4つの方法で行う

内部結露の安全性を確認するには4つの方法があります。建築実務者であれば3の定常計算がいろいろな仕様検討ができおすすめです。ただし、これらの冬型内部結露対策には前提条件があります。それは、水蒸気の移流［150頁］を止めるために隙間をなくすことです

> **1. 仕様ルート**
> 計算不要、繊維系断熱材と硬質ウレタンA種3の場合は室内側に防湿フィルムを施工［本頁］
> **2. 透湿抵抗比による計算**
> 室内外の透湿抵抗比で判定［159頁］
> **3. 定常計算**
> 設定された温湿度で結露しないか判定（160頁で解説、付属Excelで計算可能）
> **4. 非定常計算**
> WUFI（ドイツ/フラウンホーファー建築物理研究所開発）等の計算ツールが必要

易 → 難

仕様ルートも施工が大切

仕様ルートで特に注意したいのが防湿層をしっかり連続させて隙間がないようにすることです。温暖地では、防湿層のついた袋入りグラスウールを用いることが多いですが、施工を丁寧にしないといけません

間柱の正面で重ねる

縦の継目はなくすもしくはテープ貼り

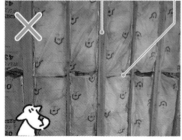

防湿層付きグラスウールのダメな施工例
上図は隙間があり断熱材に湿気が入るため、計算以前の問題です。袋入りGWは断熱材の耳を間柱正面で重ねてボードを押さえるかテープで固定します。縦方向もテープで密閉します

防湿層付きグラスウールの丁寧な施工例
上図は隙間なく防湿層が連続しています。袋入りGWは間柱間に丁寧に入れるため手間がかかります。裸GWで施工し、別張り防湿フィルムを一体で貼る方が楽な場合が多いです

透湿抵抗比で結露判定

一番簡単な防露計算は、室内と室外の湿気の通しにくさを示す透湿抵抗の比で安全性を評価します[※1]。

透湿抵抗比の基準（室内側を大きく）

室内からの水蒸気を躯体内に入れないように、室内側の透湿抵抗（水蒸気の通しにくさ）を外部側より大きくします。地域ごとに安全な比が設定されています。断熱材までを室内側として、6地域の外壁は室内側の透湿抵抗を2倍以上高めます。屋根はさらに厳しく3倍以上とします

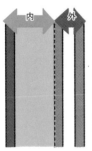

外壁の透湿抵抗比（内：外）
1・2・3地域　5：1
4地域　3：1
5・6・7地域　2：1

屋根の透湿抵抗比（内：外）
1・2・3地域　6：1
4地域　4：1
5・6・7地域　3：1

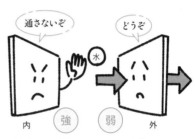

通さないぞ　どうぞ

水

内　強　弱　外

室内側の水蒸気の通しにくさを高めること

計算例：透湿抵抗比の計算

透湿抵抗比の計算は、厚みのある素材とシート類などの特殊な素材に分けて透湿抵抗を求めて内外の比で判定します

厚みのある素材：素材データシート[236頁]やカタログなどにより透湿比抵抗（1m厚の湿気の通しにくさ）[※2]を求め、透湿比抵抗×厚み[m]で透湿抵抗（厚みを考慮した湿気の通しにくさ）を計算
シート類や特殊素材：素材データシート[236頁]やカタログ等より直接、透湿抵抗を求める

透湿抵抗比の計算例

透湿抵抗＝厚0.0125×透湿比抵抗0.0252＝0.000315

	素材、厚さ	厚み[m]	透湿比抵抗[msPa/ng]	透湿抵抗[㎡ sPa/ng]	透湿抵抗計[㎡ sPa/ng]	内外比
内	EP塗り	安全側を見て室内仕上げは見込まない				
	せっこうボード	0.0125	0.02520	0.000315	0.000903	0.08
	裸グラスウール16kg	0.1	0.00588	0.000588		
外	構造用合板	0.009	1.12327	0.010109		NG
	透湿防水シート	－	0.000190		0.011159	1
	通気層(ア)21＋外壁	－	0.000860			

シート類や通気層は直接透湿抵抗

この構成では、室内の透湿抵抗を高くしないといけないのに、外の方が12倍も透湿抵抗が高くなっています。
室内から湿気が入って、構造用合板で止められて結露が発生します。
せっこうボードは非常に湿気を通しやすく水蒸気を止める力がないことは覚えておきましょう

※1 透湿抵抗比による安全性の検討は、1層までの断熱仕様に適用されます。付加断熱のような2層以上ある断熱層では場合は判定できません。定常計算[160頁]で安全性を確認しましょう
※2「透湿比抵抗」は1m厚の湿気の通しにくさを示す値、「透湿抵抗」は厚みを考慮した湿気の通しにくさを示す値、「透湿抵抗比」は透湿抵抗を比較した値です。似た言葉なので注意しましょう

冬型内部結露の定常計算

透湿抵抗比の計算［159頁］では、1層の断熱材しか判定できませんが、定常計算では付加断熱のような複雑な断面構成でも防露判定が行えます。付属のExcelツール［234頁］も活用しましょう。

STEP1：室内外の温湿度条件を整理する

住宅性能評価・表示協会で、防露計算の室内外の温湿度が決められています。148頁を参考に、室内の温湿度から露点温度を求めましょう

室内条件
気温：15℃
相対湿度：60%
（露点温度7.4℃[※]）
（2022年改訂）

連続空調など、この室内条件より高湿な場合は、適切に湿温度を設定して安全性を確認する

外気条件
気温：最寒月の平均気温
相対湿度：70%
（2022年改訂 EA気象データ2010年版）

表：各地域の最寒月の平均気温(参考)

	最寒月の平均気温	観測地点
1地域	−10.8℃	陸別
2地域	−8.8℃	駒場
3地域	−2.7℃	好摩
4地域	−1.6℃	伊那
5地域	1.0℃	恵那
6地域	3.6℃	舞鶴
7地域	5.3℃	後免
8地域	14.5℃	奥

STEP2：躯体内の温度分布を計算する

表面温度と同様の計算方法［119頁］で、躯体内部の温度分布を計算します。主に、結露リスクの高い断熱材の室外側の点に着目します

STEP3：躯体内の絶対湿度分布を計算する

温度変化と同じ方法で躯体内部の絶対湿度分布を計算します

$$\text{求めたい温度or湿度} = \text{室内の温度or湿度} - \frac{\text{求めたい地点までの抵抗} \times \text{気温差or絶対湿度差}}{\text{抵抗合計}}$$

STEP4：各部が露点温度以上か判定する

躯体内の温度分布と絶対湿度分布から結露判定をします

column　せっこうボードは湿気をよく通す

面材の建材は、パリッとしていて湿気を通さないようなイメージもありますが、水蒸気の大きさから見ると、大きな穴のあいているような建材もあります。
代表的な面材の透湿抵抗を見てみると、

せっこうボード 12.5	0.00032㎡・s・Pa/ng
ダイライトMS9	0.00110㎡・s・Pa/ng
モイスTM9.5	0.00254㎡・s・Pa/ng
合板12	0.01081㎡・s・Pa/ng

どうぞ通って

H₂O　仲よし　PB

せっこうボードの透湿抵抗（湿気に通しにくさ）が極端に低いことがわかります。せっこうボードだけでは室内からの湿気の流入を防ぐことができません

具体的な計算をしてみましょう。筆者も用いている断面構成です。水蒸気を通しにくい構造用合板を室内側に
持ってきて、防湿フィルムを使用していないのがミソです

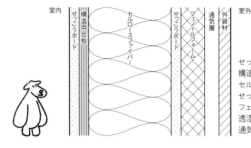

せっこうボード12.5mm EP塗り
構造用合板12mm
セルロースファイバー105mm
せっこうボード12.5mm
フェノールフォーム30mm
透湿防水シート
通気層18mm＋外装材

STEP1 室温15℃・60%（6.38g/kg（DA））、外気3.6℃・70%（3.40g/kg（DA））[※]
壁の中で冷え込むセルロースファイバー（CF）の外気側で判定をします。
まず、層の構成を書き出し、熱抵抗と透湿抵抗を計算します

部材名	厚 [m]	熱伝導率 [W/mK]	熱抵抗 [㎡K/W]		透湿比抵抗 [m・s・Pa/ng]	透湿抵抗 [㎡・s・Pa/ng]	
表面熱伝達抵抗	－	－	0.110		安全側を見て表面抵抗や		
EP塗り	－	－	－		室内仕上げは見込まない		
せっこうボード	0.0125	0.221	0.057		0.02520	0.000315	
構造用合板	0.012	0.150	0.080		1.12327	0.013479	
セルロースファイバー	0.105	0.040	2.625	2.872	0.00645	0.000677	0.014471
せっこうボード	0.0125	0.221	0.057	1.667	0.02520	0.000315	0.021465
フェノールフォーム1種CI	0.03	0.020	1.500		0.67000	0.020100	
透湿防水シート	－	－	－		－	0.000190	
通気層18mm＋外壁	－	－	0.110		－	0.000860	
抵抗値計			4.539			0.035936	

STEP2 室内外の温度差は、室温15℃－外気3.6℃＝11.3℃
全体の熱抵抗は4.539㎡K/W、CFの外気側までの熱抵抗は2.872㎡K/W
求めたい温度＝15℃－{（2.872㎡K/W×温度差11.3℃）/4.539㎡K/W}＝7.85℃

STEP3 室内外の絶対湿度差は、室内6.38g/kg'－外気3.40g/kg'＝2.98g/kg'
全体の透湿抵抗は0.035936、CFの外気側までの透湿抵抗は0.014471
求めたい絶対湿度＝6.38g/kg'－{（0.014471×2.98g/kg'）/0.035936}＝5.18g/kg'

STEP4 STEP2で求めた温度7.8℃のときの最大絶対湿度（相対湿度100%）は、6.56g/kg'なので、
STEP3で求めた5.18g/kg'を持っていられるため、この条件では安全と判断できます。
また、相対湿度も79%（5.18÷6.56＝0.79）とゆとりがあります

図：付属Excelツールの結果グラフ

付属Excel
ツールの防露
計算も、
この計算手順で各層の
温湿度を計算
しています

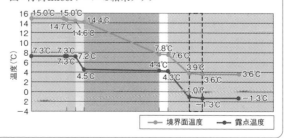

境界面温度
露点温度

※ 外気の絶対湿度を149頁の表で読み取る場合は安全側を見て低い気温で計算しましょう。熱橋は熱が貫流しやすく暖かいので、結露のリスク
は少な目です。断熱部のみで判定を行います。また、重量絶対湿度の単位g/kg（DA）を簡易化してg/kg'と表現することもあります

Q値からエアコン暖房能力を決める

エアコンの「畳数の目安」は、ほぼ無断熱の建物を想定しており、そのままではオーバースペックになります。これでは大型車のゆっくり運転と同様、燃費が悪くなってしまいます。

Q値から暖房設備を選定する

換気損失を含む熱損失係数Q値[127頁]を活用して、適切な暖房設備の選定を行います

計算例：Q値から暖房負荷を求める

熱損失係数Q値1.46W/㎡ Kの建物（床面積106.00㎡）で、外気温0℃、室温20℃の時、建物全体を20℃に維持するために必要な熱量（暖房負荷）を求めてみます。
ただし安全側を想定し、夜間などの日射のない状況で、人や家電などの生活熱は含めないこととします。
必要な熱量＝Q値1.46W/㎡ K×延床面積106.00㎡×内外温度差（20℃−0℃）＝3.095W
20℃を維持するのに、3.095Wの熱を供給しないといけないことがわかります

たとえば6畳用と10畳用エアコンの仕様表を見ると、下のような内容が読み取れます

		畳数の目安	能力(kW)	消費電力(W)
6畳用エアコン	冷房	6〜9畳用（10〜15㎡）	2.2（0.5〜2.8）	635（135〜720）
	暖房	5〜6畳用（8〜10㎡）	2.2（0.4〜3.9）	470（125〜1,280）
		外気温2℃時の暖房低温能力　2.8kW		
10畳用エアコン	冷房	8〜12畳用（13〜19㎡）	2.8（0.5〜3.2）	770（135〜830）
	暖房	8〜10畳用（13〜16㎡）	3.6（0.4〜4.7）	870（125〜1,390）
		外気温2℃時の暖房低温能力　3.4kW		

大切なのは「能力(kW)」の項目です。表の6畳用エアコンの暖房を見ると、2.2kW（2,200W）が定格能力[※1]で、カッコ内の0.4kW（400W）が最小能力、3.9kW（3,900W）が最大能力を示しています

今回計算した必要熱量は約3.1kW（3.095W）なので、6畳用エアコンの最大能力内に納まっていますが、低温時暖房能力[※2]が2.8kWになっているので少し不足します

暖かい日は効率落ちるけど1台で任せとけ！

外が暖かい時は1台でいいよね

10畳用エアコンは低温時でも3.4kWまで対応できるが、1台よりも複数台の方が外気温の変化に対応しやすく、故障時も最低限運用できるので、今回の場合は6畳用エアコン2台[※3]がおすすめ

※1 定格能力は、JIS規格に基づいた温度条件で機器を連続運転した場合にその機器が安定して出すことのできる能力のこと
※2 通常エアコンの暖房能力の表記は、外気温7℃、室温20℃のときの能力ですが「低温時暖房能力」は、外気温2℃、室温20℃のときの能力を示しています。さらに外気温が下がると、能力も下がりますので、外気温が寒い地域は「寒冷地用エアコン」の選定をしてください
※3 マルチエアコンは室外機がコンパクトですが、効率が少し落ちやすく、故障時はすべて動かなくなったり、取り換え時もすべて一気に取り換えとなったりするためおすすめしません

効率の良い運転は定格能力付近ですので、冬期の平均気温との温度差で求めたものが定格能力程度、また最低気温で求めたものが最大能力に納まっていることを確認しましょう。(地域の外気温の確認は31頁を参照)[※4]

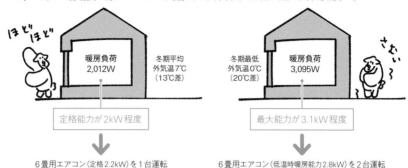

6畳用エアコン(定格2.2kW)を1台運転

6畳用エアコン(低温時暖房能力2.8kW)を2台運転
もう少し冷え込んでも対応可

ここで2つ注意点があります。
計算した暖房負荷は、連続暖房のように室温が20℃になっている前提での熱損失ですので、冷えた部屋から暖める立上りの熱量はここには含まれません(立上り時は下記コラムを参照)。
また、ファンなどで熱が建物全体に行きわたった場合の値ですので、個室などで区切られているとそれぞれの空間で暖房設備が必要です。各室の暖房負荷は、部屋ごとのQ値[222頁]を求めるか、簡易的に求めた暖房負荷を床面積で案分して求めます

立上り時の暖房負荷を見込む

連続暖房は熱損失分だけ補えば良いですが、間歇暖房では立上り時の熱負荷も必要になります。立上りの負荷[※5]を考える場合は「気積×空気の容積比熱0.35Wh/m³K×温度差(目標室温−当初室温)÷立上り希望時間」を足します

計算例:立上り負荷を求める

気積254.4m³、目標室温20℃、最初の室温13℃(等級6の明け方室温)、15分(0.25h)で目標温度まで上げたいとすると、254.4m³×0.35Wh/m³K×(20℃−13℃)÷0.25h=2,493Wとなり、
熱損失分3,095W+2,493W=5,588Wの熱が欲しいことになります

エアコンはちょうどよい能力を選定

図は、冬のエアコン効率を表したものです。縦軸が性能効率(COP)です。1の電気から何倍の熱を取り出せるかを表しており、上に行くほど省エネで最大6倍もの熱を取得できます。横軸は負荷率(運転状況)、奥行きは外気温度です。最も効率が良いのが、負荷率60~90%前後で外気温が室温に近い時です。一方、負荷率が小さかったり、大きかったりすると効率が半分以下になってしまいます。冷房も同様です。
エアコンは、適切な能力で動かすことで省エネになります。大きければよいものではありません

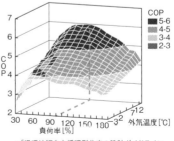

＊「温暖地版自立循環型住宅の設計ガイドライン」
エアコン効率の図を元に作成

※4 本書付属の「環境デザインサポートツール」[234頁]でダウンロードするExcel「⑬暖冷房負荷」シートで検討できます
※5 空気を暖める負荷だけの計算です。建材などが冷え切っている蓄熱分は考慮していませんので、床や壁が冷えていると、室温以上に寒さを感じます。体感温度は104頁参照

除湿量と加湿量は意外と多い

蒸し暑い夏は換気で大量の水蒸気が入ってきてムシムシと、逆に冬は乾燥した空気が入ってきて過乾燥になってしまいます。適切な湿度で心地よく暮らすには除湿、加湿が必要になってきます。

必要な除湿量と加湿量

夏の除湿量と冬の加湿量はどれくらい必要でしょうか。計算してみると意外と多いことがわかります。ポイントは容積絶対湿度(g/㎥)で考えることです

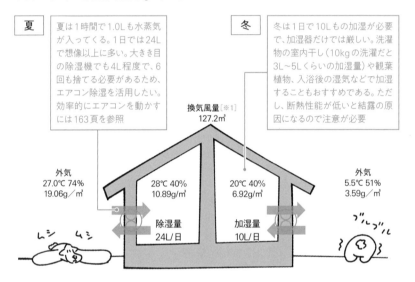

夏 | 夏は1時間で1.0Lも水蒸気が入ってくる。1日では24Lで想像以上に多い。大きき目の除湿機でも4L程度で、6回も捨てる必要があるため、エアコン除湿を活用したい。効率的にエアコンを動かすには163頁を参照

冬 | 冬は1日で10Lもの加湿が必要で、加湿器だけでは厳しい。洗濯物の室内干し(10kgの洗濯だと3L～5Lくらいの加湿量)や観葉植物、入浴後の湿気などで加湿することもおすすめである。ただし、断熱性能が低いと結露の原因になるので注意が必要

換気風量[※1]
127.2㎥

外気
27.0℃ 74%
19.06g/㎥

28℃ 40%
10.89g/㎥

20℃ 40%
6.92g/㎥

外気
5.5℃ 51%
3.59g/㎥

除湿量
24L/日

加湿量
10L/日

ムシ ムシ

計算例：夏の除湿量

たとえば、外気温が27.0℃ 74%[※2]、室内が28℃ 40%のとき、
水蒸気量は、外気で19.06g/㎥、室内で10.89g/㎥です[149頁]。つまり1㎥の空気を取り込むと差分の8.17g/㎥が室内に入ってきます。
1時間の換気風量は、気積254.4㎥の換気回数0.5回/hの127.2㎥とすると1時間当たりの流入水蒸気量は127.2㎥×8.17g/㎥＝1,039g＝約1.0Lです。1日(24時間)では、24Lもの水蒸気が入ってきます

計算例：冬の加湿量

たとえば、外気温が5.5℃ 51%[※2]、室内が20℃ 40%のとき、
外気は3.59g/㎥、室内は6.92g/㎥で、差は3.33g/㎥です。換気風量を乗じると127.2㎥×3.33g/㎥＝424g＝約0.42Lの水蒸気が排出されています。1日では、10Lもの加湿が必要になります

※1 気積×換気回数で換気風量を求めます。ここでは、モデルプラン[111頁]の気積254.4㎥×換気回数0.5回/hを想定しています
※2 平均温湿度なのでもっと蒸し暑い時や乾燥している時もあります。気象庁データ[31頁]の東京の平年値より、8月27.0℃ 74%、1月5.5℃ 51%で計算。149頁の表で見られるように0.5℃単位に四捨五入

空気には顕熱と潜熱がある

夏は換気によって大量の水蒸気が入ってきます。この水蒸気を含んだ空気には、乾いた空気が持つ熱エネルギー「顕熱」と水蒸気が持つ熱エネルギー「潜熱」があります。

潜熱はかなり大きい

「顕熱」は温度変化を伴う熱です。空気を暖めたら温度が上がっていく熱なので、イメージしやすいと思います。「潜熱」は、氷から水、水から水蒸気のように状態変化する時に必要な熱で、温度変化を伴いません。水に熱を加えると温度は変化せずに水蒸気に変化し、その熱が水蒸気に蓄えられています。これを考慮するのが外気負荷です。下記の計算式で求めることができます

外気負荷［W］

顕熱負荷 換気風量［m³/h］× 空気の容積比熱 0.35［Wh/m³K］[※1] × 温度差［K］

潜熱負荷 換気風量［m³/h］× 水蒸気の蒸発潜熱 0.83［Wh/m³(g/kg)］[※2] × 絶対湿度差［g/kg］

> 重量絶対湿度で計算します

計算例：夏の外気負荷

たとえば、外気温が27.0℃ 74%、室内が28.0℃ 40%、換気風量127.2m³/hのときの外気負荷を計算します。
顕熱負荷 = 127.2m³/h × 0.35Wh/m³K × 温度差−1K = −45W、外気のほうが涼しい想定なので45Wの熱が逃げています。
潜熱負荷は重量絶対湿度で計算しますので、149頁より27.0℃ 74%は16.78g/kg、28.0℃ 40%は9.64g/kgです。室内外の絶対湿度差は7.14g/kgです。
潜熱負荷 = 127.2m³/h × 0.83Wh/m³(g/kg) × 7.14g/kg = 754W
顕熱分は−45W、潜熱分754Wですので、外気負荷は709Wのプラスになります[※3]
つまり、換気で709W（電気ストーブ1個分）の熱が入ってきます

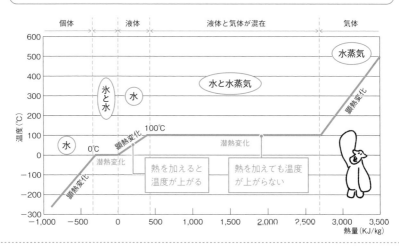

※1 本書の空気の容積比熱はH11省エネ基準の係数で使用されていた0.35Wh/m³Kを使用。10℃の空気密度1.25kg/m³×比熱1000J/(kg·K)×1/3600h/s=0.35Wh/m³K、空気の容積比熱は 126頁 の換気熱損失で既に使用しています
※2 水蒸気の蒸発潜熱はH11省エネ基準の係数で使用されていた0.83［Wh/m³(g/kg)］を使用。0℃の蒸発潜熱2501［J/g］×空気密度1.2［kg/m³］×1/3600［h/s］=0.83［Wh/m³(g/kg)］
※3 外気の方が涼しい状況ですが、潜熱によって熱がかなり入ってくることになります。通風時（室冷却）の窓開けタイミングは外気温が下がった時ではなく、厳密には潜熱も含めた外気負荷が下がったタイミングが正しいです

総合的に熱の出入りをイメージする

これまでの温熱性能の総まとめとして、総合的な熱収支を整理しておきましょう。

熱負荷計算をしてみよう

温熱計画において大切な「熱負荷(暖冷房負荷)」という言葉を聞いたことがあるでしょうか。熱負荷とは、部屋の温湿度を保つために必要な熱量(冬期)や、取り除くべき熱量(夏期)です。熱負荷がわかると熱がどのように移動しているのかイメージができ、そこから適切な空調設計が実現できます。熱負荷から空調機器の選定ができるようになりましょう

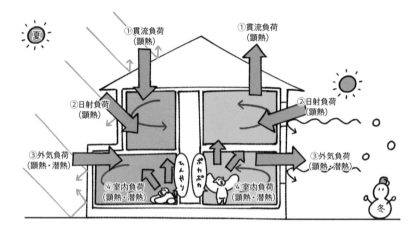

これまで個別に見てきましたが、まとめると下記のとおりです。集計すると建物の熱負荷が求まります

---

①貫流負荷[W] 屋根や壁から伝わる熱(断熱性能)
　　顕熱負荷　外皮平均熱貫流率 U_A 値[W/㎡K]×外皮面積[㎡]×温度差[K]

②日射負荷[W] 日射熱の侵入による熱[※1](日射熱制御性能)
　　顕熱負荷　外皮平均日射熱取得率 η_A 値[-]/100×外皮面積[㎡]×水平面日射量[W/㎡]

③外気負荷[W] 換気や隙間風の空気に含まれる熱[※2]
　　顕熱負荷　換気風量[㎥/h]×空気の容積比熱0.35[Wh/㎥K]×温度差[K]
　　潜熱負荷　換気風量[㎥/h]×水蒸気の蒸発潜熱0.83[Wh/㎥(g/kg)]×絶対湿度差[g/kg]

④室内負荷[W] 人や機器(照明・家電)が発生する熱[※3]
　　顕熱負荷　4.65[W/㎡]×床面積[㎡]
　　潜熱負荷　1.16[W/㎡]×床面積[㎡]

熱負荷分を設備で補うことで、部屋の温湿度を保つことができます。つまり熱負荷がわかれば、設備の容量を決める手がかりになるのです

※1 日射負荷は時間帯による太陽の位置も影響する(朝は東に窓があると多くの熱が入るなど)ため、正確には各方位の窓や壁ごとに計算するのが正確ですが、ここでは一日平均の性能(η_A値)で計算
※2 熱交換換気を設置する場合は、外気負荷の顕熱、潜熱それぞれに(1−交換効率)を乗じて計算
※3 顕熱、潜熱負荷の値はH11省エネ基準の暖冷房負荷設定より(白熱灯の使用も見込んでいるため顕熱は少し大きめです)

熱負荷がわかると、適切な容量の設備を考えることができます。たとえば、下記の状況の暖冷房負荷を計算します[※4]

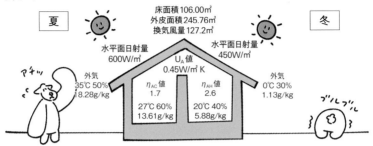

夏　　　　床面積106.00㎡　　　　冬
外皮面積245.76㎡
換気風量127.2㎡

水平面日射量　　　　　　　　　水平面日射量
600W/㎡　　　　　　　　　　450W/㎡

U_A値
0.45W/㎡ K

外気　　　η_{AC}値　　η_{AH}値　　外気
35℃ 50%　1.7　　　2.6　　0℃ 30%
18.28g/kg　　　　　　　　　1.13g/kg

27℃ 60%　　20℃ 40%
13.61g/kg　　5.88g/kg

夏期の熱負荷計算

夏期の厳しい条件は、日射が当たり換気で蒸し暑い外気が入っている状況です

①貫流負荷	②日射負荷	③外気負荷	④室内負荷	合計4,858W
885	2,507	356	493	493　123
（顕熱）	（顕熱）	（顕熱）		（潜熱）

0　　1,000　　2,000　　3,000　　4,000　　5,000

合計負荷（①+②+③+④）W　　顕熱負荷　4,241W＋潜熱負荷616W＝4,857W

> 晴れた日中は、全体の冷房負荷の4,857Wの内、日射負荷が半分近くを占めており日射のコントロールがいかに大切かがわかる。一方、夜間は日射がなくなり、外気温も下がってくることから外気負荷の影響も無視できない状況になってくる

冬期の熱負荷計算

冬期の晴れた日中の様子も計算します。負荷がプラスに働くかマイナスになるかをイメージして計算します。日射負荷と室内負荷は室内を暖めるので負荷を減らす方向です

日射取得と室内発熱は暖房負荷を減らす方向

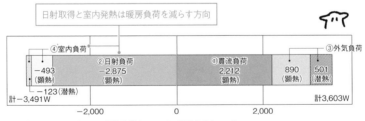

④室内負荷　　　　　　　　　　　　③外気負荷

−493（顕熱）	②日射負荷 −2,875（顕熱）	①貫流負荷 2,212（顕熱）	890（顕熱）	501（潜熱）

−123（潜熱）
計−3,491W　　　　　　　　　　　　　　　　　　計3,603W

−2,000　　　　0　　　　2,000

合計負荷（①+②+③+④）W　　顕熱負荷（−266W）＋潜熱負荷（378W）＝112W

> 今回の計算では、日射熱で大部分の熱損失を補填し112Wだけ熱が必要。無暖房でもほぼ室温の20℃を維持できる状態である

暖房設備の選定には、冬期の厳しい条件（日射や潜熱負荷、室内負荷がない想定）を想定して決めるとよいので、162頁の熱損失係数Q値（外気の顕熱負荷を見込んでいる）から求めましょう。
エアコンや床暖房などの暖房器具では加湿できないので、暖房機器の選定において外気潜熱負荷（水蒸気）は通常見込まないことが多いです。加湿がなければ成り行きの湿度状況になります

※4 立上り時の負荷を計算に入れる場合は163頁を参照。水平面日射量［53頁、135頁］や外気設定は気象データ［31頁、40頁］、室内設定［16頁、231頁］から適切に設定します。最大能力を決めたいときは最低・最高外気温、通常運転時を考えるときは平均外気温を参考にします

第6章 省エネ＋創エネで ゼロエネ住宅

エネルギーの削減は、光熱費や二酸化炭素排出量の削減にもつながります。そのため、自然エネルギーの活用に加え、設備の知識と選定が重要な要素です。それぞれの用途ごとに何が効果的な取り組みなのかを定量的に把握し、勘所を養います。加えて太陽光発電でエネルギーを生み出すことでゼロエネ住宅にも向かいます。

ここで大切にしたいのは、家族の好みや暮らしです。これを読み解き、実態に即した心地よいエコハウスを目指します。

6-1. 計画地の標準的なエネルギー消費量を計算してみましょう[180頁]

6-2. 環境家計簿を用いてエネルギーの実測をしてみましょう[174、175頁]

6-3. 用途分解プログラムを用いてエネルギー実測から用途分解をしましょう[200頁]

6-4. 計画している建物のエネルギー消費量を計算してみましょう[179頁]

6-5. 計画している建物の年間の光熱費を計算してみましょう[181頁]

6-6. 計画している建物の年間のCO_2排出量を計算してみましょう[203頁]

6-7. 理想的な暖房・冷房設備は何でしょうか。理由も含めてまとめましょう[183～188頁]

6-8. 理想的な換気設備は何でしょうか。理由も含めてまとめましょう[189、190頁]

6-9. 理想的な給湯設備は何でしょうか。理由も含めてまとめましょう[191、192頁]

揃えておきたいツール、参考情報

・自立循環型住宅への省エネルギー効果の推計プログラム　https://house.app.jjj-design.org/
・住宅の消費エネルギー用途分解プログラム　https://youtobunkai.app.jjj-design.org/
・省エネ基準 エネルギー消費性能計算プログラム　https://house.app.lowenergy.jp/
・CASBEE-戸建　https://www.jsbc.or.jp/research-study/casbee/tools/cas_home.html
・The BEST Program (BEST-H) https://www.ibec.or.jp/best/index.html

一次エネルギー消費量等級6	BEI[*1] ≦ 0.8[*2]（省エネ基準より20%減）
一次エネルギー消費量等級5	BEI[*1] ≦ 0.9[*2]（省エネ基準より10%減）
一次エネルギー消費量等級4	BEI[*1] ≦ 1.0[*2]（省エネ基準）
一次エネルギー消費量等級1	省エネ基準を満たさない

＊1　基準一次エネルギー消費量に対する設計一次エネルギー消費量の割合（その他エネルギー消費量を除く）
＊2　太陽光発電設備によるエネルギー消費量の削減量は見込まない

6-10. 理想的な照明設備は何でしょうか。理由も含めてまとめましょう［194頁］

6-11. 太陽光発電を5kW設置した場合、自家消費量と売電量を計算してみましょう［196～198頁］

6-12. 費用対効果を意識して、いろいろな仕様を検討して整理しましょう［179頁］

6-13. 家電・調理を含めたリアル・ゼロエネルギー住宅を計算上で実現してみましょう［179頁］

6-14. 要素別に建物性能と設備に合わせた省エネな暮らし方のアドバイスを考えてみましょう

6-15. 暮らし方を補正してみましょう［201頁］

6-16. CASBEE評価を行ってみましょう［209頁］

6-17. これまで整理した気象、地域、暮らしの分析とプランニングに説明を加えてプレゼンテーション用の資料にまとめてみましょう

6-18. あなたの目指すエネルギー性能を理由とともに文章化してみましょう［172頁］

第6章の到達点

エネルギーや光熱費をイメージして設備が提案ができる

エネルギーはバランスから考える

家庭で最もエネルギーを使うのは、暖房?あるいは冷房?でしょうか。
一般的な暮らし方でエネルギー消費量を試算[※1]してみると、東京や大阪などの温暖地では給湯が最も多く、次に多いのが家電です。どちらも1年中使用する用途で、家全体の半分以上を占めます。

年間光熱費は30万円以上

年間の光熱費は4人家族で年間約34万円[※2]、50年住むと1,700万円にもなります。今後、電気やガス料金が高くなると、この金額はさらに増えることになりますが、ZEH[21頁、204頁]であれば将来不安から解放され、光熱費がゼロになる可能性もあります。[※3]省エネのコツは、エネルギー消費の多い用途に焦点をあててバランスよく対策を考えていくことです

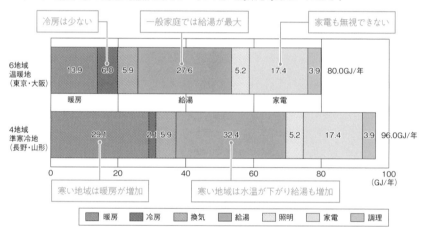

冷房は少ない　一般家庭では給湯が最大　家電も無視できない

6地域 温暖地（東京・大阪）　13.9　6.0　5.9　27.6　5.2　17.4　3.9　80.0GJ/年
暖房　給湯　家電

4地域 準寒冷地（長野・山形）　29.1　2.1　5.9　32.4　5.2　17.4　3.9　96.0GJ/年

0　20　40　60　80　100（GJ/年）

寒い地域は暖房が増加　寒い地域は水温が下がり給湯も増加

凡例：暖房　冷房　換気　給湯　照明　家電　調理

用途ごとに省エネを考えると、いろいろな工夫が思い浮かびます

暖房を減らすには　給湯エネルギーを減らすには

高断熱化が最も効果的です。加えてカーテンを開けて日射を採り込んだり、着衣で調整したりする暮らし方も大切です。また設備では、高効率エアコンや薪ストーブもおすすめです

高性能なエコキュートか、太陽熱温水器＋エコジョーズがおすすめです。また、家族がまとめて入浴したり、節水型のシャワーヘッドに交換したりするのも効果的です

※1 120㎡の2階建て住宅に、4人家族（夫婦＋子ども2人）が普通に暮らしていると想定した場合の試算結果
※2 光熱費単価は、電気40円/kWh、都市ガス200円/㎥で計算した値（計算は181頁）
※3 実際には年間通年のエネルギー収支はゼロでも、買電と売電の割合や光熱費単価によってゼロにならないこともあります

非住宅建築物は建物用途で考える

大きな古民家を用途変更してレストランやホテルに改修している事例が増えてきました。非住宅建築物もエネルギー削減の勘所は住宅と同じです。多く使われているエネルギー用途に着目します。

建物用途でエネルギーバランスは大きく異なる

図に建物用途ごとのエネルギー消費量(床面積1㎡当たり)の目安を示します。住宅のエネルギー(上2段)と比較すると、非住宅建築物は建物用途ごとにバラツキが大きく、全体的に床面積当たりのエネルギー消費量が大きめです。非住宅建築物では建物用途ごとに、どのエネルギー用途を減らすのが効果的かを考えながら省エネ技術を導入していきましょう

図:6地域の建物用途別床面積当たりの一次エネルギー[※]

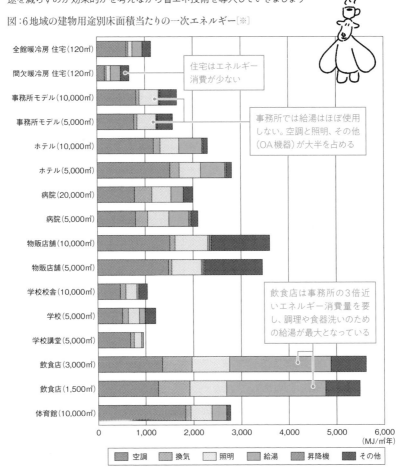

住宅はエネルギー消費が少ない

事務所では給湯はほぼ使用しない。空調と照明、その他(OA機器)が大半を占める

飲食店は事務所の3倍近いエネルギー消費量を要し、調理や食器洗いのための給湯が最大となっている

凡例:空調 換気 照明 給湯 昇降機 その他

※ 省エネ基準における非住宅建築物それぞれのモデルプランより、1㎡当たりのエネルギー量に換算

目指すは暮らしに合ったゼロエネ住宅

気候変動や燃料価格高騰などの将来不安を考えると、自然エネルギーを極力活用し、省エネ設備を導入して、さらに創エネを併用することでゼロエネルギーハウス[204頁]に向かっていくべきでしょう。当然、温熱環境を向上させ、健康で心地よい暮らしが前提条件です。

エネルギー消費量を増やさず、室内環境を向上する

日本は他国と比較して特に暖房エネルギーが少なく、全体として小さいエネルギーで暮らしています[173頁]。ですが、寒さを我慢し、健康リスクを負っているという側面があります[215頁]。そのため、エネルギーの目標は、エネルギー消費量を現状かそれ以下に抑えながら室内環境を整えることとなります

省エネ＋太陽光発電の設置でリアル・ゼロエネを目指す

国の目標でもある30％以上の省エネ[※1]を最低限とし、住宅ストック分の負担を考えて太陽光発電を導入し、ZEHを標準に考えましょう。さらには省エネや創エネを強化して、リアルZEH、蓄電池やEV車の活用で、オフグリッドハウスも目標に検討しましょう

省エネルギーの目標

最低限の目標	ZEHOriented（現状より30％削減[※2]）が最低減の目標
当面の目標	NearlyZEHかZEHで将来のリアルZEHに備える
理想的な目標	リアルZEH、プラスエネルギーハウス、オフグリッドハウス

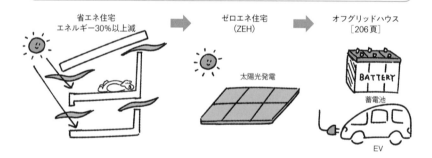

省エネ住宅
エネルギー30％以上減
→
ゼロエネ住宅
（ZEH）

太陽光発電
→
オフグリッドハウス
[206頁]

BATTERY
蓄電池
EV

環境家計簿で暮らしを分析

一般的な暮らしのエネルギー消費量（光熱費）は、自然循環プログラム[179頁]で簡単に試算できます。ですが、同じ家でも暮らし方によってエネルギー消費量にバラツキがあるため、暮らしに合わせたより丁寧な設計は、環境家計簿[174頁]や用途分解プログラム[200頁]を活用します。暮らしの分析を行い、家族にあったエコハウスを考えましょう[201頁]

※1 2030年に2013年比でCO_2 46％削減目標とすると、家庭部門のCO_2は66％、エネルギーでは28％削減が最低目標です
※2 ZEH Orientedは20％以上の省エネが条件[204頁]ですが、※1より30％削減が、新築における最低限の目標と考えています

小エネのまま暖かくする

日本のエネルギー消費量実績は世界と比べて全体的に少なく、特に暖房エネルギーが極端に少ない実情があります。エネルギー消費が少ないことは良いことですが、このまま進んでいって良いのでしょうか。

エネルギーはそのままに暖かく住む

欧米諸国は全館連続暖房が標準スタイルで、暖かく暮らしています。一方、日本は部屋ごとに暖房を入れたり消したりする居室間歇暖房が主流です。小さいエネルギーにするため、明け方に冷え込んだり寒さを我慢したりする、健康リスク[215頁]と共存しています

図：用途別2次エネルギー消費量の国際比較[GJ/世帯・年][※]

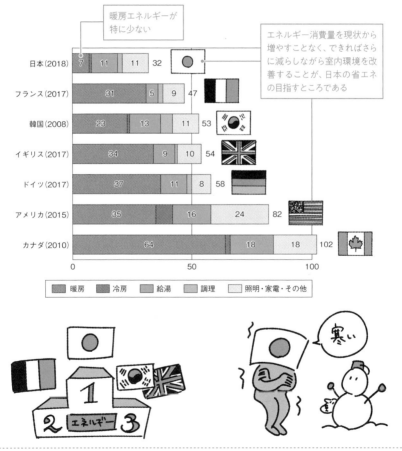

※ 出所：各国の統計データをもとに住環境計画研究所が取りまとめたもの。2次エネルギーでの表記のため、電力が少なく表示され1次エネルギー表記よりも少なくなります。1次、2次エネルギーに関しては202頁参照

環境家計簿で暮らしを読む

同じ住宅に住んでいても、家族によって使っているエネルギーは千差万別です。住まい調書で得られた電気やガスの使用状況から、実際の暮らしぶりを分析してみましょう。

光熱費明細書に記載されている「使用量」に注目

分析というと何だか難しそうですが、やってみると非常に簡単です。たとえば、筆者の家（2人家族）の場合、1月の光熱使用量は電気が97kWh、LPガスが19㎥でした。ですがこの情報だけだと、多いか少ないかわかりません。そこで一般家庭の標準的な値[175頁]と比較してみます。これで燃料ごとの多寡が明確になります

明細書は毎月の通信簿　捨てずに取っておきましょう！

電気ご使用量のお知らせ
平成23年 1月分　検針年月 ○○
使用量　97kwh
光熱費
ご請求予定金額 2.372円

	筆者の家の使用量（2人家族）	一般家庭の使用量（2人家族）
電気	97kWh	468kWh
LPガス	19㎥	15㎥
灯油	0L	28L

筆者の家は、電気が平均と比べてものすごく少なく、逆にLPガスを多く使っていることがわかります

電気・ガス・灯油を用途ごとに分析する

ここからは燃料ごと分けて考えます。たとえば灯油は暖房と給湯にしか使えませんが、ガスは調理にも使用でき、電気はすべての用途に使える万能エネルギーです。何の用途に使用しているかを考えて分析します

元の燃料はなにかしら？

電気	暖房 冷房	換気 給湯 照明 家電 調理
LPガス	暖房	給湯 調理
灯油	暖房	給湯

筆者の家では、空調を使用していません

使用量が多いLPガスは、給湯と調理に用いています。筆者の家ではシャワーを朝と夜の2回使っていることから、省エネは給湯が最優先であることがわかります[※1]

※1 「家でエネルギーをどのくらい消費しているか」は、高価なHEMS（エネルギー管理システム）を導入しなくても光熱費の明細である程度わかります

1年を通して用途ごとに分析する

分析のコツは1月(冬期)、6月(中間期)、8月(夏期)の季節間の増減を比較することです

表：家族人数別の標準値[※2, 3]

			1月	2月	3月	4月	5月	6月	7月	8月	9月	10月	11月	12月	年合計
単身世帯	オール電化	[kWh]	346	324	302	264	228	223	263	271	232	223	261	336	3,273
	電気	[kWh]	260	240	224	194	171	176	224	236	195	176	199	256	2,551
	都市ガス	[㎥]	19	18	17	15	12	10	8	7	8	10	13	17	154
	LPガス	[㎥]	9	8	8	7	6	5	4	3	4	5	6	8	73
	灯油	[L]	12	11	8	4	2	1	1	1	1	2	6	11	60
2人家族	オール電化	[kWh]	618	578	540	471	407	398	471	485	416	399	466	601	5,850
	電気	[kWh]	468	432	402	350	307	317	402	426	350	317	358	461	4,590
	都市ガス	[㎥]	33	32	30	26	22	18	15	13	14	18	23	30	274
	LPガス	[㎥]	15	15	14	12	10	8	7	6	7	8	11	14	127
	灯油	[L]	28	26	19	9	4	2	2	2	2	4	14	26	138
3人家族	オール電化	[kWh]	731	684	638	558	481	470	554	570	490	470	550	710	6,906
	電気	[kWh]	547	504	470	408	359	370	470	497	409	370	418	538	5,360
	都市ガス	[㎥]	40	39	36	32	26	22	18	16	18	22	29	37	335
	LPガス	[㎥]	18	18	17	14	12	10	8	7	8	10	13	17	153
	灯油	[L]	29	26	19	9	4	2	2	2	2	4	14	26	139
4人家族	オール電化	[kWh]	785	735	686	599	517	505	594	611	525	505	591	762	7,415
	電気	[kWh]	585	539	502	436	384	396	502	531	437	396	447	575	5,730
	都市ガス	[㎥]	43	42	40	35	29	24	20	17	19	24	31	41	365
	LPガス	[㎥]	20	19	18	16	13	11	9	8	9	11	14	19	167
	灯油	[L]	26	24	18	8	2	2	2	2	1	3	13	24	127

1月の電気が多いからといって暖房が原因と判断するのは早計。家電や照明が多いのかもしれない。暖冷房を使用しない6月が多ければ家電や照明が原因、同等か少なければ1月や8月の増加分は暖冷房の可能性が高いと考えられる[※4]

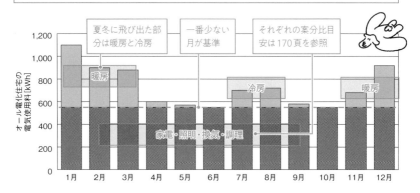

※2 標準値は総務省家計調査(2006～2010の平均)の集計より筆者がエネルギー換算を行い算出
※3 全国版や5人以上家族の環境家計簿は森林文化アカデミーのホームページからダウンロードできます。https://www.forest.ac.jp/courses/wooden-architecture/download/
※4 詳細な用途分解は200頁のWEBプログラムを活用します

仕様ルートで設備の目安をつかむ

温熱性能と同様に仕様ルート[83、106～109頁]で、省エネ基準の目安を確認しましょう。(5
～7地域)[※1]

それぞれの設備で効率の良い機器を選択する

暖冷房や給湯など、エネルギー使用量が大きな用途には、特に高性能な機種を選定します。高
性能機器はこれまでどおりの暮らしのままで、エネルギー消費を抑えられます

暖冷房設備

■住宅全体連続暖冷房
省エネ基準　：ダクト式セントラル空調ヒートポンプ式
誘導基準　　：VAV方式、ダクトがすべて断熱区画内
　　　　　　　熱交換換気設備の採用

■居室のみ連続暖房
省エネ基準　：温水パネルラジエーター+断熱被覆
　　　　　　　（熱源はエコジョーズ、エコフィール、エコキュートのいず
　　　　　　　れか）
誘導基準　　：同上

■居室のみ間歇暖冷房
省エネ基準　：ルームエアコン（エネルギー消費効率（い、ろ））[※2]
誘導基準　　：ルームエアコン（エネルギー消費効率（い）

換気設備

省エネ基準　：全般換気設備の比消費電力が0.3W/（㎥/h）以下[※3]
誘導基準　　：熱交換型換気設備を採用する場合、内径75mm以上のダ
　　　　　　　クトで有効換気量率0.8以上、DCモーター採用熱交換
　　　　　　　型換気設備の温度交換効率が70%以上

給湯設備

省エネ基準　：エコジョーズ、エコフィール、エコキュートのいずれか
誘導基準　　：エコジョーズ（効率86.6%以上）
　　　　　　　エコフィール（効率84.9%以上）
　　　　　　　エコキュート（APFかJIS効率3.3以上）
　　　　　　　ヘッダー方式採用、節湯水栓や高断熱浴槽の採用

照明設備

省エネ基準　：非居室のすべての照明がLEDか蛍光灯
誘導基準　　：すべての照明がLED

省エネ基準は、省エネ住宅の目標値ではなく、一般的なエネルギー消費量の住まいです。誘導基準[※4]やさらなる
省エネ設備の導入を検討しましょう

※1 各地域ごとの温熱性能と省エネ性能の仕様例は「仕様基準ガイドブック」を参考にしてください。下記からダウンロードできます。https://
www.shoene.org/d_book/index_guide.html
※2 エアコンのエネルギー消費効率は（い）（ろ）（は）の3段階に区分され、（い）が最も性能が良い機種です。WEBサイトで機器メーカーの機種を
検索することで調べることができます
※3 比消費電力とは1時間に1㎥の空気を動かすのに必要な電力消費（W）で少ないほど省エネ機器です。換気扇のカタログに掲載されています。
非消費電力の計算は190頁参照
※4 誘導基準は、より高い水準の省エネ性能で、2030年までに省エネ基準を誘導基準に引上げる予定です

自給率を高めて将来不安をなくす

省エネの目的は、気候変動防止（地球）やエネルギーの安全保障（日本）、光熱費の削減（家庭）と土台となる規模によりさまざまですが、省エネが重要なのは変わりがありません。

エネルギー自給率の低い日本

主要国（OECD38ヵ国）のエネルギー自給率を見ると、日本のエネルギー自給率（2020年度）はわずか11.3%で37位です。これでも2014年度の自給率6.3%から太陽光発電の普及に伴い、倍増しています。現在、9割近くを海外に依存しており、世界情勢によるエネルギー価格の変動に振り回されています。エネルギーセキュリティとして脆弱と言わざるを得ません

図：主要国の一次エネルギー自給率比較（2020年）

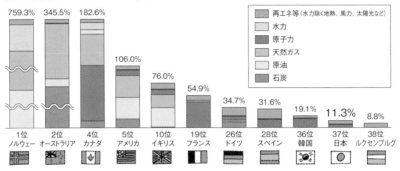

出典：IEA「WorldEnergyBalances2021」の2020年推計値、日本のみ資源エネルギー庁「総合エネルギー統計」の2020年度確報値〔※〕。表内の順位はOECD38カ国中の順位

海外の情勢に左右される光熱費

直近の電気単価の推移を見ると、世界情勢の変化で数年のうちに40%以上も変動しています。将来予測は難しいですが、かなりの確率でさらなる上昇に転じるのでないでしょうか。省エネ、創エネを進め、エネルギー自給率を上げることが将来の不安を取り除くことにつながります

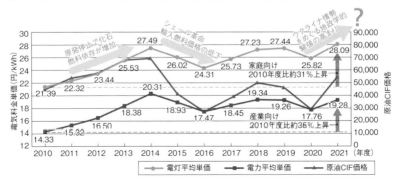

用途ごとに省エネ手法を検討する

用途ごとのエネルギー消費量の多寡に留意して、それぞれの省エネ手法を考えると実践しやすくなります。具体的な省エネ手法を整理してみます。

用途ごとに省エネを考える

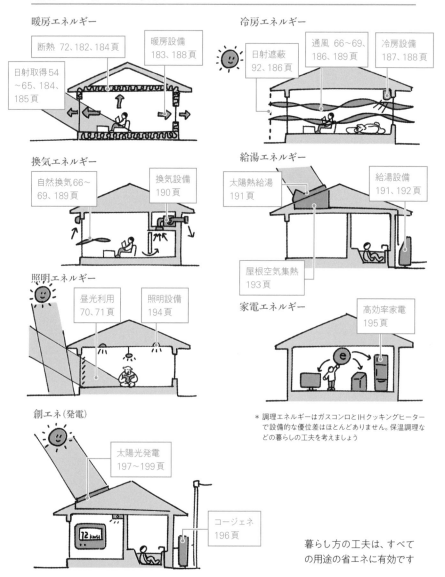

暖房エネルギー

断熱 72、182、184頁

暖房設備 183、188頁

日射取得54〜65、184、185頁

冷房エネルギー

通風 66〜69、186、189頁

冷房設備 187、188頁

日射遮蔽 92、186頁

換気エネルギー

自然換気66〜69、189頁

換気設備 190頁

給湯エネルギー

太陽熱給湯 191頁

給湯設備 191、192頁

屋根空気集熱 193頁

照明エネルギー

昼光利用 70、71頁

照明設備 194頁

家電エネルギー

高効率家電 195頁

創エネ（発電）

太陽光発電 197〜199頁

コージェネ 196頁

72 kWh

＊ 調理エネルギーはガスコンロとIHクッキングヒーターで設備的な優位差はほとんどありません。保温調理などの暮らしの工夫を考えましょう

暮らし方の工夫は、すべての用途の省エネに有効です

エネルギー計算プログラムを活用する

仕様ルートからのステップアップは、実際の計画に合わせてエネルギー計算をすることです。設計者におすすめなのは、筆者も開発に関わっている「自立循環型住宅への省エネルギー効果の推計プログラム」(以下、「自立循環プログラム」)[※1]です。

自立循環プログラムで簡単にエネルギー計算

自立循環プログラムは、信頼性の高い省エネ基準のWEBプログラム[※2]と同じ計算エンジンを用いており、居住人数や暖冷房方式、家電評価など、住まい手の状況や暮らし方に合わせて計算ができます。この章の計算はすべてこのプログラムを用いています

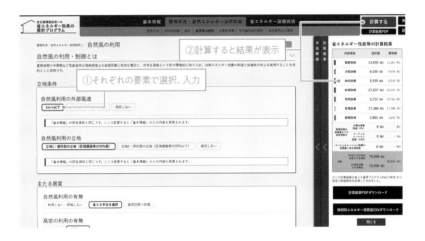

自立循環プログラムの独自項目 (2024年1月現在)
・居住人数の変更 (1人〜4人)
・自然風利用の外部風速、立地条件、高窓利用の評価
・暖房設備の運転方法の変更 (連続運転、間歇運転)
・浴槽の湯はり量を評価
・家電機器の評価
・調理の選択 (ガス、電気)
・計算結果の詳細表示
・CSVデータへの書き出し[※3]
・光熱費計算
・プレゼンシートの出力

気になる設定で、計算を繰り返して行い、エネルギーの勘所を身につけましょう

※1 自立循環型住宅への省エネルギー効果の推計プログラム　https://house.app.jjj-design.org/
※2 省エネ基準の申請には自立循環プログラムは使用できません。申請には「住宅に関する省エネルギー基準に準拠したプログラム」を利用してください。https://house.lowenergy.jp/
※3 CSVデータを詳細に分析するExcelシートを公開しています。https://www.jjj-design.org/jjj/jjj-program.html

地域のエネルギー標準値から検討する

自立循環プログラムでまず確認したいのが、エネルギー標準値（省エネ基準値）です。
各地域の標準値を比べてみると、一般的な暮らしの用途別エネルギーが見えてきます。

省エネ基準値は一般的なエネルギー消費量

温暖地（間歇空調）では給湯が全体の1/3を占め、寒冷地では暖房が最も多くなります。また、全館空調は間歇空調のおおむね1.4倍のエネルギー消費量になっており、温暖地でも暖房が最大になります。省エネを考えるにあたって、どの用途のエネルギーが多いかを見極めましょう

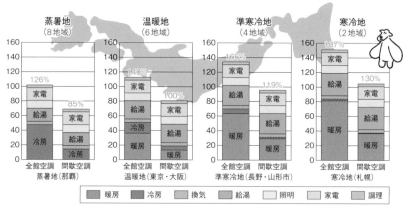

エネルギー標準値のモデル住宅

エネルギー標準値は、120.08㎡のモデル住宅（下図）に、省エネ基準程度の躯体性能、2012年時点での一般的な設備、設定された生活スタイルで4人家族が居住した値です。この値に床面積などを補正してエネルギー標準値が定められています。当然、間取りや暮らし方が変わればこの前提条件からずれてきて計算結果との差異が出ますが、参考にするには十分です。

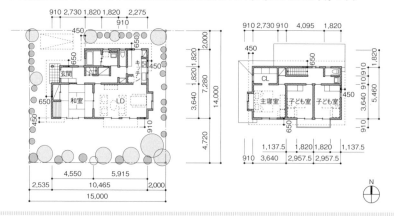

エネルギーから光熱費を予測する

省エネが進めば、当然、光熱費は減ります。しかし、消費エネルギーが半分で光熱費も半分……というわけではありません。省エネと光熱費の関係を考えてみましょう。

エネルギー単価を計算する

エネルギー予測[179頁]ができれば、少し換算し直すだけで光熱費も予測できます。注意点は、同じエネルギー消費量でも燃料ごとに単価が異なることです

表1：1次エネルギー1MJ当たりの単価計算表

電気の小売自由化や化石燃料の輸入価格で変動する燃料調整額などで、料金単価はかなりバラつきます。各地域、各家庭で適切な料金単価を設定して光熱費を求めます

燃料種別	1次エネルギー換算係数	MJ当たりの換算係数 1÷換算係数		料金単価 適切な値を調べて記入		光熱費換算係数 MJ当たりの換算係数×料金単価
電気	9.76MJ/kWh	0.102kWh/MJ	×	40円/kWh	=	4.08円/MJ
深夜電気	9.76MJ/kWh	0.102kWh/MJ	×	30円/kWh	=	3.06円/MJ
売電	9.76MJ/kWh	0.102kWh/MJ	×	16円/kWh	=	1.63円/MJ
都市ガス	45MJ/㎥	0.022㎥/MJ	×	200円/㎥	=	4.40円/MJ
LPガス	110.9MJ/㎥	0.009㎥/MJ	×	800円/㎥	=	7.20円/MJ
灯油	36.49MJ/L	0.027L/MJ	×	120円/L	=	3.24円/M

電気の1次エネルギーの換算係数は、9.76MJ/kWh[※1]。これは1kWhの電気を家庭で使うために9.76MJのエネルギー（燃料）を発電所に投入していることを示している。この逆数に電気料金の単価（たとえば40円/kWh）を乗じると、1MJの1次エネルギーにかかる光熱費を求められる[※2]

1年間の光熱費を予測する

光熱費換算係数がわかると、1年間の光熱費が予測できます

表2：一般的な新築住宅の光熱費計算表

用途	燃料種別	1次エネルギー	光熱費換算係数	光熱費
暖房	電気	13,935MJ/年	4.08円/MJ	56,855円/年
冷房	電気	6,036MJ/年	4.08円/MJ	24,627円/年
換気	電気	5,939MJ/年	4.08円/MJ	24,231円/年
給湯	都市ガス	27,637MJ/年	4.40円/MJ	121,603円/年
照明	電気	5,212MJ/年	4.08円/MJ	21,265円/年
家電	電気	17,388MJ/年	4.08円/MJ	70,943円/年
調理	都市ガス	3,852MJ/年	4.40円/MJ	16,949円/年
合計		79,999MJ/年	—	336,472円/年

「自立循環プログラム」で一般的な新築住宅に4人家族が暮らした場合[※3]の光熱費を計算すると、一次エネルギーの合計は年間79,999MJ

それぞれの内訳に表1の光熱費換算係数を乗じると光熱費が予測でき、1年間でおおむね34万円程度の光熱費がかかることがわかる

CO_2も換算係数を乗じることで同様に計算することができます[203頁]

※1 建築物省エネルギー法の1次エネルギー換算係数より、202頁参照
※2 表1の料金単価は基本料金も含めた目安金額を想定しています
※3 120.08㎡の建物（180頁の標準プラン）に4人家族が居住。U_A値0.87W/㎡K、η_{AH}4.3、η_{AC}2.8、エアコンで暖冷房、従来型ガス給湯器、一般的な家電を想定しています

大きなLDKは高断熱化が大切

同じ延べ床面積でも、諸室の面積割合によってエネルギー標準値は異なります。滞在時間が長いLDKは、暖房や照明などのエネルギー消費量が増える傾向にあります。

小さな家でもLDKが大きいとエネルギーも多め

LDKの面積割合が大きくなると、暖房や冷房、照明エネルギーが増加します。そのため、延床面積をコンパクトにしてもLDKが広いと、思ったほどエネルギー消費量は減りません

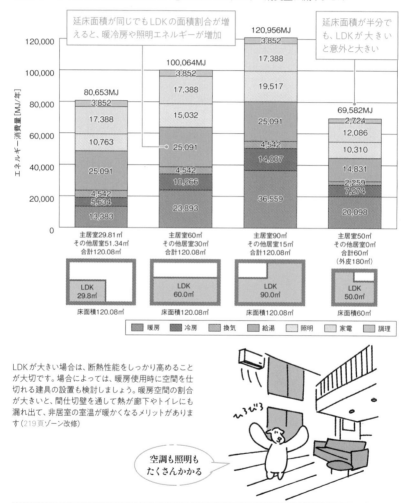

LDKが大きい場合は、断熱性能をしっかり高めることが大切です。場合によっては、暖房使用時に空間を仕切れる建具の設置も検討しましょう。暖房空間の割合が大きいと、間仕切壁を通して熱が廊下やトイレにも漏れ出て、非居室の室温が暖かくなるメリットがあります（219頁ゾーン改修）

空調も照明もたくさんかかる

※ 床面積変化は、UA値0.87W/㎡K、ηAH値4.3で統一して、床面積を変化させた計算結果
※ 自立循環プログラムで居住人数を指定しなければ延床面積によって居住人数が決まる仕様です。120㎡で4人家族、60㎡で2人家族想定です。そのため、延床面積60㎡に4人家族が住む場合は、給湯や照明、換気、家電、調理エネルギー増え89,607MJとなり、当初の120㎡より大きくなります

省エネのエアコンと心地よさの床暖房

温暖地の暖房エネルギーは間歇空調[※1]で家全体の17%、全館空調では35%近く占めます[180頁]。どのような設計が、効果的に暖房エネルギーを減らせるのでしょうか。

省エネならエアコン、心地よさなら床暖房

U_A値0.87W/㎡K（省エネ基準）の断熱性能の住宅に、普及型エアコンを設置したエネルギーを基準にして、暖房設備と比較します。暖房設備の中では高性能エアコンが最も省エネですが、性能差は7%程度です[※2]。もっと劇的に削減するには、躯体性能の向上がカギです[184頁]

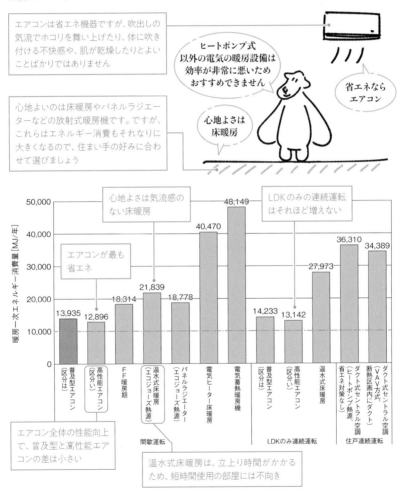

エアコンは省エネ機器ですが、吹出しの気流でホコリを舞い上げたり、体に吹き付ける不快感や、肌が乾燥したりとよいことばかりではありません

ヒートポンプ式以外の電気の暖房設備は効率が非常に悪いためおすすめできません

省エネならエアコン

心地よいのは床暖房やパネルラジエーターなどの放射式暖房機です。ですが、これらはエネルギー消費もそれなりに大きくなるので、住まい手の好みに合わせて選びましょう

心地よさは床暖房

心地よさは気流感のない床暖房

LDKのみの連続運転はそれほど増えない

エアコンが最も省エネ

縦軸：暖房一次エネルギー消費量 [MJ/年]

- 普及型エアコン（区分イ）: 13,935
- 高性能エアコン（区分イ）: 12,896
- FF暖房期: 18,314
- 温水式床暖房（エコジョーズ熱源）: 21,839
- パネルラジエーター（エコジョーズ熱源）: 18,778
- 電気ヒーター床暖房: 40,470
- 電気蓄熱暖房機: 48,149
- 普及型エアコン（区分イ）: 14,233
- 高性能エアコン（区分イ）: 13,142
- 温水式床暖房: 27,973
- ダクト式セントラル空調（省エネ対策なし、ヒートポンプ熱源）: 36,310
- ダクト式セントラル空調（VAV方式）: 34,389

間歇運転 ／ LDKのみ連続運転 ／ 住戸連続運転

エアコン全体の性能向上で、普及型と高性能エアコンの差は小さい

温水式床暖房は、立上り時間がかかるため、短時間使用の部屋には不向き

※1 間歇空調の運転時間は省エネ基準に準拠。LDK（平日）が日中から夜間までの14時間空調、LDK（休日）が13時間空調、子ども室（平日）が夜間の3時間空調、子ども室（休日）が日中から夜間までの10時間空調などを想定
※2 経産省は2022年度からエアコンの省エネ目標レベルを3割向上させる計画のため、エアコンのさらなる省エネ化が期待できます

暖房エネ削減は断熱と日射取得

暖房エネルギーの削減は、高効率エアコンをつけておけば解決…ではありません。エアコンの選定以上に断熱と日射取得が大切です。うまく設計すると、暖房エネルギーを半減させることができます。

高断熱＋日射熱取得で暖房エネルギーを半減

暖房設備の高効率化よりも、断熱性能の向上が暖房エネルギー削減に大きく効きます。ですが、いくら高断熱でも日射が入らないと暖房エネルギーが増加しますので、日射取得も両立させましょう。断熱性能はあくまで保温性能であることを忘れてはいけません

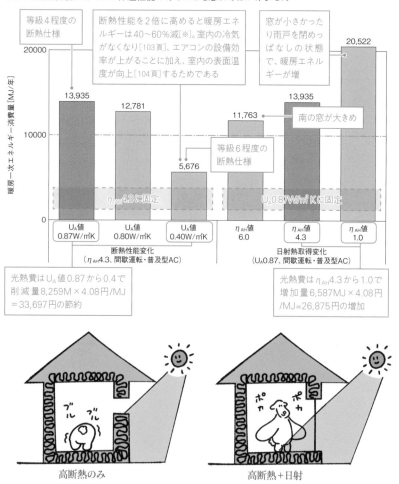

等級4程度の断熱仕様

断熱性能を2倍に高めると暖房エネルギーは40〜60%減[※]。室内の冷気がなくなり[103頁]、エアコンの設備効率が上がることに加え、室内の表面温度が向上[104頁]するためである

窓が小さかったり雨戸を閉めっぱなしの状態で、暖房エネルギーが増

南の窓が大きめ

等級6程度の断熱仕様

η_{AH}4.3に固定　　U_A0.87W/㎡ Kに固定

暖房一次エネルギー消費量[MJ/年]

	U_A値 0.87W/㎡K	U_A値 0.80W/㎡K	U_A値 0.40W/㎡K	η_AH値 6.0	η_AH値 4.3	η_AH値 1.0
	13,935	12,781	5,676	11,763	13,935	20,522

断熱性能変化
（η_{AH}4.3、間歇運転・普及型AC）

日射熱取得変化
（U_A0.87、間歇運転・普及型AC）

光熱費はU_A値0.87から0.4で削減量8,259M×4.08円/MJ＝33,697円の節約

光熱費はη_{AH}4.3から1.0で増加量6,587MJ×4.08円/MJ＝26,875円の増加

高断熱のみ　　　　　高断熱＋日射

※ 断熱と日射取得の変化は6地域、省エネ基準のモデル建物（間取り）でU_A値やη_{AH}値のみを変化させた場合の計算結果です。実際は、断熱性能の向上のためにLowEガラスなどを採用すると日射熱取得も減る傾向にあります[103頁表]

蓄熱を生かすなら断熱＋日射取得

蓄熱材[※1]と聞くとなにやら良さそうな印象がありますが、蓄熱材自体が熱をつくり出すわけではないので、活用には注意が必要です。蓄熱の主な効果は、日中に余った熱を蓄えて、夕方以降にその熱を放出しながら室温を安定させることです。

十分な熱を得ることが蓄熱効果の前提条件

日中に十分な熱を得るためには、日射取得（η_{AH}値）と断熱（U_A値）性能を高めることが前提条件です。熱が余らないのに、蓄熱材を設置するとなかなか暖まらず逆効果になってしまします

図：間歇暖房時の断熱性能U_A値と冬期日射取得η_{AH}と蓄熱効果の関係

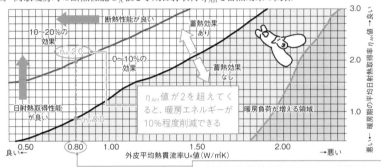

ここでポイントとなるのが蓄熱容量です。省エネ効果を得るには、蓄熱容量が170kJ/㎡K[※2]以上あることが条件です。断熱層の内側にある蓄熱容量を下記の式から求めます

日射熱取得と断熱性能のバランスで蓄熱による省エネ効果が決まる。たとえばU_A値0.80W/㎡Kではη_{AH}値は0.8以上はないと逆効果

蓄熱容量＝（蓄熱材の容積比熱×蓄熱部位の容積）÷床面積

省エネ基準では、下図のように、暖房期の日射地域区分[29頁]によって効果が区分されている。日射の多い地域でないと蓄熱に過度な期待ができないということである

地域区分	暖房期日射地域区分				
	H1	H2	H3	H4	H5
1地域	× 蓄熱効果を評価できない			○ 蓄熱効果を評価できる	
2地域					
3地域					
4地域					
5地域					
6地域	× 蓄熱効果を評価できない			○蓄熱効果を評価できる	
7地域					
8地域					

6地域ではH4、H5の日射地域区分が対象

外壁土壁80mmを見込んでも㎡当たり90kJ/㎡K程度。土間床や間仕切壁にも熱容量の大きな素材を設置しても暖房エネの10〜20%程度の削減効果、蓄熱は省エネというより室温の安定性が狙いなのである

	材料名	容積比熱 cρ kj／（㎡K）	有効蓄熱厚さ（m）
セメントコンクリートれんが	セメント・モルタル	1,600	0.23
	コンクリート	2,000	0.2
	軽量コンクリート（軽量1種）	1,900	0.11
	軽量コンクリート（軽量2種）	1,600	0.08
	軽量気泡コンクリートパネル	660	0.07
	押出成形セメント板	2,100	0.05
	れんが	1,499	0.11
金属類	鋼	3,200	制限なし
	アルミニウム	2,400	制限なし
	銅	3,600	制限なし
	ステンレス鋼	3,500	制限なし
ガラス等	ガラス	1,900	0.13
木質系木質繊維系	天然木材	520	0.06
	合板	720	0.06
	ハードファイバーボード	1,230	0.03
	パーティクルボード	720	0.05
せっこう	せっこうボード	830	0.07
	せっこうプラスター	1,600	0.09
壁	漆喰	1,400	0.13
	土壁	1,100	0.16
床材	畳床	290	0.13
	タイル	2,000	0.16
	ビニル系床材	1,500	0.03

※1 蓄熱材は、熱容量が大きくて熱が伝わりやすく、表面から熱の吸収・放散が速やかに行われる素材が適しています
※2 蓄熱部位170kJ/㎡K以上は、建築物省エネルギー法の蓄熱条件による

省エネの日射遮蔽、心地よさの通風

断熱を強化した状態で夏に日射熱が入ってしまうと、熱が逃げず暑くなってしまいます。そのため、高断熱化と日射遮蔽の強化はセットで考える必要があります。夏の日射遮蔽の効果を見るために η_{AC} 値を変化させ、冷房エネルギーを確認しましょう。

日射遮蔽による冷房エネルギーの削減効果

一般的な建物（η_{AC} 値2.8）のすべての窓に外付けブラインドやすだれを取り付けると η_{AC} 値は1.0程度まで向上します

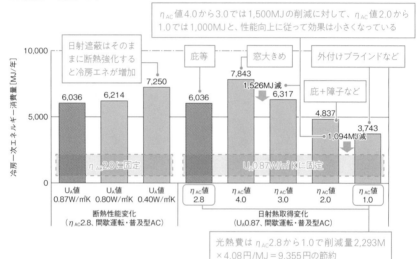

光熱費は η_{AC} 2.8から1.0で削減量2,293M × 4.08円/MJ＝9,355円の節約

通風の削減効果と心地よさ

通風の省エネ効果も確認します。夏の日中はかなり高温になるので［32頁］、通風は夏期夜間や中間期などの利用が中心となります。そのため、すべての居室で通風を行っても4%程度（5回/h）〜12%程度（30回/h）と、省エネ効果は限定的です

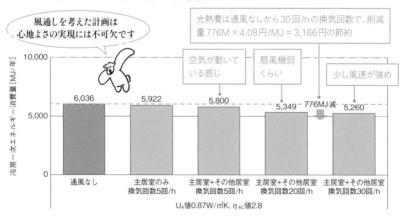

天井扇を併用してエコな暮らし

冷房設備は、ほぼエアコン1択です。省エネ性は高いですが、冷房時は窓開けできません。通風の代わりに扇風機や天井扇などで体感温度を下げるなど、暮らしの工夫も取り入れましょう。

エアコンは高機能化

エアコン冷房も暖房と同様に機種による性能差は少なく、12%〜16%程度の省エネです。金額にして3,000円〜4,000円程度。また、全館冷房は冷房エネルギーが大きくなるため、特に日射遮蔽をしっかり行いましょう

高いエアコンは
空気清浄機能や
お掃除機能などが付き、
高性能化というより
高機能化が
進んでいます

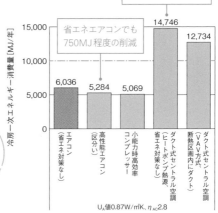

全館空調は冷房エネルギーがかなり増加

省エネエアコンでも750MJ程度の削減

冷房一次エネルギー消費量[MJ/年]

- 6,036 エアコン（省エネ対策なし）
- 5,284 高性能エアコン（区分い）
- 5,069 小能力時高効率コンプレッサー
- 14,746 ダクト式セントラル空調（ヒートポンプ熱源、省エネ対策あり）
- 12,734 ダクト式セントラル空調（VAV方式、断熱区画内にダクト）

U_A値0.87W/㎡K、η_AC2.8

扇風機・天井扇の効果

扇風機[※1]の気流で体感温度[※2]が下がります[表]。体感温度が1℃下が下がり、その分1℃設定温度を上げれると、冷房エネルギーを5%程度削減できます。また1℃差は着量量[15頁]で考えると、半ズボンと長ズボンくらいの差です

表：扇風機から1〜2m離れた風速の効果

	無風	天井扇弱	天井扇中	通風10回/h うちわ	扇風機（弱）	扇風機（中）	扇風機（強）	参考	
風速	0.0m/s	0.2m/s	0.3m/s	0.5m/s	1.0m/s	2.0m/s	3.0m/s	4.0m/s	5.0m/s
体感温度[※]	27.5℃	26.9℃	26.7℃	26.4℃	25.8℃	25.2℃	24.7℃	24.4℃	24.2℃
体感温度を下げる効果	0.0℃	0.6℃	0.8℃	1.1℃	1.7℃	2.3℃	2.8℃	3.1℃	3.3℃

弱運転で、1.7℃程度体感温度が下がります

エアコンの除湿運転は工夫が必要

エアコンの除湿機能は強力で、タンクの取り換えが必要がなく、非常に便利です。ですが、高断熱住宅では、すぐに設定室温に達して除湿が不十分なまま停止してしまいます。しかも外気温がまだ高くない梅雨時には一時停止が多く発生し、増エネになってしまいます。そのため、運転の工夫[※3]を行うか、再熱除湿機[※4]を選択します

※1 扇風機の消費電力は弱20W〜強50W程度（ACモーター）なので、1日4時間×30日で、2.4kWh（96円）〜6.0kWh（240円）程度の電力消費量です
※2 体感温度は気流影響を見込んだミスナール体感温度で計算
体感温度＝37 −（37 − t）/（0.68 − 0.0014*h + 1/（1.76 + 1.4*v^0.75））− 0.29*t*（1 − h/100）
※3 エアコンで除湿を継続するには、日射を採り込んで室温を上げたり、別途暖房をかけるなど室温を維持しながら継続的に運転できる工夫が必要です
※4 再熱除湿は一度冷やして除湿した空気を室外機の排熱を利用して適温に暖めてから快適な温度の空気を室内に戻す運転方式です。通常の除湿よりも増エネになるため注意しましょう

床下・小屋裏エアコンで家全体を暖冷房

建物が高断熱化してくると、エアコン1台で家1棟の必要熱量をまかなえるようになってきます。どのように計画すれば、少ないエアコンで効率的に家全体を暖冷房できるのでしょうか。

少ないエアコンで全室暖冷房

個室の狭い空間ではすぐに設定室温になり、低負荷運転の時間が多くなったり、一時停止したりと、効率[163頁]が落ちてしまいます。少ないエアコンで暖冷房できると、ちょうど良い負荷率で運転が可能です。ですが、部屋が区切られていると、必要な熱量は供給できても、熱を配ることができません。設置場所の工夫で、効率よく運転できるように検討しましょう

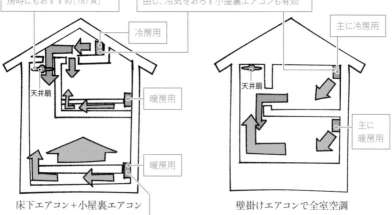

室温を安定させるための天井扇なども有効で、夏期の冷房時にもおすすめ[187頁]

冷房用

暖房用

天井扇

暖房用

床下エアコン＋小屋裏エアコン

冬は床下に壁掛けエアコンや床置きエアコンを設置し、床下空間をチャンバー（配送ダクト）にして暖気を家全体に配ることも有効

夏は小屋裏や2階に壁掛けエアコンを設置して、吹抜けや各部屋の天井ガラリなどを経由し、冷気をおろす小屋裏エアコンも有効

主に冷房用

天井扇

主に暖房用

壁掛けエアコンで全室空調

床下・小屋裏エアコンの注意点

本来、床下や小屋裏は空調しない空間のため、エネルギーは増加傾向になります。そのため床下・小屋裏まで断熱をしっかり高めます。また、床下などをダクト替わりに使用するため、きれいに保つ必要があります

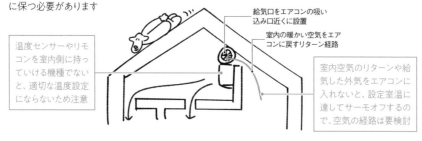

給気口をエアコンの吸い込み口近くに設置

室内の暖かい空気をエアコンに戻すリターン経路

温度センサーやリモコンを室内側に持っていける機種でないと、適切な温度設定にならないため注意

室内空気のリターンや給気した外気をエアコンに入れないと、設定室温に達してサーモオフするので、空気の経路は要検討

換気と通風は別の目的

空気を動かす「換気」と「通風」[66〜69頁]。同じように考えていませんか?換気は空気の清浄化が目的ですが、通風は涼感を得ることが目的です。この違いを意識しながら計画をしましょう。

換気と通風は取り入れる空気の量が異なる

新鮮空気を取り入れて空気を清浄にすることが目的の換気は、人が気流を感じないように空気を動かすことが理想的です。一方、涼感を得るための通風は、気流が人に当たらないと効果がありません[※1]。通風では、この経路上に人の居住域をどう配置するかを考えましょう。また、換気は一年中必要ですが、通風は春から秋にかけての期間限定です

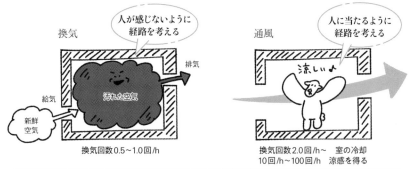

	期間	窓開け時間	経路	居住者の有無	設備の対応
換気	一年中	一時的でも効果あり	人に当てない	人が居なくてもOK	換気設備
通風	春から秋にかけて	継続的に開ける必要あり	人に当てる	人が居る部屋のみ効果	扇風機、天井扇

手動窓換気と機械換気

開け閉めに手間のかかる窓換気、エネルギーのかかる機械換気ですが、2003年のシックハウス法施行以降の住宅は、機械換気設備が導入されているので、機械換気を主としたうえで、手動窓換気を補助的に組み合わせて使いましょう

	長所	短所
機械換気	・制御された新鮮空気が導入できる ・外部騒音の影響を受けにくい ・居住者は何も行動しなくて換気量が確保	・換気のためのエネルギーが必要 ・換気扇自体の騒音に配慮が必要
手動窓換気	・エネルギーがかからない ・窓の開け具合で短時間に換気できる ・新鮮空気の心理的な心地よさを感じる	・外部騒音や防犯に配慮が必要 ・2方向に開口がないと効果的に換気しにくい ・風が吹かないと効果的に換気しにくい

> 機械換気は、住まい手が動かなくても適切な換気量を常時コントロールして導入できる。機械換気を実現する気密性能は、1cm²/m²以下が目標[142頁]

> 手動窓換気はエネルギーを使うことなく、短時間で大量の空気を取り込める

二酸化炭素濃度

5000ppm以上	危険レベル
2500〜5000ppm	健康に害を及ぼす可能性のあるレベル
1000〜2500ppm	眠気が誘われるレベル
700〜1000ppm	許容できるレベル
450〜700ppm	健康的な通常の室内レベル
350〜450ppm	外気レベル

> 大人数が集まった時やカセットコンロの使用時などでCO_2が大量に発生する場合の適切なタイミングは、CO_2濃度[※2]で簡単に確認できる

※1 10回/h以上の換気回数で0.5m/s程度以上の流速が現れ、気流感を得られます[187頁]
※2 CO_2濃度はCO_2測定機(3,000円から10,000円程度)で簡単に測定できます

換気の省エネは比消費電力で判断

機械換気設備の特性を見てみましょう。換気方式によって、第1種換気から第3種換気に分かれます。また、ダクトを用いたものと、壁に直接取り付けるものに分かれます。

比消費電力(SFP)で省エネ評価

換気設備の省エネ効率を表す指標として、消費電力を風量で除した比消費電力(SFP：Specific fan power)があります。これは、1時間に1m³の空気を動かすのに何Wの電力が必要か示すものです。標準的なSFPを参考に、数値が小さい換気設備を選定しましょう

給気：換気ファン
排気：換気ファン
標準SFP0.38W/(m³/h)

給気：換気ファン
排気：排気口
標準SFP0.23W/(m³/h)

給気：給気口
排気：換気ファン
標準SFP0.13W/(m³/h)

$$比消費電力 SFP [W/(m³/h)] = 消費電力 [W] ÷ 風量 [m³/h]$$

熱交換換気はエネルギーと心地よさで選ぶ

熱交換換気[※1]は暖房エネルギーが減少しますが、給気と排気に2つのファンを用いたり、空気抵抗の大きな熱交換素子を通したりすることで、換気エネルギーは増加します[※2]。温暖地では省エネにならないこともありますが、冷たい空気が入ってこないため心地よさは向上します

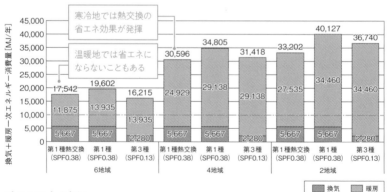

ダクトは太く短く

ダクト式は配管経路に工夫が必要ですが、外部風の影響を受けにくく、狙ったところから給排気でき、空気質が安定します。ダクト径の大口径化(主ダクト100φ、枝ダクト75φ以上)と曲がりや長さをなるべく小さくすることで、空気の抵抗が減少して30%程度の省エネになります

※1 室内の暖かい空気の排気を利用して、外気を暖めてから室内に入れる換気方式
※2 今回の計算では第一種換気をSFPを0.38W/(m³/h)に統一しているため、熱交換の有無による換気エネルギーの違いはありません。6地域、4地域はU_A値0.87W/m²K、2地域はU_A値0.60W/m²K、熱交換の温度交換効率90%で試算

給湯はエコキュートか太陽熱温水器

温暖地では家全体の3割近く占める給湯エネルギー。高効率給湯機は必須の提案です。どのような給湯器で給湯エネルギーを減らせるのでしょうか。

太陽熱温水器かエコキュートがおすすめ

潜熱回収型ガス給湯器（エコジョーズ）を基準に、各種給湯器を比較しました。効率の良い給湯器の選択だけで普段どおりの暮らしでも30%近く省エネが可能です

図：給湯機と太陽熱温水器の給湯エネルギー[※2、3]

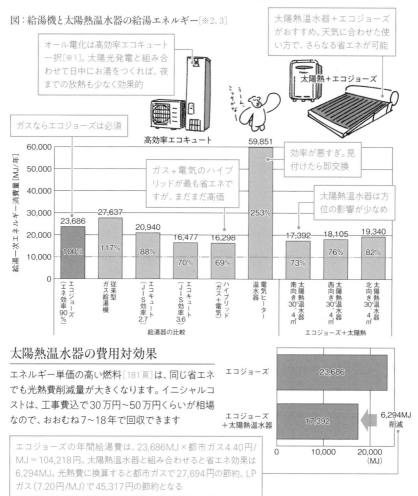

オール電化は高効率エコキュート一択[※1]。太陽光発電と組み合わせて日中にお湯をつくれば、夜までの放熱も少なく効果的

太陽熱温水器＋エコジョーズがおすすめ。天気に合わせた使い方で、さらなる省エネが可能

ガスならエコジョーズは必須

ガス＋電気のハイブリッドが最も省エネですが、まだまだ高価

効率が悪すぎ。見付けたら即交換

太陽熱温水器は方位の影響が少なめ

高効率エコキュート

給湯一次エネルギー消費量[MJ/年]

| 23,686 | 27,637 | 20,940 | 16,477 | 16,298 | 59,851 | 17,392 | 18,105 | 19,340 |
| 100% | 117% | 88% | 70% | 69% | 253% | 73% | 76% | 82% |

エコジョーズ（エネ効率90%）／ガス給湯機 従来型／エコキュート（JIS効率2.7）／エコキュート（JIS効率3.6）／ハイブリッド（ガス＋電気）／電気ヒーター温水器／太陽熱温水器 南向き30°、4㎡／太陽熱温水器 西向き30°、4㎡／太陽熱温水器 北向き30°、4㎡

給湯器の比較　　　　　　　エコジョーズ＋太陽熱

太陽熱温水器の費用対効果

エネルギー単価の高い燃料[181頁]は、同じ省エネでも光熱費削減量が大きくなります。イニシャルコストは、工事費込で30万円〜50万円くらいが相場なので、おおむね7〜18年で回収できます

エコジョーズ	23,686
エコジョーズ＋太陽熱温水器	17,392

6,294MJ削減

0　　　　10,000　　　　20,000 (MJ)

エコジョーズの年間給湯費は、23,686MJ×都市ガス4.40円/MJ＝104,218円。太陽熱温水器と組み合わせると省エネ効果は6,294MJ。光熱費に換算すると都市ガスで27,694円の節約、LPガス（7.20円/MJ）で45,317円の節約となる

※1 エコキュートは運転方法に注意が必要。事前にお湯を沸かす貯湯式のため、つくったお湯を使い切ることが省エネのコツ。余分な湯をつくりすぎない省エネモードでの運転を推奨します
※2 6地域、4人家族の温水専用給湯機の計算結果、効率が書かれていない機種はデフォルト値
※3 太陽熱温水器は日射量が標準的な地域（A3区分）、密閉型200Lタンク、接続ユニット方式の計算結果

節湯機器も積極的に採用

給湯エネルギーを減らす工夫は、高効率給湯器の選択以外にもたくさんあります。ヘッダー配管や節湯水栓、高断熱浴槽など、細かな配慮で高価な給湯器と同程度まで削減できます。

節湯機器の効果

節湯型水栓は給湯エネルギーの削減に加え、水使用も抑えられ一石二鳥です。配管は管の中に湯が残らないように細く短くが基本です。これは湯待ち時間が短くなる利便性も向上します。これらに、太陽熱温水器や高効率エコキュートと組み合わせると、一次エネルギーを半減できます

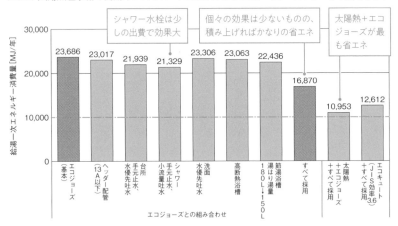

シャワー水栓は少しの出費で効果大

個々の効果は少ないものの、積み上げればかなりの省エネ

太陽熱＋エコジョーズが最も省エネ

給湯一次エネルギー消費量 [MJ/年]

エコジョーズ（基本）	23,686
ヘッダー配管（13A以下）	23,017
台所手元止水、水優先吐水	21,939
シャワー手元止水、小流量吐水	21,329
洗面手元止水、水優先吐水	23,306
高断熱浴槽	23,063
節湯浴槽 湯はり湯量 180L→150L	22,436
すべて採用	16,870
太陽熱＋エコジョーズ＋すべて採用	10,953
エコキュート（JIS効率3.6）＋すべて採用	12,612

エコジョーズとの組み合わせ

節水型シャワーヘッド

節水型シャワーヘッドの省エネ効果は、2,357MJです。光熱費に換算すると10,371円です。エネルギーだけでなく水使用量も減るので、水道料金も少し安くなります。2,000円ほどで簡単に交換できるので設置しない手はありません[※]

手元止水

小流量吐水

水圧調整

ミスト

家族人数別の給湯エネルギー

家族人数によっても給湯エネルギーは異なります。一人暮らしでは、1人で8,882MJのエネルギーを使いますが、4人家族では1人分で5,922MJのエネルギーです。集まって暮らすことでエネルギーを減らせるのです

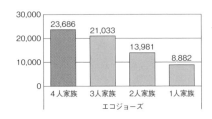

	値
4人家族	23,686
3人家族	21,033
2人家族	13,981
1人家族	8,882

30,000 / 20,000 / 10,000 / 0

エコジョーズ

※ 台所や洗面所の水栓を節水型にするのも簡単です。シャワーに比べて使用する湯が少ないため効果は少なめですが、台所で1,747MJ（7,687円）、洗面所で380MJ（1,672円）の節約です

壁に日射が当たらないときは屋根で受ける

屋根空気集熱式ソーラーシステムは、屋根の集熱部で太陽熱を集め、暖めた空気を床下から居室へ搬送し、冬期は部屋を暖めます。夏期や中間期は集めた熱を給湯に利用します。また、集熱時は外気が供給されるため、換気エネルギーも減らすことができます。

屋根空気集熱式ソーラーシステム

計画するにあたって、集熱部、搬送部、蓄熱部を適切に設計する必要があります。設置費は高価ですが、都市部の密集地で南面の窓からの熱取得が見込みにくい場合は有効に働きますので検討してもよいでしょう

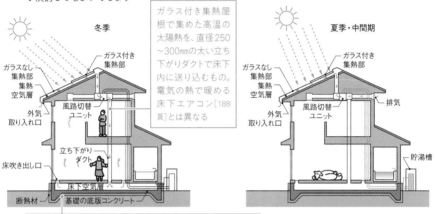

ガラス付き集熱屋根で集めた高温の太陽熱を、直径250〜300mmの太い立ち下がりダクトで床下内に送り込むもの。電気の熱で暖める床下エアコン[188頁]とは異なる

電気で熱をつくる床下エアコンは蓄熱させない方が効率が良いが、太陽熱は熱容量の大きな基礎を利用。基礎底版下部に断熱を入れて熱を蓄え、夜間の温度低下を緩やかにする

＊「温暖地版自立循環型住宅の設計ガイドライン」屋根空気集熱式ソーラーシステムの図を元に作成

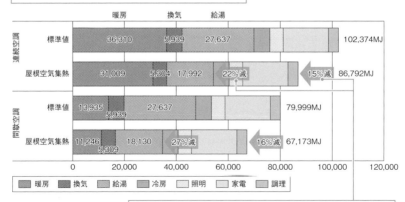

うまく計画すれば、連続空調で家全体のエネルギー消費を15％程度削減できる。暖房、換気、給湯に絞れば、22〜27％の削減となる

※ 屋根空気集熱式ソーラーシステムの設計手法は、「温暖地版自立循環型住宅への設計ガイドライン」を参照

照明はLEDと設計の工夫

照明エネルギーは設計を間違えると意外と多くなるエネルギー用途です。高効率なLEDやセンサー類の活用、設計の工夫によって、省エネ化を進めましょう。

効率の良いLEDは必須

照明の工夫を順番に進めていくとどのようにエネルギーが削減されていくか見てみましょう。現在では、LED照明がほぼ標準になってきました

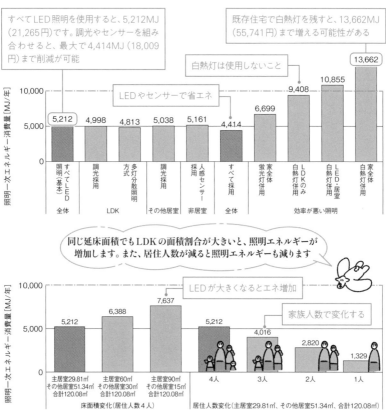

すべてLED照明を使用すると、5,212MJ（21,265円）です。調光やセンサーを組み合わせると、最大で4,414MJ（18,009円）まで削減が可能

既存住宅で白熱灯を残すと、13,662MJ（55,741円）まで増える可能性がある

白熱灯は使用しないこと

LEDやセンサーで省エネ

照明一次エネルギー消費量 [MJ/年]

値	区分	分類
5,212	すべてLED	全体
4,998	調光採用	LDK
4,813	多灯分散照明方式	LDK
5,038	調光採用	その他居室
5,161	人感センサー採用	非居室
4,414	すべて採用	全体
6,699	蛍光灯併用	家全体
9,408	白熱灯のみ	LDKのみ
10,855	白熱灯併用	LED・居室
13,662	白熱灯併用	家全体

効率が悪い照明

同じ延床面積でもLDKの面積割合が大きいと、照明エネルギーが増加します。また、居住人数が減ると照明エネルギーも減ります

照明一次エネルギー消費量 [MJ/年]

LEDが大きくなるとエネ増加

家族人数で変化する

5,212	主居室29.81㎡ その他居室51.34㎡ 合計120.08㎡
6,388	主居室60㎡ その他居室30㎡ 合計120.08㎡
7,637	主居室90㎡ その他居室15㎡ 合計120.08㎡
5,212	4人
4,016	3人
2,820	2人
1,329	1人

床面積変化（居住人数4人）　　　　居住人数変化（主居室29.81㎡、その他居室51.34㎡、合計120.08㎡）

多灯分散照明方式

照明を分散配置させ、使用状況に応じて点灯パターンを調整する（映画を見る時は点灯個数を減らすなど）ことで、省エネ化を図る設計手法です。合計の照明器具のワット数を制限することで、全灯しても増エネにならないように気を付けます

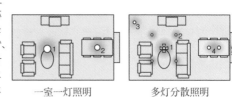

一室一灯照明　　　　　　多灯分散照明

重点家電は高効率に

温暖地では、家全体のエネルギーの2割近くをテレビや冷蔵庫などの家電が占めています。省エネ家電が増えてきましたが、機器の数が増えたり、大型化するなど省エネ効果は限定的です。

使用時間の長い重点家電をしっかり対策

特に、使用時間の長い家電や消費電力が大きな家電を、高効率な機器に買い替えることが効果的です。具体的には冷蔵庫、テレビ、暖房便座で、表は標準的な年間電力消費量です。この消費電力より少ない機器を選択しましょう

表:4人家族の標準的な家電想定

家電機器	1次エネルギー	年間電力消費量	割合
冷蔵庫（400Lクラス）	3,359MJ	344kWh	19%
電気ケトル	1,199MJ	123kWh	7%
電子レンジ	678MJ	70kWh	4%
電気炊飯器	508MJ	52kWh	3%
テレビ（液晶37インチ）	3,644MJ	373kWh	21%
パソコン（デスクトップ）	508MJ	52kWh	3%
CDラジカセ	55MJ	6kWh	0%
掃除機	444MJ	46kWh	3%
アイロン	272MJ	28kWh	2%
テレビ（液晶26インチ）	332MJ	34kWh	2%
PCゲーム機	560MJ	57kWh	3%
MDコンポ	140MJ	14kWh	1%
スタンド	262MJ	27kWh	2%
洗濯機（インバーター）	93MJ	10kWh	1%
ヘアドライヤー	1,487MJ	152kWh	9%
便座1（瞬間湯沸かし）	1,924MJ	197kWh	11%
便座2（瞬間湯沸かし）	1,924MJ	197kWh	11%
家電合計	17,389MJ	1,782kWh	100%

重点家電1：冷蔵庫
冷蔵庫の消費電力は、容量の大きさに比例して消費電力が大きくなる。しかし、最新の省エネ技術は、売れ筋商品から率先して取り入れられる傾向にあるため、容量が小さくても消費電力が大きいものがあるので注意が必要

重点家電2：テレビ
製造年が新しいほど省エネ化が進んでいるが、買い替え時に大型化すると、エネルギー消費が減らないことがある

重点家電3：暖房便座
近年は、便座保温の瞬間化や入退室感知センサーなど新しい省エネ技術が導入されている

統一省エネラベル

主な家電機器に表示されている「統一省エネラベル」には、機器の省エネ性能を表す星の数や年間消費電力量、電気料金の目安が示されています。年間消費電力量と販売価格から使用年数などを考え、賢く選択しましょう

省エネ製品買換ナビゲーション「しんきゅうさん」

「しんきゅうさん」[※]は家電の買い換えナビゲーションです。重点家電の5種類に対して、簡単な入力で買い換えによる電力消費量やCO$_2$排出量の増減が簡単に計算できます

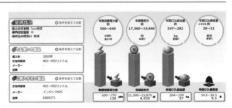

※ しんきゅうさん（環境省）: https://ondankataisaku.env.go.jp/shinkyusan/

熱と電気をたっぷり使えるコージェネ

燃料電池やエネファームという言葉を聞いたことはあるでしょうか。これはコージェネレーションシステムといって、敷地内でガスを用いて発電し、発電時に発生する熱を住宅内で使用することによって、エネルギーの総合利用効率を高めることができる機器です。

敷地内で発電し、熱も利用するコージェネレーション

一般的な発電所は、37%程度の発電効率です。残り60%以上は発電時の大量の熱ですが、遠距離を運べないため捨てられています。コージェネレーションは発電時の熱も有効に利用することで総合効率を高めています。そのため、電気しか利用しなければ、発電所と同様に総合効率は上がりません。つまり電気と熱をバランスよく使用することがコツなのです

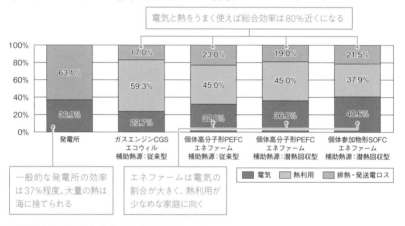

電気と熱をうまく使えば総合効率は80%近くになる

	発電所	ガスエンジンCGS エコウィル 補助熱源：従来型	個体高分子形PEFC エネファーム 補助熱源：従来型	個体高分子形PEFC エネファーム 補助熱源：潜熱回収型	個体参加物形SOFC エネファーム 補助熱源：潜熱回収型
排熱・発送電ロス	63.1%	17.0%	23.0%	19.0%	21.5%
熱利用		59.3%	45.0%	45.0%	37.9%
電気	36.9%	23.7%	32.0%	36.0%	40.6%

■ 電気　■ 熱利用　■ 排熱・発送電ロス

一般的な発電所の効率は37%程度。大量の熱は海に捨てられる

エネファームは電気の割合が大きく、熱利用が少なめな家庭に向く

エネファームでエコに暮らす

家庭で60の電気と40の熱が必要な場合、すべてをエネファームで賄いきれなければ、不足分は発電所の電気購入や補助熱源で賄います。そうなると、従来どおりのロスが発生し、総合効率が落ちてしまいます。そのため、機種ごとの電気と熱のバランスで、かつエネファームの能力内に納まる少ないエネルギーで暮らすことがエコにつながります

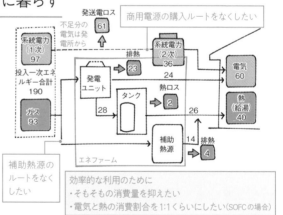

発送電ロス 61
不足分の電気は発電所から
商用電源の購入ルートをなくしたい
系統電力（1次）97
排熱 23
系統電力（2次）36
24
電気 60
投入一次エネルギー合計 190
発電ユニット
熱ロス 2
タンク
28
26
熱（給湯）40
ガス 93
補助熱源
14
排熱 4
エネファーム
補助熱源のルートをなくしたい

効率的な利用のために
・そもそもの消費量を抑えたい
・電気と熱の消費割合を1:1くらいにしたい（SOFCの場合）

※ 断熱性能の向上により熱利用が減ったことを受けて、熱が多く発生するガスエンジンタイプのエコウィルの販売は終了しています

太陽光発電は多少方位が振れても大丈夫

敷地内で電気をつくる太陽光発電は、最も身近な創エネ設備です。設置状況による発電量（6地域）の違いを、日射の少ない地域（A1区分[※1]）〜日射の多い地域（A5区分[※1]）まで見てみましょう。

設置方位・勾配は臨機応変に検討

図は発電量が最も多くなる南向き、屋根勾配30°を100%（A3区分）としたときの発電割合です。設置方位・勾配が多少変化しても数%の減なので、南向き30°に固執しすぎず、町並みや室内空間から屋根を考えるのもよいでしょう。太陽光発電の普及に伴い、日中に売電するより、朝夕の電気が欲しいタイミングで発電して自家消費できる東西の太陽光発電も、活用のカギになります

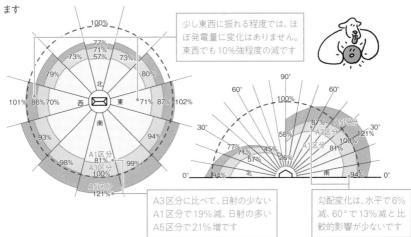

少し東西に振れる程度では、ほぼ発電量に変化はありません。東西でも10%強程度の減です

A3区分に比べて、日射の少ないA1区分で19%減、日射の多いA5区分で21%増です

勾配変化は、水平で6%減、60°で13%減と比較的影響が少ないです

システム容量が倍で総発電も倍

システム容量が倍になると、総発電量も倍になります。また同じシステム容量であれば、発電効率に関係なく総発電量は同じ[※2]です。そのため、載せた分だけ多く発電しますが、自家消費量は限られ、余った電力は売電されます。周辺の立地状況も考慮して[※3]設置を検討しましょう

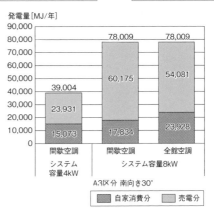

発電量[MJ/年]

	間歇空調 システム 容量4kW	間歇空調 システム容量8kW	全館空調 システム容量8kW
売電分	23,931	60,175	54,081
自家消費分	15,073	17,834	23,928
合計	39,004	78,009	78,009

A3区分 南向き30°

■ 自家消費分　■ 売電分

※1 日射市地区分の調べ方は29頁を参照。A3が平均±5%、A1が平均-15%以上、A5が平均+15%以上の日射量
※2 発電効率が良ければ小さい面積でも総発電量が確保できます
※3 太陽光発電のポテンシャルマップが整備されつつあります。一目で太陽光発電に適している屋根か判断できますので参考にしましょう。東京ソーラー屋根台帳 https://tokyosolar.netmap.jp/map/、信州屋根ソーラーポテンシャルマップ https://www.sonicweb-asp.jp/nagano_solar_map/

応用レベル

年・月・時間変動で需要と供給を考える

家庭で使用するエネルギー消費分をしっかり発電できれば、理想的なゼロエネルギーなのでしょうか。実はそうとは言えない事情があります。

年間の電力収支

太陽光発電をたっぷり載せた住宅の年間エネルギー収支の図を見ると、売電分を含めゼロエネルギー以上になっています（省エネ基準程度の性能の住宅＋太陽光発電8kW）[※]

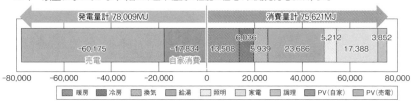

月ごとの電力収支

月ごとの収支を見ると、エネルギー消費は冬や夏に増加し、春や秋が最も少なくなります。一方、発電量は日照の多い春が最大です。月ごとに見るとアンバランスなエネルギー収支です

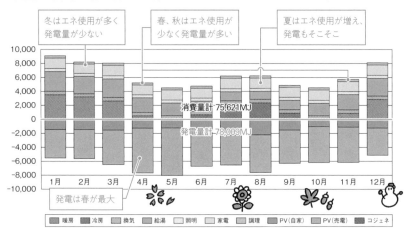

一日の電力収支

日中は発電しますが、不在や暖かく明るいなどで設備をあまり使用せず、使いきれずに売電が発生します。一方、夜間は買電になります。1日の中でも、エネルギー収支のバラツキがあり、創ったエネルギーを効果的に活用するには消費量と発電量のバラツキをなるべくなくすことが大切です

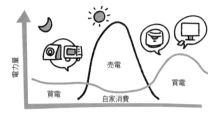

※ 自立循環プログラムのデフォルト設定（エコジョーズ）の上、A3区分でPV8kW、南向き30°に設置した場合

太陽光発電の回収率は変化なし

年々値上がりが懸念される電気料金とは反対に、売電価格は2012年の42円/kWhからどんどん下がり、2024年度は16円/kWhです。ここまで安くなると、いまさら設置する価値はあるのかと考えてしまいがちですが、これは計画どおりなのです。

売電価格が安くなってもメリットは変わらず

太陽光発電が普及したことで設置費が安くなり、総合的なメリットはほとんど変わっていません。たとえば4kWの太陽光発電の設置は100万円程度。総発電量は39,004MJで、光熱費に置き換えると、年間約10万円の利益[※1]が見込めて、10年程度で償却できます。今後、売電価格が半分になっても年間約8万円の利益[※2]が見込めて、13年で償却できます

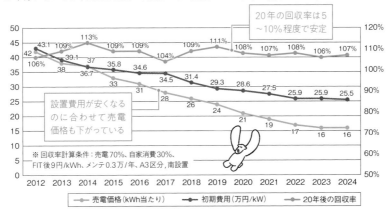

20年の回収率は5
～10%程度で安定

設置費用が安くなる
のに合わせて売電
価格も下がっている

※ 回収率計算条件：売電70%、自家消費30%、
FIT後9円/kWh、メンテ0.3万/年、A3区分、南設置

凡例：売電価格（kWh当たり） 初期費用（万円/kW） 20年後の回収率

自家消費率アップでお得に

現在、買電価格は30～45円/kWhくらいと高く、将来予測も難しい状況です。さらに売電価格が下がることを考えれば、自家消費を増やして買電を減らす方がお得です[※3]。また大暑の時期、夕方の太陽はほぼ真西にあります[35頁]。南向きの太陽光発電は発電量を落としており、冷房するにも買電が主です。どの時間帯に発電したいかを考えて設置方位も検討しましょう[※4]

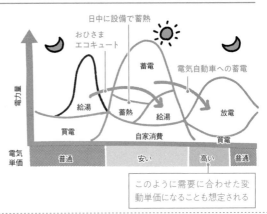

このように需要に合わせた変
動単価になることも想定される

※1 自家消費分（15,073MJ×4.08円/MJ）61,498円+売電分（23,931MJ×1.63円/MJ）39,008円= 100,506円
※2 自家消費分（15,073MJ×4.08円/MJ）61,498円+売電分（23,931×0.8円/MJ）19,145円= 80,643円
※3 たとえば、電気自動車への蓄電やエコキュートの日中利用、日中に暖冷房を蓄熱させて断熱性能で保温するなどが考えられます
※4 たとえば切妻の東西面に太陽光発電を設置すると、総発電量は落ちますが、長い時間発電してくれるメリットもあります

用途分解プログラムで暮らしを分析

簡易な暮らし方の分析は、環境家計簿[174頁]の月変動から燃料ごとの使われ方をイメージしました。もっと詳しく分析したいときにおすすめなのが、筆者も開発に関わっている「用途分解プログラム」[※1]です。

WEBで利用する用途分解プログラム

一年間分の光熱使用量を入力して、解析開始を押すだけで、月別の変動から予測された分析結果が表示されます。これで、実際に使用しているエネルギー用途が詳細に分析できます

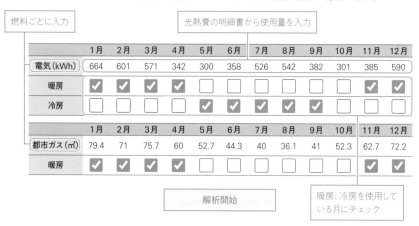

燃料ごとに入力　　　　　　　光熱費の明細書から使用量を入力

	1月	2月	3月	4月	5月	6月	7月	8月	9月	10月	11月	12月
電気 (kWh)	664	601	571	342	300	358	526	542	382	301	385	590
暖房	✓	✓	✓	✓							✓	✓
冷房					✓	✓	✓	✓				

	1月	2月	3月	4月	5月	6月	7月	8月	9月	10月	11月	12月
都市ガス (㎥)	79.4	71	75.7	60	52.7	44.3	40	36.1	41	52.3	62.7	72.2
暖房	✓	✓	✓	✓							✓	✓

解析開始

暖房、冷房を使用している月にチェック

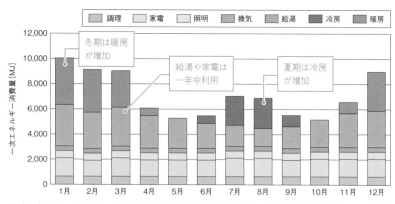

用途分解によって、住まい手が使用している用途別エネルギーの多寡がわかります。この結果[※2]から住まい手に適した省エネ手法の導入検討や、暮らし方のアドバイスにつなげられます。さらに、この結果を用いて設計予測値を補正することで、より暮らしに則した提案が可能となります[201頁]

※1「住宅消費エネルギー用途分解プログラム」https://youtobunkai.app.jjj-design.org/
※2 CSVデータの書き出しができますのでExcelなどで整理できます

暮らし方補正で精度を上げる

「自立循環プログラム［179頁］」と「用途分解プログラム［200頁］」を組み合わせて暮らし方を補正してみましょう。暮らし方補正によって、暮らしに合わせた計画と、より詳細なエネルギー消費量や光熱費の予測が可能です。

暮らし方補正の方法

住まい手から設計相談を受けたタイミングで、現在住んでいる家を自立循環プログラムで計算し、さらに光熱費実績から用途分解した結果と見比べると、住まい手の暮らし方が見えてきます。下記は、全体で20%少ない省エネ家族の事例です

用途ごとに見ると、暖房や冷房は1.5倍、給湯は半分以下とバラツキがある。つまり、この住まい手にとっては給湯よりも暖房や冷房の省エネの方が優先順位が高いことになる。計画の初期段階でこれがわかるのは大きい

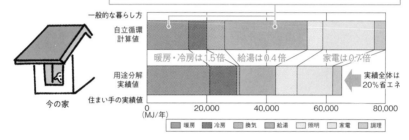

今の家

暖房・冷房は1.5倍　給湯は0.4倍　　家電は0.7倍

実績全体は20%省エネ

一般的な暮らし方
自立循環計算値
用途分解実績値
住まい手の実績値

0	20,000	40,000	60,000	80,000
(MJ/年)

■暖房　■冷房　■換気　■給湯　□照明　□家電　□調理

そこで暖房や冷房の省エネ手法を優先させつつ、全体のエネルギーも抑えて計画。自立循環プログラムで計算すると、今の家の半分程度の予想となる

自立循環計算値

0	20,000	40,000	60,000	80,000
(MJ/年)

計画した家

■暖房　■冷房　■換気　■給湯　□照明　□家電　□調理

自立循環プログラムは一般的な家族が住んだ場合の計算結果［180頁］である。この家に住むのは、暖房や冷房の使用量が多く全体には省エネな住まい手。この暮らし方補正を各用途に反映させてみよう

暖房・冷房は1.5倍
給湯は0.4倍
家電は0.7倍

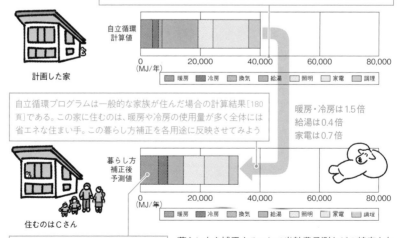

住むのはCさん

暮らし方補正後予測値

0	20,000	40,000	60,000	80,000
(MJ/年)

■暖房　■冷房　■換気　■給湯　□照明　□家電　□調理

暖房や冷房は少し増えたが、全体に2割ほど少なくなった。住まい手の暮らし方が反映されてより精度が上がっている

暮らし方を補正することで光熱費予測などの精度も向上します。筆者も実際の設計で暮らし方を補正していますが、実績とかなり近い値になっています。ひと手間かかりますが、やってみる価値は大きいと言えます

熱負荷、1次、2次エネルギーを理解する

「J（ジュール）」という単位を用いるものに「熱負荷」、「1次エネルギー[※1]」、「2次エネルギー[※1]」があります。間違いやすいのでこれらの関係を整理しておきます。エネルギーを考えるときは、基本的に1次エネルギーを用います。

熱負荷と2次エネルギー、1次エネルギーの関係

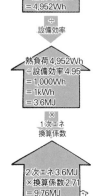

Q値1.46W/㎡·K
×床面積106㎡
×温度差16K
×運転時間2h
=4,952Wh

÷ 設備効率

熱負荷4,952Wh
÷設備効率4.95
=1,000Wh
=1kWh
=3.6MJ

× 1次エネ換算係数

2次エネ3.6MJ
×換算係数2.71
=9.76MJ

熱負荷　必要な熱量
熱損失係数Q値1.46W/㎡K、床面積106㎡の建物が外気温5℃のとき、室温を21℃に保とうとすると、必要な熱量は、Q値1.46W/㎡K×床面積106㎡×温度差16K=2,476Wです。外気温5℃の状態が2時間続くと、必要な熱量は2,476W×2h=4,952Whです。このように外気温の変化に合わせて必要な熱量を積み上げたものが熱負荷です

2次エネルギー　家庭で使用するエネルギー
この熱負荷をCOP4.95[※2][163頁]の性能のエアコンで処理します。必要な電力量は、熱負荷4,952Wh÷COP4.95=1,000Whです。これが家庭で必要な2次エネルギーで、電気明細書に書かれている数字です。これをJに変換すると1,000Wh=1,000J/s×3,600s=3,600,000J=3.6MJ[※3]です。つまり、1kWh=3.6MJです

1次エネルギー　発電所で必要なエネルギー
3.6MJの電気をつくるのに、発電所では発電ロスや送電ロスがあるため9.76MJ[※4]もの燃料が必要です。つまり、家庭で使った電力の2.71倍のエネルギーです。この係数を1次エネルギー換算係数とよびます。灯油、ガスの換算係数は1.00[※5]を用います

住宅における熱負荷、2次エネルギー、1次エネルギーの変化

必要な熱量である暖冷房負荷は建物性能（断熱や日射熱制御）で決まります。これに設備効率を勘案したものが2次エネルギーで、設備効率が良ければ2次エネルギーが小さくなります。これに燃料ごとの換算係数を乗じたものが1次エネルギーになります

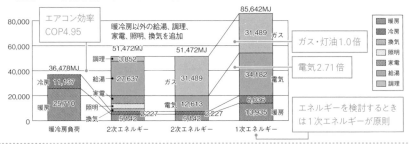

※1　1次エネルギーは加工されていないエネルギーで、石油や天然ガス、原子力、太陽熱などです。国内に到着した地点から考えるのが一般的です。
　　2次エネルギーは1次エネルギーを使いやすいように転換・加工した電力や都市ガスなどで家庭で使用されているエネルギーです
※2　COP4.95とは、1の電気から4.95倍の熱を取り出せる性能のこと
※3　電力単位のWhをエネルギー単位のJ（ジュール）に変換します。1Jは1秒間の仕事量で、J=W·sです。変形するとW=J/s。1hは3,600s なので、1Wh=1J/s×3,600s=3,600J
※4　一次エネルギー換算係数は火力平均係数の9.76MJ/kWhが使用されていますが、実態に合わせた全電源平均係数（過去3ヵ年の平均値）の8.64MJ/kWhへ変更する議論も始まっています
※5　ガスや灯油の換算係数は1.00となっており、海外から輸入した燃料はロスなく家庭に来ているという想定です

省エネがすべての基本

エネルギーとCO_2、光熱費の関係は深いものですが、削減方法は多岐にわたります。気候変動の対策として、世界の関心はCO_2に集まっていますが、日本の住まい手の関心は身近な光熱費、エネルギーセキュリティなどさまざまです。

CO_2削減は多様な方法がある

すべての削減の基本は「省エネ」です。エネルギー消費量が減れば、CO_2や光熱費も同時に削減できます。さらに、CO_2の削減には、省エネに加えいくつかの方法があります。エネルギー、CO_2、光熱費を減らす基本的な対策である省エネを推進し、太陽光発電等の再生可能エネルギーでさらなるCO_2削減を目指します[210頁]

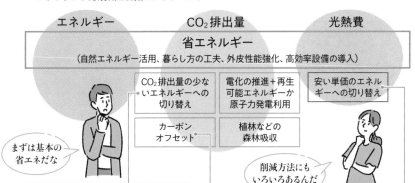

まずは基本の省エネだな

太陽光発電などの再生可能エネルギーや原子力発電のエネルギーはCO_2をほぼ出しません。再生可能エネルギー100%の電力会社と契約することで、CO_2を出さない暮らしが手軽に実現できます

削減方法にもいろいろあるんだ

植林や森林整備などによるCO_2の吸収やカーボンオフセットなどの手続きで相殺することができます

光熱費の節約は、単価の安いエネルギーへの切り替えによって、同じエネルギー量でも安くなります

CO_2排出量の計算

燃料別のCO_2排出量（換算係数）を見ると、光熱費と同様[181頁]に同じエネルギー量でもCO_2排出量が異なることがわかります。この値を1次エネルギー消費量に乗じるとCO_2排出量の予測ができます

計算方法は$(1 \div 9.76MJ/kWh) \times 0.433kgCO_2/kWh$

表：燃料別MJ当たりのCO_2排出量

	エネルギー換算係数	CO_2換算係数[※1]	CO_2排出量換算係数
電力	9.76MJ/kWh	0.433kgCO_2/kWh	0.044kgCO_2/MJ
再エネ電力	3.6MJ/kWh	0.00kgCO_2/kWh	0.000kgCO_2/MJ
都市ガス	45MJ/㎥	2.29kgCO_2/㎥	0.051kgCO_2/MJ
LPガス	110.9MJ/㎥	6.00kgCO_2/㎥	0.054kgCO_2/MJ
灯油	36.49MJ/L	2.49kgCO_2/L	0.068kgCO_2/MJ

年間のCO_2排出量を計算すると4人家族で約3,740kg（3.7t）のCO_2を出していることになります[※2]。まずは省エネで半減させ、残った分を太陽光発電を利用したり、再生可能エネルギー100%の電力会社と契約することでゼロカーボンの暮らしが実現できます

※1 CO_2換算係数の電力は2020年度の全国平均係数、都市ガスとLPガスはは0℃1気圧の場合
※2 181頁の光熱費予測と同様に、用途ごとにCO_2排出量換算係数を乗じていくと、1年間のCO_2排出量が求まります

ZEHではなくリアルZEHを目指す

ZEH（ネット・ゼロ・エネルギー・ハウス）は「省エネ」と「創エネ」を組み合わせて「年間一次エネルギー消費量」を正味（ネット）でゼロ以下にする住宅です。

ZEHには種類がある

国の定める「ZEH」は最低限の断熱水準に加え、家電と調理を除くエネルギーを対象に、段階的に「ZEHOriented」や「NearlyZEH」、「ZEH」が設定されています。さらに上の目標として、家電と調理を含めた「リアルZEH」やカーボンをマイナスにする「LCCM住宅」、敷地内でエネルギーを完結させる「オフグリッドハウス［206頁］」を目指してみましょう

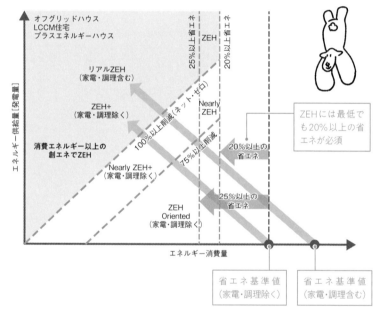

名　称		断熱性能	一次エネルギー	
			再エネ除く	再エネ含む
高い目標	オフグリッドハウス	等級6以上推奨	50%以上削減を推奨	売電なしの100%削減
	リアルZEH			100%以上削減（家電・調理含む）
国の基準	ZEH+	断熱等級5（U_A値0.6）6地域の場合	25%以上削減	ZEH要件に加え、3要素［※］のうち2つ以上採用
	ZEH		20%以上削減	100%以上削減（家電・調理除く）
	Neary ZEH+		25%以上削減	NearyZEH要件に加え、3要素［※］のうち2つ以上採用
	Neary ZEH		20%以上削減	75%以上100%未満（家電・調理除く）
	ZEH Oriented		20%以上削減	再エネの導入は必要なし

※ ZEH＋基準の3要素は、①断熱の更なる強化（6地域でU_A値0.5以下）、②HEMS等で発電量を把握し暖冷房や給湯設備などの制御、③電気自動車等を活用した自家消費増加です

ZEHと長期優良住宅はワンセット

分厚い断熱材や省エネ設備の導入で、ZEHは建設時により多くのエネルギーが必要です。ライフサイクルで考えて短命であれば、逆に増エネになってしまいます。そのため、長期間にわたって使える住宅にすべきです。

長期優良住宅の標準化

長期優良住宅[※1]は、長期にわたり良好な状態で使用するための措置が講じられた優良な住宅を認定するもので、8つの満たすべき項目があり、それぞれに高い性能が求められます。ZEHには長期優良住宅の性能が必須です

新築住宅は、2030年までにZEHを標準化する目標を受けて、2022年の長期優良住宅法の改正で温熱、省エネ性能が引き上げられた

高断熱化による断熱材やサッシ重量の増加、太陽光発電の積載荷重により、地震力の影響が大きくなるため、耐震性が引き上げられた

省エネルギー性
断熱等性能等級5
　U_A値0.6以下（6地域）
一次エネ消費量性能等級6
　BEI0.8以下
2022年10月改定

耐震性
耐震等級（倒壊等防止）3[※2]
断熱材やPV設置などによる建物の重量化を受けPV等を載せた場合、重い屋根の壁量基準とする
2022年10月改定

劣化対策
劣化対策等級3
かつ床下有効高さ、床下・小屋裏点検口の設置など

維持管理・更新の容易性
維持管理対策等級3

維持保全計画
構造上主要な部分、雨水浸入防止部分、給排水設備に関して定期的な点検・補修計画を策定

居住環境
地区計画や景観等の配慮区域では調和を図る

災害配慮
自然災害のリスクに応じて措置を講じる

共同住宅は加えて可変性、バリアフリー性も対象

住戸面積
一戸建て住宅:75㎡以上
（1F床面積:40㎡以上）

※1 長期優良住宅に関する詳しい解説は、（一社）住宅性能評価・表示協会を参考にしてください（https://www.hyoukakyoukai.or.jp/）
※2 壁量計算では耐震等級3、許容応力度計算では耐震等級2、安全限界時の層間変形を1/40（木造）以下では耐震等級1

オフグリッドハウスでエネルギー自立

ZEHは年間のエネルギー収支がゼロですが、1日に着目すると日中はエネルギーが余るため売電を行い、夜間はエネルギーが不足するため買電をします[197頁]。近年は売電価格は安く、買電価格は高くなっており、光熱費収支はゼロではありません。

オフグリッドハウスで自給自足

そこで注目したいのがオフグリッドハウス[※1]です。オフグリッドハウスは、1日の変動を吸収するため、太陽光発電と蓄電池を活用し、道路にある電線とつながず電力を自給自足する家のことです[※2]

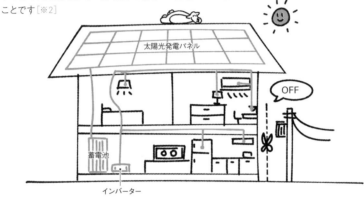

オフグリッドハウスの基本は省エネ

一般的な電力使用量は4人家族で15〜25kWh/日（53〜89GJ/年）程度です。このままオフグリッドを目指すと、大きな太陽光発電（PV[※3]）と蓄電池が必要に。まずは、そもそもの電力使用量を減らす省エネを考え、次に最適なPVと蓄電池の容量を考えます

10kW/日の電力消費量の家庭の場合

1日の電力使用量を10kWh/日（36GJ/年）まで省エネした場合、5kWのPV設置（125万円程度）で、日照時間が5時間あれば発電量は25kWh（5kW×5h=25kWh）と十分足ります。しかし、発電は曇りで1/10、薄曇りで1/5程度まで下がるため、1日の発電量は2.5kWh〜5kWhと、必要量の半分以下しか充足しません。また夜間は発電できないため蓄電池は必須です。蓄電池は高価で、曇りが続くと蓄電できませんので、1.5日分の15kWh程度（150万円程度）を目安に検討しましょう

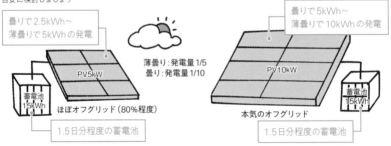

※1「グリッド」とは電力会社が街中に張り巡らせた送電網のことで、送電網が「オフ」な状態、つまりオフグリッド住宅は「送電網につながっていない住宅」という意味です
※2 給排水のオフグリッドは浄化手法も併せてハードルがかなり高め。まずは電力のオフグリッドから始めましょう
※3 太陽光発電の英語表記 Photovoltaic Power Generation からPVと省略することが多いです

地盤、躯体、断熱はしっかりと

ライフサイクルで考えた場合、建築部位ごとの大切さを確認しておきましょう。

建築部位の優先順位

機器や配線の更新にその都度、壁を壊して取り換えると、余分なエネルギーや費用が掛かります。耐用年数を考慮して取り換えやすく設計［※］することが大切です。また、地盤や基礎、構造躯体、断熱・気密はしっかりつくってあれば更新の必要はありません。建設時に多少コストがかかっても、しっかりつくるべきです

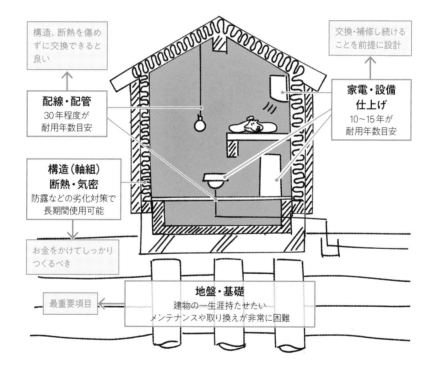

構造、断熱を傷めずに交換できると良い

配線・配管
30年程度が
耐用年数目安

構造（軸組）
断熱・気密
防露などの劣化対策で
長期間使用可能

お金をかけてしっかり
つくるべき

交換・補修し続けることを前提に設計

家電・設備
仕上げ
10～15年が
耐用年数目安

最重要項目

地盤・基礎
建物の一生涯持たせたい
メンテナンスや取り換えが非常に困難

※ 熱交換型換気扇は、本体が大きく天井裏などに埋め込んでいる場合があります。更新時に同じ機種がなく、大きさやダクト位置が変わると建築工事が発生してしまいます。交換しやすい位置に設置するか、安定した規格の製品（海外製含む）を選定しましょう

ライフサイクルの視点をもつ

家にかかるコストは建設時が大半と考えていませんか。実はライフサイクル（建物一生涯）で考えてみると、使う金額は光熱費が最も多くなることもあります。

ライフサイクルで考えると居住時の省エネが最優先

住んでいる限り光熱費は支払い続けます。その額は4人家族で年間34万円程度［181頁］、50年で1,700万円程度です。光熱費が高騰するとその額はもっと大きくなり、この間にメンテナンスや大規模修繕が入ると、建設コストより高くなることも。建設費が多少上がっても、光熱費やメンテナンス費を抑える工夫が結果的に安く済むことになります

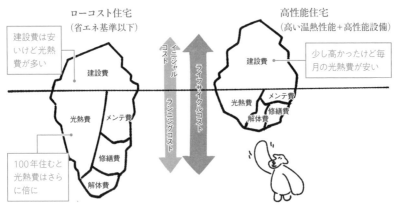

ZEH標準化で木造住宅が注目

近い将来の新築はZEHになると考えられます。そうなると、居住時の省エネ性能の差別化はほぼなくなり、木材などの製造エネルギーが少ない素材や対応年数が長い素材を用いたり、交換しやすく設計するなどの設計力が、今以上に大切になります

図：居住年数90年の構造別、エネ性能別CO$_2$排出量（CASBEE戸建て2021版、120.08㎡）［※］

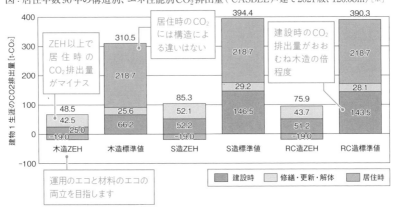

CASBEEでライフサイクル評価

ライフサイクルCO_2（以下LCCO$_2$）を簡便に評価できる仕組みとして、建物のエコ度を評価する「CASBEE」(建築環境総合性能評価システム)［※］があります。

ライフサイクルCO_2を評価できるCASBEE（キャスビー）

CASBEE評価のユニークなところは、単に環境品質・性能(Quality)を高めるだけでなく、その品質を保ちながら、いかに環境負荷(EnvironmentalLoad)を少なくするかを同時に評価する点です。評価ツールとマニュアルが無料でダウンロードできますので、まずは自己評価をしてみましょう。こんな項目の評価があるのかと、新しい気付きがあるでしょう

QとLはそれぞれ100点満点で、50点が一般的な住宅。両方50点だと、BEEは1.0となる。一方、非常に快適な家（Qが100点）でも環境負荷が多ければ（Lが100点）、BEEは同じく1.0と同じ評価になる

環境品質・性能

環境性能効率 Q

$$BEE = \frac{Q}{L}$$

環境負荷 L

Q	環境品質・性能
Q-1	室内環境を快適・健康安全にする（11項目）
Q-2	長く使い続ける（10項目）
Q-3	まちなみ生態系を豊かにする（5項目）
L	環境負荷
LR-1	エネルギーと水を大切に使う（6項目）
LR-2	資源を大切に使いゴミを減らす（9項目）
LR-3	地球・地域・周辺環境に配慮する（5項目）

QをLで割ったBEEで評価する

環境品質を高めながら（Qが100点）環境負荷を減らす（Lが25点）ことができれば、BEEは4.0と4倍に高まる

*この評価結果は筆者による自己評価による結果

※ 2021年度にはSDGs対応版も公開され、更なる広がりを見せています。CASBEEのダウンロードは日本サステナブル建築協会からhttps://www.jsbc.or.jp/

エネルギーは近くからが基本

暮らしに使用しているエネルギーは、敷地内や地域、国内、海外といろいろな場所から
得ています。なるべくなら、近くから取得することを考えましょう。

近場のエネルギーを優先する

持続可能性や地域の循環型経済を考えると、近場のエネルギーで完結できるのが望ましいで
す。まずは、敷地内で得られる太陽熱による暖房や給湯、太陽光発電や昼光利用などを考える
べきです。次いで、薪ストーブなどのバイオマスの活用も検討しましょう。さらに、再生可能エネ
ルギー電力を提供している電気事業者との契約で、CO_2排出量をゼロに抑えることも可能です

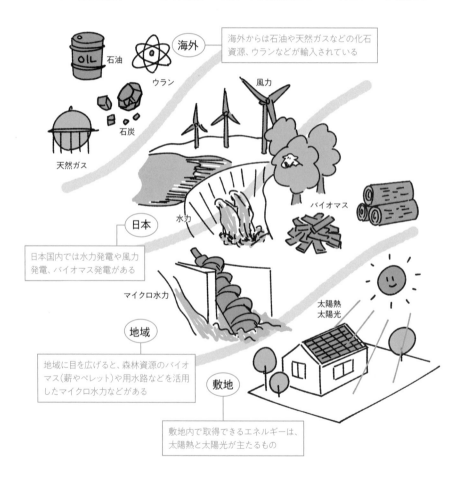

海外
海外からは石油や天然ガスなどの化石
資源、ウランなどが輸入されている

石油

ウラン

石炭

天然ガス

風力

バイオマス

日本
日本国内では水力発電や風力
発電、バイオマス発電がある

水力

マイクロ水力

太陽熱
太陽光

地域
地域に目を広げると、森林資源のバイオ
マス（薪やペレット）や用水路などを活用
したマイクロ水力などがある

敷地
敷地内で取得できるエネルギーは、
太陽熱と太陽光が主たるもの

知的生産性を高める

建物をライフサイクルで考えると、運用時のエネルギーは建設時の2~3倍を占める[208頁]とも言われています。ZEB（ネット・ゼロエネルギー・ビルディング）は、この運用時のエネルギーをゼロにすることで、長期にわたってCO_2やコストも抑えることにつながります。2030年以降は当たり前のようにZEBがつくられていくと考えられるため、更なる視点を示唆しておきます。

ウェルネスオフィスの4つの段階

ウェルネスオフィスという言葉を聞いたことがあるでしょうか。これは働き手が健康で元気で幸せに働けるオフィスモデルの概念で4つの階層で示されます[図]。ベースとなる耐震性などのレジリエンスから省エネ・省資源、健康・快適性を積み上げ、最上段に建物本来の目的である知的生産性の向上が存在します

図：ウェルネスオフィスの概念図

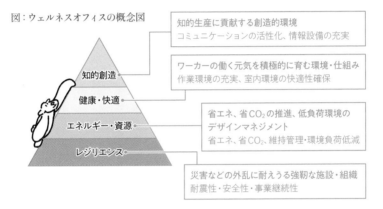

知的生産に貢献する創造的環境
コミュニケーションの活性化、情報設備の充実

知的創造

ワーカーの働く元気を積極的に育む環境・仕組み
作業環境の充実、室内環境の快適性確保

健康・快適

エネルギー・資源

省エネ、省CO_2の推進、低負荷環境の
デザインマネジメント
省エネ、省CO_2、維持管理・環境負荷低減

レジリエンス

災害などの外乱に耐えうる強靭な施設・組織
耐震性・安全性・事業継続性

知的生産性の向上で大きくコスト削減

知的生産性の大切さが世界中で注目を集めています。地域や状況にもよりますが、運用時のエネルギーコスト（光熱費）を1とすると、家賃が10、人件費が100程度の比率があるとも言われます[※1]。働きやすい環境で、仕事の効率（知的生産性）が10%上がり、売上がアップしたとすると、光熱費の10倍の価値が生まれます。

同時に良好な環境は、この施設で働きたいという有能なワーカーを得やすく、つなぎ留める手助けにもなります。さらに、経営としての将来展望も有望で、総合評価として不動産市場におけるESG投資の対象としても効果的です。こう考えると知的生産性の重要性が明確になります

住宅では、生活の質を表すQOL（Qualityoflife）と生存年で示される
QALY（クアリー）[※2]という指標で考えられます。暖かく健康な環境
で暮らすと、生涯で1QALY程度も変わるという試算[※3]もあります

※1 たとえば15坪のオフィスに5人が働いていたとして、月々の電気代が1.5万円とすると、家賃が15万円、人件費は150万円（37.5万×5人）の想定です

※2 QALY（QualityAdjustedLifeyears＝質調整生存率）はQOL×生存年で計算される。QOL=1は完全に健康な状態、QOL=0は死亡を示しています

※3 スマートウェルネス住宅第7回報告会より。1Qalyは500万円の価値があるとも言われています

第7章 ねらいを絞って 健康・省エネ改修

古い家でもきちんと調査診断し改修することで、健康で心地よく省エネに暮らすことができます。大きな家は予算の制約から全体改修が難しい場合もありますが、ゾーン改修や部位改修を丁寧に計画することで、適切な効果を得ることも可能です。

また、環境実測やエネルギー実測から暮らしのメンテナンスを行うことで、心地よい本当のエコハウスが実現できます。

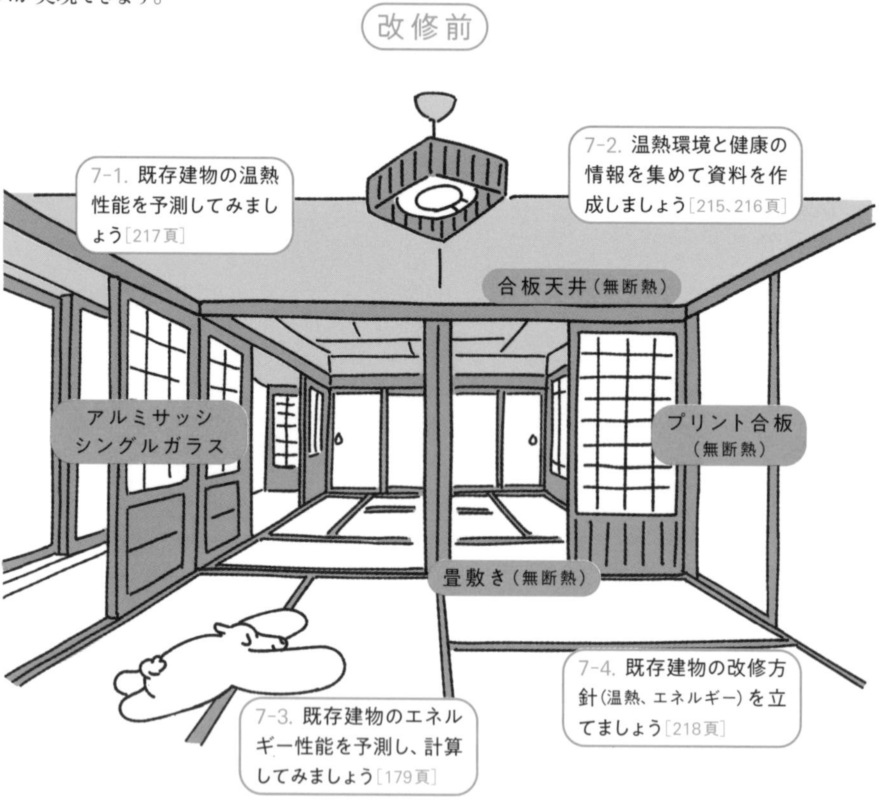

改修前

7-1. 既存建物の温熱性能を予測してみましょう[217頁]

7-2. 温熱環境と健康の情報を集めて資料を作成しましょう[215、216頁]

合板天井（無断熱）

アルミサッシ シングルガラス

プリント合板（無断熱）

畳敷き（無断熱）

7-3. 既存建物のエネルギー性能を予測し、計算してみましょう[179頁]

7-4. 既存建物の改修方針（温熱、エネルギー）を立てましょう[218頁]

揃えておきたいツール、参考情報

- ・CASBEE 健康チェックリスト
  https://www.jsbc.or.jp/research-study/casbee/tools/health.html
- ・CASBEE すまい改修チェックリスト
  https://www.jsbc.or.jp/research-study/casbee/tools/kaisyu_checklist.html
- ・CASBEE-高齢期住まいチェックリスト
  https://www.jsbc.or.jp/research-study/casbee/tools/koureiki_checklist.html
- ・(一社)住宅医協会 改修事例データベース　https://sapj.or.jp/category/case/case_renovation/

7-5. 温熱改修仕様を決め、改修後の温熱性能を計算してみましょう［114〜137頁］

改修後

7-6. 設備改修仕様を決め、改修後のエネルギー性能を計算してみましょう［179頁］

小屋組アラワシ
屋根断熱

内窓ペア
ガラス

本実板張
（付加断熱）

フローリング（床断熱）

7-7. 改修後の温湿度を測定してみましょう［230、231頁］

7-9. 暮らし方のアドバイスを考えてみましょう［227頁］

7-8. 設計時のエネルギー計算と改修後の実測を比較・考察してみましょう［179、200頁］

第7章の到達点

適切な改修提案ができる
暮らしのメンテナンスができる

温熱性能の目的は3段階で考える

暖房や冷房のCO_2の排出量は、1970年以前に建てられた無断熱の住宅と近年の住宅とで、ほとんど変わりません。つまり、高断熱化してきているにもかかわらずエネルギー消費量[※]が減っていないということです。

断熱性能向上が省エネになるとは限らない

下図から、近年の住宅でCO_2が減っていないのは、断熱向上によりストーブやこたつなどの「局所採暖」からエアコンなどで部屋全体を暖める「暖房」に変化したことが大きいと考えられます。これによって健康性の向上や活動領域の拡大などの暮らしの質は向上しましたが、CO_2はあまり変化しませんでした。つまり、断熱と省エネ・省CO_2は分けて考えるべきです

図:「家庭からの二酸化炭素排出量の推計に係る実態調査全国試験調査(2016)」
　　築年代別調査結果

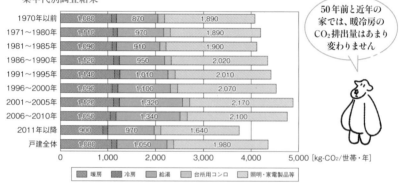

温熱性能の向上は3段階

断熱性能向上の目的を整理すると、下図①〜③の3つの段階が考えられます。心地よさとエコを両立するなら、改修でも断熱等級6以上を目指しましょう

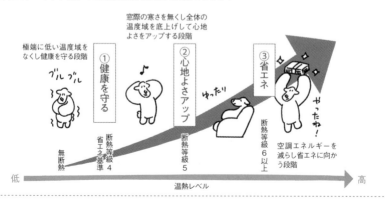

※ CO_2排出量とエネルギー消費量は比較的相関性がありますので、エネルギー変化と考えてもおおむね差し障りありません

暖かい室内で高血圧を予防

近年のスマートウェルネス住宅調査から、温熱環境と健康の関係が明確になってきました。暖かい室内環境は健康に暮らすうえでの必須の条件です。

現行の省エネ基準以下の断熱性能が8割以上

現在の住宅ストック約5,000万戸の断熱性能の内訳[※1]を見てみましょう

> 現行の省エネ基準に適合している住宅は13%程度と低く、大半の住宅において健康を維持するのに必要な温熱性能が満たされていません

図1：住宅ストック約5000万戸の断熱性能（2019年）

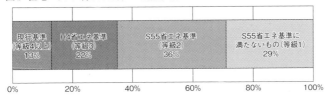

| 現行基準（等級4以上）13% | H4省エネ基準（等級3）22% | S55省エネ基準（等級2）36% | S55省エネ基準に満たないもの（等級1）29% |

0%　20%　40%　60%　80%　100%

断熱性能向上が省エネ

以前から、冬期になると死亡者数が増加（10〜25%増）することがわかっていましたが、室温との因果関係が不明でした。全国規模のスマートウェルネス住宅調査で、脳血管疾患や心疾患のトリガーとなる高血圧リスクに関して、起床時室温と血圧の関係がわかってきました[※2]。暖かい環境で暮らすことで血圧上昇を予防できるのです

図2：起床時の室温と最高血圧との関係

> 特に高齢者ほど室温による血圧の影響が顕著。高齢者の住まいはしっかりとした断熱改修を行い、家の中から寒い空間をなくすことが重要である

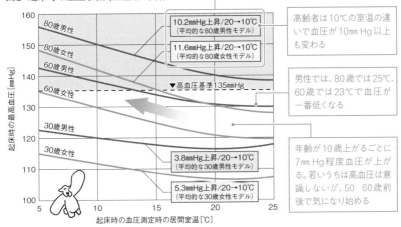

縦軸：起床時の最高血圧 [mmHg]
横軸：起床時の血圧測定時の居間室温 [℃]

- 80歳男性
- 80歳女性
- 60歳男性
- 60歳女性
- 30歳男性
- 30歳女性

10.2mmHg上昇/20→10℃（平均的な80歳男性モデル）
11.6mmHg上昇/20→10℃（平均的な80歳女性モデル）
▼高血圧基準135mmHg
3.8mmHg上昇/20→10℃（平均的な30歳男性モデル）
5.3mmHg上昇/20→10℃（平均的な30歳女性モデル）

> 高齢者は10℃の室温の違いで血圧が10mm Hg以上も変わる

> 男性では、80歳では25℃、60歳では23℃で血圧が一番低くなる

> 年齢が10歳上がるごとに7mm Hg程度血圧が上がる。若いうちは高血圧は意識しないが、50 60歳前後で気になり始める

※1 国土交通省調査によるストックの性能分布をもとに、統計データ、事業者アンケートなどにより推計（2019年）
※2 「住宅の断熱化と居住者の健康への影響に関する全国調査第6回報告会」資料より（2022年）

足元の温度を高めて健康に

スマートウェルネス住宅調査でわかってきたのは、室温と血圧の関係だけではありません。温熱環境と健康の関係をいくつか紹介します。

足元から暖めることが大切

室温を暖めても足元が寒いと、足元から暖かい家に比べて高血圧リスクが1.5倍で、家全体が寒い家とほとんど変わりません。つまり室温に加え、足元の温度を上げることがポイントです。足元を暖かくするには暖房だけではなく、床断熱の強化と気密性能の向上［143頁］が重要です

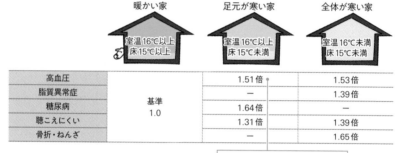

	暖かい家 室温16℃以上 床15℃以上	足元が寒い家 室温16℃以上 床15℃未満	全体が寒い家 室温16℃未満 床15℃未満
高血圧	基準 1.0	1.51倍	1.53倍
脂質異常症		—	1.39倍
糖尿病		1.64倍	—
聴こえにくい		1.31倍	1.39倍
骨折・ねんざ		—	1.65倍

室温を暖めても足元が寒いと高血圧リスクは寒い家とほぼ同じ

室温の向上で健康診断結果も良好

18℃以上の暖かい家に住む人と、室温が低い家に住む人では、総コレステロールやLDL（悪玉）コレステロールの基準値を超える割合が、後者のほうが1.5〜1.9倍になっています。また、このような家に住み続けることで、脂質異常症の発症リスクも数倍になることがあります

	室温 18℃以上	室温 12℃〜18℃	室温 12℃未満
総コレステロール ≧220mg/dL	基準 1.0	1.83倍	1.87倍
LDLコレステロール ≧140mg/dL		1.49倍	1.64倍
脂質異常の 5年間の発症の可能性		1.29倍	3.57倍

世界各国も、健康のために冬期の室温に注意を払っています。世界保健機構（WHO）では2018年11月に、冬期の健康を守るための居室の室温として「18℃以上」あるべきという強い勧告を出しました。小児や高齢者にはさらに高い21℃の室温が推奨されています

18℃より低い家に住んでいると、総コレステロールやLDL、脂質異常のリスクがある

※ 国土交通省「スマートウェルネス住宅等推進調査事業」（2014年度〜）より

改修は現状分析から始める

温熱改修では居住者の不満点の原因を探り、適切な対策を考えます。そのためには、現状の温熱性能の弱点となる部位を知ることから始めます。

既存住宅の温熱性能の分析

既存住宅の温熱性能の確認方法は4つです

方法1. 設計図書による推察（実際の工事と異なることがあるため注意）

方法2. 目視確認による詳細調査から計算で求める

方法3. 実測による把握［228、229頁］

方法4. 建設年ごとの出荷統計・実態調査から推計［表］

> 設計図書がなかったり現地確認できなかったりする場合は、建設年ごとの出荷統計からの推計（方法4）で予測

理想は、設計図書で確認（方法1）し、あわせて床下や小屋裏に入って断熱材の有無や仕様から計算すること（方法2）です。壁や屋根の中がわからない場合は、サーモ画像などの実測（方法3）で補足できるとなお良いです

表：方法4による建設年ごとの出荷統計・実態調査からの推計［※］

部位		~S54 (~1979)		S55~S3 (1980~1991)		H4~H10 (1992~1998)	H11~ (1999~)
		建設年					
天井	仕様	なし	GW10K t=50	なし	GW10K t=50	GW10K t=50	GW10K t=100
	U値	4.48	0.82	4.48	0.82	0.82	0.45
外壁	仕様	なし	GW10K t=50	GW10K t=50	GW10K t=50	GW10K t=50	GW10K t=50
	U値	3.39	0.88	0.88	0.88	0.88	0.88
床	仕様	なし	なし	なし	XPS1種 t=20	XPS1種 t=25	XPS3種 t=45
	U値	2.67	2.67	2.67	1.28	1.11	0.63
開口部	仕様	アルミサッシ 単板ガラス	アルミサッシ 単板ガラス	アルミサッシ 単板ガラス	アルミサッシ 単板ガラス	アルミサッシ 単板ガラス	アルミサッシ 単板ガラス
	U値	6.51	6.51	6.51	6.51	6.51	6.51
外皮平均熱貫流率U_A値		3.64	1.69	2.5	1.49	1.47	1.32
相当隙間面積C値		15	15	10	10	7.5	5
根拠		無断熱	出荷統計 から	壁のみ断熱 実態調査から	出荷統計 から	出荷統計 から	出荷統計 から

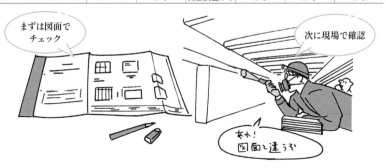

まずは図面でチェック

次に現場で確認

あれ！図面と違うぞ

※『改修版自立循環型住宅への設計ガイドライン』（住宅・建築SDGs推進センター）より

改修規模の方針をたてる

現在の温熱性能や劣化具合がわかると、次はどのような規模で改修を行うかの方針を考えます。

改修範囲を検討する

住宅全体を適切に改修するのが一番ですが、予算の制約などで、全体改修が難しい場合があります。そんなときは、ゾーン改修や部位改修も検討します。全体改修と異なり、効果が確認できなかったり、不具合が発生することもあるので、勘所をしっかり理解して計画しましょう

全体改修［本頁］

コスト、工期がかかるが、耐震やバリアフリー改修との組み合わせも容易で、高い温熱性能を実現しやすい

ゾーン改修［219〜222頁］

空間を区切り、利用頻度の高い部屋周辺を改修することで、ゾーン内はバランスが取れた性能が実現できる

部位改修［224〜226頁］

窓や床といった部位を中心に改修。安価にできるが、きちんと理解して計画しないと、効果がわかりにくいことがある

全体改修は既存住宅の持ち味を生かす

改修するからには、元の住まいが持っていた魅力を活用すべきです。たとえば黒光りするツヤのある柱や梁は新築では実現ができませんし、風合いのある土壁も再現できません。既存住宅の持ち味を生かし、温熱性能や耐震性能などを高めることで、心地よいエコハウスを実現できます

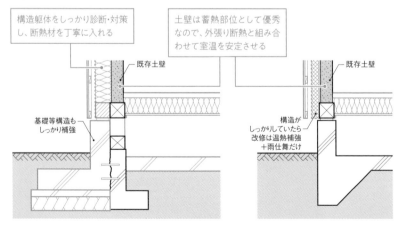

構造躯体をしっかり診断・対策し、断熱材を丁寧に入れる

土壁は蓄熱部位として優秀なので、外張り断熱と組み合わせて室温を安定させる

既存土壁

基礎等構造もしっかり補強

既存土壁

構造がしっかりしていたら改修は温熱補強＋雨仕舞だけ

ゾーン改修は生活空間全体を含める

全体改修が難しい場合、ゾーン改修で生活空間をしっかり暖かくすることができます。
ここで大切なのが、ゾーンの中に生活空間をすべて含めることです。というのも、ゾーン
以外の暖房していない空間は、改修後にはより寒くなるからです。

改修部位によるエネルギーと非暖房室の室温

改修部位の違いによる暖房エネルギーの増減と非暖房室の温度変化をイメージします。
ゾーン改修のキモは生活空間全体（LDK、寝室、水廻りと、それらの経路）をゾーンの中に入れる
ことです。非暖房室でどの程度の温度域になるかは、温度差係数から予測できます［220頁］

改修前

暖房室から非暖
房室に熱が漏れ、
非暖房室を暖め
ながら熱が逃げて
いきます

①暖房室を縮小

暖房室を小さくす
ると、暖房エネル
ギーは減りますが、
漏れる熱も少なく
なり非暖房室は寒
くなります

暖房エネルギー：削減
非暖房室室温：低下

②暖房室外皮断熱

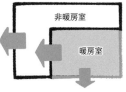

暖房室の外皮の
み断熱すると、外
皮分の暖房エネ
ルギーは減ります
が、漏れる熱は同
じなので非暖房室
の室温は変わりま
せん

暖房エネルギー：削減
非暖房室室温：変化なし

③ゾーン改修

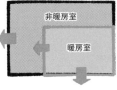

間仕切壁にも断熱
を入れたゾーン改
修で暖房エネル
ギーが大きく減り
ますが、漏れる熱も
少なくなり、非暖房
室は改修前より寒
くなります

暖房エネルギー：削減大
非暖房室室温：低下

④建物全体断熱

全体断熱改修を
行うと暖房エネル
ギーが大きく減り、
非暖房室も暖かく
なります

暖房エネルギー：削減大
非暖房室室温：上昇

⑤非暖房室外皮断熱

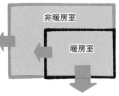

非暖房室の外皮の
み断熱すると、漏れ
てくる熱を保温し
非暖房室は暖かく
なります

暖房エネルギー：微減
非暖房室室温：上昇

━━ 断熱改修（壁）部分
━━ 断熱未改修（壁）部分

温度差係数で隣室の室温を予測

U_A値の計算過程で温度差係数という言葉が出てきました[123頁]。これは、室内外の温度差に対して、何割の温度差がついているかを示す係数です。

非暖房室の温度差係数

非暖房室が何度になるか（温度差係数）は、暖房室から漏れ出る熱と、非暖房室から外に漏れていく熱の割合で決まります。つまり、暖房室の大きさ（暖房室割合）と、外皮の断熱性能で変化します

表：代表的な温度差係数と想定室温 [※1]

隣接空間の種類	温度差係数			外気温0℃、室温20℃の場合、隣接気温		
外気	1.0			0℃		
外気に通じる床裏（床下）	0.7			6℃		
間歇暖房の場合の戸建て住宅の隣室	暖房室割合*	大	中	小	大	中	小
	高断熱 U_A0.42	0.25	0.30	0.40	15℃	14℃	12℃
	中断熱 U_A0.86	0.40	0.50	0.60	12℃	10℃	8℃
	低断熱 U_A1.69	0.60	0.65	0.75	8℃	7℃	5℃
	無断熱 U_A3.65	0.80	0.85	0.90	4℃	3℃	2℃
集合住宅の隣室	1~3地域	0.05			19℃		
	4~8地域	0.15			17℃		

*暖房室割合は、「（延床床面積−暖房室床面積）/暖房室床面積」の値が、2.5未満が大、2.5以上4.0未満が中、4.0以上が小。219頁の①で見たとおり暖房室が小さいと漏れる熱が減るため、温度差係数が大きくなります[※2]

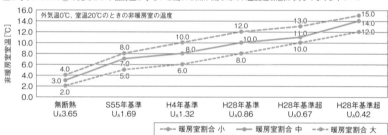

外気温0℃、室温20℃のときの非暖房室の温度

縦軸：非暖房室室温 [℃]

横軸：無断熱 U_A3.65 ／ S55年基準 U_A1.69 ／ H4年基準 U_A1.32 ／ H28年基準 U_A0.86 ／ H28年基準超 U_A0.67 ／ H28年基準超 U_A0.42

---◇--- 暖房室割合 小　　—◆— 暖房室割合 中　　・・◆・・ 暖房室割合 大

温度差係数の計算

さらに詳細に温度差係数（非暖房室の室温）を計算する場合は、下記の式で計算できます

$$温度差係数 = \frac{外気側の熱損失量}{（外気側＋間仕切りの熱損失量）}$$

非暖房室にいると仮定して、暖房室から漏れてくる熱と非暖房室の外皮から逃げていく熱の割合で温度差係数が計算できる

熱損失量 ＝ 熱貫流率U値×部位面積

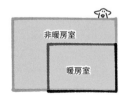

非暖房室

暖房室

※1『改修版自立循環型住宅への設計ガイドライン』（住宅・建築SDGs推進センター）より
※2 たとえば外皮平均熱貫流率U_A値0.42W/㎡Kの建物の場合、暖房室が大程度（120㎡の床面積で50㎡の暖房室だと、（120−50）/50＝1.4で2.5未満のため割合は大）なので、非暖房室は15℃程度確保できます

雨水浸入をなくして気流止めを行う

外壁や間仕切壁の上下が、床下や小屋裏につながっていると、壁内に気流が発生[118頁]し、熱損失が大きくなってしまいます。

気流止めのない壁の線熱貫流率Ψ値

古い住宅は、土台上の根太を通して壁内に床下の冷たい空気が流れ込み、気流が発生していることがあります。そのため、壁内に気流が入らないように木材や防湿フィルムでふさぎます（気流止め）。土台廻りだけでなく、階間や小屋裏も同様に隙間をふさぎます

壁内気流で、どれくらいの熱損失が発生するかは、壁1mの長さ当たり性能が線熱貫流率Ψ値で示されています[※1]

表：線熱貫流率Ψ値

充填断熱がある場合	
5～7地域	0.29W/mK
1～4地域	0.31W/mK
壁内に何もない場合	
5～7地域	3.40W/mK
1～4地域	3.70W/mK

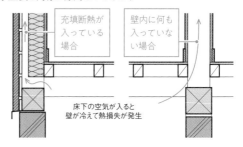

充填断熱が入っている場合

壁内に何も入っていない場合

床下の空気が入ると壁が冷えて熱損失が発生

計算例：壁内気流の熱損失

6地域で壁長さ50m、室温20℃、外気温0℃のとき、床下6℃の空気が壁内に流入する場合、14℃の温度差（14K差）となります

充填断熱がある場合はΨ値 0.29W/mK × 50m × 14K ≒ 203W

壁内に何もない場合はΨ値 3.40W/mK × 50m × 14K ≒ 2,380W

壁内が空っぽの場合は電気ストーブ3つ分ほど熱が逃げており、影響は大きい

外壁の気流止めは漏水リスクをなくすのが条件

外壁に気流止めをする場合は、外壁からの雨水浸入がないことが条件です。雨水浸入のリスクがある場合[※2]、外壁を補修して気流止めを行うか、内張り断熱改修などを検討しましょう。間仕切り壁はこのようなリスクがありませんので、気流止めはしっかり行いましょう

多少の雨水や湿気流入は壁内気流で乾燥し、不具合なし

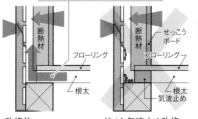

改修前
雨水浸入があっても壁内気流で乾燥していた

ダメな気流止め改修
雨水浸入をそのままにして気流止めを設置すると雨水が滞留し構材が湿潤状態に

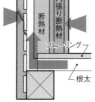

内断熱改修
壁内気流のまま室内断熱で改修

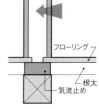

間仕切り気流止め
間仕切り壁はどんどん気流止めを設置

※1 『改修版自立循環型住宅への設計ガイドライン』（住宅・建築SDGs推進センター）より
※2 少し雨水浸入があっても、素早く乾燥していれば雨水浸入あとが確認できないことがあります。軒、けらばの出が短い場合や、小庇のない開口部、逆勾配の配管貫通部、ルーフバルコニー、異形窓がある場合は注意しましょう

区画熱損失係数Q*（キュースター）でゾーン断熱評価

部屋ごとの温熱指標に「区画熱損失係数Q*（キュースター）」があります。ゾーン改修時の性能や下屋で飛び出した玄関などの部屋ごとの性能を、定量的に評価できます。

区画熱損失係数Q*の計算

区画熱損失係数Q*は、対象室から外気への熱損失①に非暖房室への熱損失②と壁内気流による熱損失③を足して対象床面積で除して計算します

> 区画熱損失係数Q*には熱損失係数Q値と異なり、換気分の熱損失は含まない

$$区画熱損失係数 Q* = \frac{暖房区画からの熱損失（①+②+③）}{暖房区画の床面積}$$

> 外気などへの熱損失は新築と同じ考え方。温度係数は基本は1.0で床下は0.7

> 非暖房室への熱損失は、間仕切壁や界床の熱貫流率U値を計算し、非暖房室の温度差係数［220頁］を用います。間仕切り壁などの表面熱伝達抵抗は、両面とも室内の値を使用［115頁］

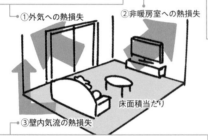

- ①外気への熱損失
- ②非暖房室への熱損失
- ③壁内気流の熱損失

床面積当たり

> 壁内気流の熱損失は、気流止めがしっかりされていれば0である。気流止めがない場合は、線熱貫流率Ψ（プサイ）値を選択［221頁］し、壁の長さと温度差係数（通常は床下の空気が壁内に入るので0.7）を乗じて求める

①外気などへの熱損失（新築と同じ）
各部位の熱貫流率U値×部位面積×温度差係数

②非暖房室への熱損失
各部位の熱貫流率U値×部位面積×温度差係数

③壁内気流（漏気）による熱損失
各部位の線熱貫流率Ψ値×壁長さ×温度差係数

区画熱損失係数Q*も、U_A値やQ値と同様に面積1㎡当たりの熱量なので、数値が小さいほど高性能です。ただ、分母の対象室面積が小さくなるため、見かけ上の数値は悪くなります［128頁］。いくつかのパターンで試算した［表］を、断熱性能と数値の関係の目安［※］にしてください

> ゾーン改修の場合も新築と同様［100頁］にゾーン内は断熱等級6以上を目指しましょう

表：断熱等級と床面積ごとの区画熱損失係数Q*の目安

建物全体の性能	気流止め	間仕切断熱	区画熱損失係数Q* [W/㎡K] 建物全体 (120㎡)	LDK (30㎡)	子ども室 (10㎡)	対象室の熱損失量 [W/K] 建物全体 (120㎡)	LDK (30㎡)	子ども室 (10㎡)
無断熱	なし	なし	10.16	14.22	17.86	1,220	424	179
断熱等級2	なし	なし	5.54	11.40	12.35	665	340	124
断熱等級4 省エネ基準	あり	なし	2.21	5.97	6.62	266	178	66
	あり	あり		3.59	3.65		107	37
断熱等級6	あり	なし	1.15	4.64	5.37	138	138	54
	あり	あり		2.26	2.39		68	24

部屋ごとに性能比較する場合は面積当たりで考える

暖房エネルギー削減には総量を減らすことが大切

※ 省エネ基準の標準モデル住宅で外皮仕様を変更して試算した結果

無断熱からの10mm断熱効果は大きい

無断熱は少し断熱材を入れるだけで数倍に性能がアップし、費用対効果が非常に高くなります。ちょっとのことだからと無断熱の部位を残さないように注意しましょう。

断熱厚さと熱貫流室U値の関係

無断熱から10mm[※]断熱を入れるだけで、ほぼ倍程度の性能になり、30mmで4倍近い性能に向上します。改修の際は、断熱材のスペースが少ないからと言ってあきらめずに、10mmでも断熱材を入れるように計画しましょう

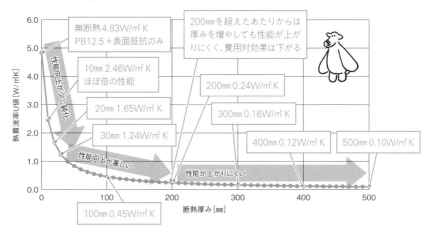

断熱厚さと室内表面温度の関係（室温20℃、外気温0℃の場合）

断熱性能が上がれば、当然、室内表面温度も上がります（計算は119頁参照）

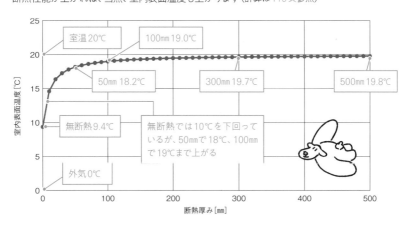

※ GW10kg（λ 0.05W/mK）の場合の計算

部位改修は目的に合わせて実施する

改修時は断熱の入れ方により、部位ごとの性能がアンバランスになることがあります。部位改修では、住まい手の不満に対して何が効果的なのか、注意して設計することが大切です。A〜Dにおける番号は、効果の高い順番です。

A 足元の温度を上げたい

A1 気密性能の向上
床付近からの冷気の吸い込みをなくす[143頁]

A2 床断熱強化（床のU値）
床表面温度の向上[119頁]

A3 開口部の断熱強化（開口部のU値）
コールドドラフトをなくす[104頁]

A4 床暖房や床下エアコンを導入（エネルギー増加に注意）

天井に断熱材をどんなに入れても、足元の温度はほとんど変わりません

A3 開口部強化

A1 気密性能の向上

A2 床断熱強化

B 壁や窓の肌寒さを抑えたい

B1 寒さを感じる窓・壁・床の断熱強化
各部位の表面温度の向上[104頁]

B2 障子等の付属部材で窓の断熱強化
付属部材を閉めたときの表面温度を向上[85頁]

C 表面結露を防ぎたい

C1 各部位の断熱強化
表面温度の低下を抑制（7.4℃以上）[152頁]

C2 湿気を出し過ぎない
水蒸気を抑え結露しにくい状況にする[156頁]

C3 適切な換気を行う
日常的な水蒸気の適切な排出[189頁]

図：冬期の部位性能別表面温度（室温20℃、外気温−3℃、床下3.9℃の場合）

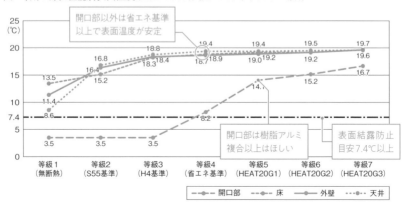

開口部以外は省エネ基準以上で表面温度が安定

開口部は樹脂アルミ複合以上はほしい

表面結露防止目安7.4℃以上

	等級1（無断熱）	等級2（S55基準）	等級3（H4基準）	等級4（省エネ基準）	等級5（HEAT20G1）	等級6（HEAT20G2）	等級7（HEAT20G3）
開口部	3.5	3.5	3.5	8.2	14.1	15.2	16.7
床	11.4	16.4	18.3	18.7	19.0	19.2	19.6
外壁	13.5	16.8	18.4	19.4	19.4	19.5	19.7
天井	8.6	15.2	18.8	18.9	19.2	19.2	19.6

凡例：開口部／床／外壁／天井

D 暑さを抑えたい

D1 屋根の断熱・遮熱性能の強化
天井面の表面温度を下げる[113頁]

D2 窓からの日射熱を遮蔽
透明部位からの直接的な熱侵入を防ぐ[87頁]

D3 夏期夜間や中間期の通風
部屋の冷却と体感温度を下げる[189頁]

D1 屋根断熱強化

D2 開口部の遮蔽

図：夏期の部位性能別表面温度（室温28℃、屋根表面60℃、外壁・開口部表面45℃の場合）

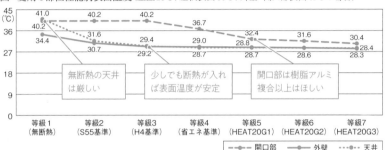

無断熱の天井は厳しい

少しでも断熱が入れば表面温度が安定

開口部は樹脂アルミ複合以上はほしい

表：今回の計算で使用した断熱等級ごとの各部位のU値

6地域	等級1 (無断熱)	等級2 (S55基準)	等級3 (H4基準)	等級4 (省エネ基準)	等級5 (HEAT20G1)	等級6 (HEAT20G2)	等級7 (HEAT20G3)
屋根・天井	4.50	1.25	0.48	0.24	0.24	0.19	0.156
外壁	3.40	1.43	0.63	0.53	0.43	0.32	0.136
床	2.70	2.00	0.72	0.48	0.34	0.34	0.134
開口部	6.51	6.51	6.51	4.65	2.33	1.90	1.30

床の接触体感温度について

column

冬の帰宅時の冷え切った部屋に3種類の床（①スギ、②御影石、③絨毯）があります。裸足で乗ったときに、どれが一番暖かいと思いますか？みなさんのイメージでは、絨毯ではないでしょうか。ですが、同じ空間に長い時間置かれた素材の温度はほぼ同じはずです。どこで違いが出るのでしょうか。暖かい、冷たいと感じる要素は、大きく2つあります。

1つ目は、その素材の温度。床暖房などでフローリングが暖まっていれば当然暖かく感じます。2つ目の要素は、体が触れたときにどの程度の勢いで熱が奪われるかの素材の性質です。専門用語でいうと、熱伝導率と容積比熱です。つまり、絨毯が暖かく感じるのは、熱伝導率が悪いために、足の裏から熱が伝わりにくく、しかも熱容量が少ないために絨毯自体がすぐに暖まるからです。

さわったときの体感温度をいくつかの素材で、何℃程度に感じるかを計算してみた。フローリングではスギが一番暖かい

足裏 30℃

床5℃

	接触体感温度
スギ	24.0℃
御影石	11.6℃
絨毯	26.5℃
ヒノキ	23.4℃
マツ	21.7℃
ナラ	22.9℃
ブナ	23.4℃

局部不快感を取り除く

体感温度がちょうどよくても、局部不快感があると、心地よい環境とは言えません。局部不快感の主な原因は、床の表面温度、不均一放射、上下温度分布、局部気流の4つです。

局部不快感を感じない目安

局部不快を感じにくい温熱環境の目安を表に示します[※1]。個人差はありますが、この推奨範囲内でおおむね9割以上の人が不快に感じなくなります。局部気流以外の局部不快感は、室内表面温度と密接に関係しますので、断熱性能を高めて推奨範囲内を目指しましょう。特に改修では無断熱部位を残さないことです

表：局部不快感を取り除く温熱環境の目安

局部不快感の原因		推奨範囲	不満足者率	備　考
床表面温度		19.2℃～28℃	10%以内	不満足者率が最も少ないのは23.6℃
不均一放射	夏の天井	4℃差以内	5%以内	たとえば室温28℃の時、天井は32℃以下
	冬の壁、開口部	10.6℃差以内	5%以内	たとえば室温20℃の時、開口部は9.4℃以上
室内の上下温度分布		2.7℃差以内	3%以内	床上0.1mと1.1mの温度差
局部気流（ドラフト）		0.1～0.2m/s程度	10%以内	気流の乱れが大きいほど風速は少なくする

> アルミサッシ＋単板ガラスの表面温度は6.3℃[119頁]と低く、いくら暖房しても13.2%の人が不快に感じてしまいます。9.4℃以上は確保しましょう[83頁]

> ドラフトによる不快感を考えると、風を吹き出すエアコンより放射暖房が理想。エアコンを使用する場合は、人に気流が当たらないように設置する[※2]か、風速をできる限り弱くするとよい

図：局部不快を感じにくい心地よい環境

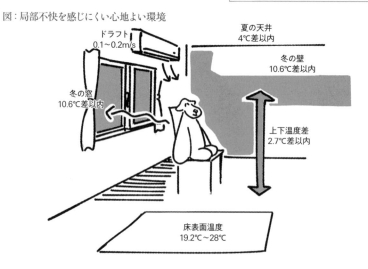

ドラフト
0.1～0.2m/s

夏の天井
4℃差以内

冬の壁
10.6℃差以内

冬の窓
10.6℃差以内

上下温度差
2.7℃差以内

床表面温度
19.2℃～28℃

※1 ISO7730（2005）のカテゴリAを満たす値を計算した結果
※2 暖房は漢字が示すとおり、房（部屋）を暖めると書きます。つまり暖房とは部屋を暖めることで、人に暖気を当てないことが基本です

暮らしのメンテナンスを行う

メンテナンスというと、建具のがたつき修理やシロアリの点検といった物理的な不具合を見ることが通常です。ですが、暮らし方が悪いと、水蒸気過多で結露してしまったり、寒い空間で我慢していたり、エネルギーをたくさん使用したりします。そこで、心地よくエコに暮らすために「暮らしのメンテナンス」を実施しましょう。

暮らしのメンテナンス

具体的には、温熱環境とエネルギー消費量の実測から、適切なアドバイスを行います。
引っ越して1年目は、まだ新しい家に住み慣れないことも多く、試行錯誤する場面もあります。1年点検時に暮らしの実測データから住まい方アドバイスをしてみましょう。できれば、2年目以降の住み慣れた状態でも同様に実測をおすすめします

温熱環境の実測

適切な温湿度の範囲[231頁]で生活することは、結露対策、健康対策として重要です。温湿度データロガーや放射温度計[228頁]を用いて、温湿度環境を確認しましょう

エネルギー消費量の実測

環境家計簿[174頁]や用途分解[200頁]を利用して、光熱費使用量からエネルギー消費量を把握し、設計段階の予測値と比較します。誤差が大きいと、予期しない暮らし方をしている可能性もあります

パソコンでデータ整理

温湿度計等で温度実測

光熱費明細を環境家計簿で分析

夏の暮らしアドバイス例

・窓の外にすだれやシェードを取り付けて日射遮蔽[130頁]
・外気温が下がったら通風を実行[186頁]
・室温を見ながら我慢せずに適切にエアコンを使用
・扇風機を併用し体感温度を下げる[187頁]
・除湿しきれないときは、少し日射を入れてサーモオフが起きないようにする[187頁]

冬の暮らしアドバイス例

・晴れた時は付属部材(カーテンや障子など)を開けて日射を採り込む[131頁]
・夜間は付属部材を閉めて断熱強化[85頁]
・室温を見ながら我慢せずに適切に暖房機器を使用
・間歇暖房の明け方の室温低下はタイマー設定で対応
・家族間の体感温度差は着衣で工夫[15頁]

いろいろな環境実測を行う

計画中や竣工後のいろいろな段階で温熱環境の実測［229、230頁］を行いましょう。計画中は、打ち合わせ時に温湿度計を見ながら、住まい手家族の温冷感を聞いたり、着衣量から家族間での温熱感覚の違いなどを観察したりします。竣工後は、計画どおりの温度域で暮らしているかなど、暮らしのメンテナンスにつなげていきます。

温熱環境の実測ツール

近年は安価でさまざまな計測器が入手できますので、いろいろ計測してみましょう

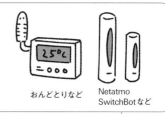

設置してデータを取得するタイプ

温湿度データロガー（1〜3万円程度）
設定した時間ごとに温湿度の測定が可能。パソコンにデータを取り込んで分析が可能

ネットデータロガー（2万円〜）
WifiやBluetooth経由で遠隔からデータを確認可能。温湿度や雨量、CO_2、風速などいろいろなデータを収集できる機種もある

おんどとりなど

Netatmo
SwitchBotなど

手持ちでリアルタイムに確認するタイプ

サーモグラフィカメラ（3万円〜）
表面温度を可視化できるカメラ。隙間や熱橋がよくわかる

放射温度計（2千円〜1万円程度）
物体の表面温度を1点測定する機器。簡便に表面温度の測定が可能

環境計測機（2千円〜1万円程度）
温室度に加え風速やグローブ温度など、いろいろなデータを測定可能

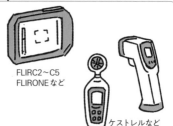

FLIRC2〜C5
FLIRONEなど

ケストレルなど

※ 照度や騒音などはスマホツール（本体のセンサーによる）でも代用できます。48頁もツールも参考にしましょう

サーモカメラで表面温度を可視化

表面温度(放射温度)を可視化するにはサーモカメラが便利です。近年では数万円で購入できる機種も増えてきました。断熱や気密の状況が一目でわかりやすくおすすめです。

表面温度を可視化するサーモカメラ

断熱の弱点部分が一目でわかりますので、施工状況の確認にも使用できます。また気密が悪い箇所は外気で冷え込んでいるため可視化されます

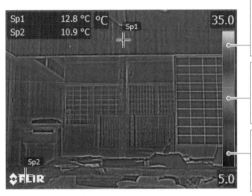

サーモ画像の分析は、温度レンジの設定が大切。レンジによっては、寒そうな青い色でも、5℃だったり、18℃だったりする

比較する場合は、最大、最小を同じレンジに設定する。室内では5℃~35℃くらいが見やすい(中央の色が20℃)

色分布を強調する機能(ヒストグラム平均)があると、色と温度が合わないため、線形(リニア)表示に切り替える

【別日に撮った外気温の違いの補正方法】
測定日の外気温が異なる場合、内外温度差で基準化することで、見た目の温度スケールを整えることができます。複数の建物を比較したい場合に補正してください。
基準化はサーモ画像を撮影した時間帯の室内と外気の平均温度の内外温度差から行います

温度スケール最大値：$\theta r - 0.5 \times (\theta r - \theta o)$

温度スケール最小値：θo

θr：室内温度(℃) θo：外気温度(℃)

サーモカメラで壁の熱貫流率U値を実測予測

開口部に熱性能のわかっているボード状の断熱材(XPSなど)をはめ込み、一定時間経過した状態でサーモカメラで撮影すると、温度差から壁のU値を予測することもできます。できれば日射の影響のない夜間に比較します

断熱材

壁と断熱材が同じ温度なら、同程度のU値、壁の温度が低ければ、壁は断熱材より低いU値ということがわかる

温湿度データロガーを使いこなす

温湿度計の手書き実測[16頁]からもう一歩踏み込んだ温熱環境を実測するには、温湿度データロガーを設置して測定します。

温熱環境の実測方法

温湿度データロガー[228頁]は、測定データを機器内に保持して測定後パソコンに取り込み、温湿度変化が分析できます。データロガーを数台用意し何件かの実測を繰り返せば、データの蓄積が設計にフィードバックできます

基本的な測定場所

リビング
生活温度域の確認のため
（空間が大きく、滞在時間
が長い場所）

トイレ・洗面所
無暖房時の自然室温と
居室との温度差の確
認のため

外部
気象庁の測定データを
用いてもよいが、気象観
測所から離れると誤差が
大きくなるため

測定位置

部屋の中央で床から1.1mほどの高さが基本[※]です。現実的には、居住者の生活の邪魔にならず、暖房器具や調理器具などの影響を直接受けにくい棚などに設置しましょう。
また、上下温度差を確認したい場合は、足元にも設置するなど工夫しましょう

測定期間と分析日

夏期酷暑日および冬期厳寒日を含む2週間程度の測定が理想です。測定間隔は30分もしくは60分間隔が使いやすいです。夏期と冬期で天気の様子を見ながら典型的な2〜3日をピックアップし、室温と外気温の変化を分析します。計測データを231頁の図に落とし込んで、心地よい温度域におおむね入っているかを確認しましょう

分析項目
夏期の分析項目例

冬期の分析項目例

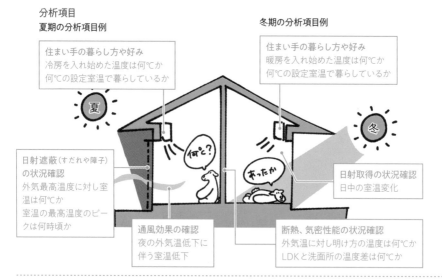

住まい手の暮らし方や好み
冷房を入れ始めた温度は何℃か
何℃の設定室温で暮らしているか

住まい手の暮らし方や好み
暖房を入れ始めた温度は何℃か
何℃の設定室温で暮らしているか

日射遮蔽（すだれや障子）
の状況確認
外気最高温度に対し室
温は何℃か
室温の最高温度のピー
クは何時頃か

何℃？

あったか

日射取得の状況確認
日中の室温変化

通風効果の確認
夜の外気温低下に
伴う室温低下

断熱、気密性能の状況確認
外気温に対し明け方の温度は何℃か
LDKと洗面所の温度差は何℃か

※「室内温熱環境測定法学術規準」（日本建築学会）より、床上110cm（椅座時の頭部、立位時の腹部）を基本に、足元10cmと椅座時には腹部60cm、立位時には頭部170cmも測定することが望ましいとしています。また周囲表面と空気温度との温度差が大きい場所では、熱放射の影響を防ぐため、センサーに反射率の高いアルミ箔などを取り付けるなどの配慮が必要です

心地よい温湿度域で暮らす

温熱6要素(気温、湿度、気流、放射温度、着衣量、活動量)を考慮した快適性指標のPMV[※1]を用いて、心地よく健康に暮らせる心地よい湿度域を想定しました。

心地よい温湿度域

温湿度計で測った値をグラフに落とし込んで、自身の感じ方と合わせて、暮らしを整えたり考えたりしてみましょう。個人差によってはこの範囲ではないこともありますが、目安になりますし、常に室内環境に意識を向けてもらうきっかけづくりにもなります

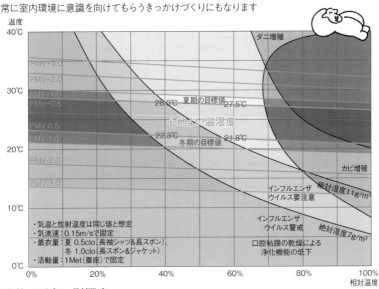

温熱6要素の影響度

PMVを使って、心地よい温度域周辺の影響を気温に置き換えて計算[※2]してみました。影響が大きいのは活動量です。少し温度ムラがある環境で、家族がそれぞれの居場所を見つけるのが楽しそうです

温熱6要素	変位	冷房時	暖房時
気温	1℃	1℃	1℃
平均放射温度	1℃	0.91℃	0.87℃
相対湿度	10%	0.47℃	0.52℃
風速	0.1m/s	− 1.47℃	− 1.33℃
着衣量	0.1clo	1.01℃	0.97℃
	− 0.1clo	− 1.17℃	− 1.08℃
活動量	0.1met	1.22℃	1.41℃
	1.0met	6.65℃	7.70℃
	− 0.1met	− 2.55℃	− 3.05℃

平均放射温度(表面温度)はほぼ気温と同じ

相対湿度は10%高くなると0.52℃の気温上昇と同程度

冷房時の気流0.1m/sの風速増加で1.47℃の気温低下と同程度

着衣量は0.1clo(Tシャツ1枚程度)で1℃程度

0.1met(少しじっとしたり動いたり)で1〜3℃も広がりがある。歩行時の+1.0metでは7℃前後も異なる

※1 PMVは予想平均温冷感申告(predictedmeanvote)とよばれ、人が感じる温冷感の指標です。ISO7730で規定
※2 PMVが0となる1条件(冷房:気温・放射温度25.5℃、52.2%、0.1m/s、0.6clo、1.0Met、暖房:気温・放射温度23.3℃、50%、0.1m/s、1.0clo、1.0Met)のとき、各因子を変更して、同等のPMVになるような気温変化を求めています

おわりに

私が実践している心地よいエコハウスの設計手順を紹介してきました。専門的な内容も多く入っていますが、難易度をラベルで分け、すぐに実践できる内容を心掛けました。

温熱・省エネ設計の直接の答えではなく、考えるヒントや計算の流れ、それぞれの勘所を中心に構成しています。みなさんに応用力を身につけて頂きたいたいと願うためです。考える力は、時代が変化しても自分で答えを見つけ出せる自信につながるはずです。考える後押しとして私がつくった「環境デザインサポートツール」も付属しました。
とはいえ、すべてを一から考えるのはなかなか難しいものです。私自身の現在の考えを各所にちりばめていますが、正しい答えが一つとは限りません。皆さんが考えてたどり着いた答えを大切にしてください。

エコハウスには、居住時のエコと、自然素材などを用いる材料のエコの2つの考え方があり、時にぶつかることもあります。ですが、両方を実現することが本来のエコハウスです。

そこで、最後に私からの提案です。温熱環境や省エネに限らず普段から気になっている項目をじっくり考えて、ホリスティックに整理してみましょう。ホリスティックとは、ギリシャ語のholosを語源とする全体性やつながり、バランスなどを意味する言葉です。さまざまな角度から住まい全体にアプローチして、あなた自身の目指すべき住まいを見つけましょう。

本書の執筆にあたり、内容や表現において適切なアドバイスを頂いた編集者の伴京子さん、竹内晴代さん、また私の稚拙なスケッチを素敵なイラストに仕上げて頂いた高柳浩太郎さん、校正に協力頂いた豊田保之さん、そして妻に感謝申し上げます。ありがとうございました。

~ホリスティックな自分仕様をつくる~

築140年の古民家[209頁]を改修した自邸の実践例を紹介します。

たとえば外壁の構成を検討するときに、

・考えた方が良い項目をリストアップします（下の例では30項目）
・その項目で目指すべき性能と重要度を10点満点で整理します

重要度は人によって異なるでしょう。私は断熱性能を10点としていますが、構造設計者だと、構造耐力や粘り強さの方が高いかもしれません。コストの重要度が高い方もいるでしょう。それが設計者の個性です。重要度が高いのに、曖昧にしか目指す性能が描けない場合は、もう少し知識が必要だということです。

その重要度を意識して、具体的な仕様を数パターン考えて自己評価してみましょう。総合評価の高い仕様が現在の最適解となるはずです。

No	検討すべき項目		目指す性能	満点	タイプ1（自宅で採用） せっこうボード 珪藻土塗 構造用合板 室内張り ウール断熱材100 皮断熱ボード40 通気層＋スギ板無塗装	点数	タイプ2（検討候補） Jパネル36 ウール断熱材45 ネオマフォーム30 通気層＋スギ板塗装	点数	タイプ3（一般仕様） 石せっこうボード ビニルクロス HG-GW16kg100 構造用合板12 通気層＋ガルバ	点数
1	温熱性能	断熱性	U値0.25 W/㎡K以下外気温0℃で19.5℃の壁	10	U値0.30W/㎡K、19.4℃	8	U値0.33W/㎡K、19.3℃	7	U値0.42W/㎡K、19.1℃	5
2		防露性能	定常計算で内部結露なし相対湿度も90%以下	8	最大相対湿度72.5%	8	最大相対湿度68.3%	8	最大相対湿度68.3%	8
3		日射遮蔽性能	η値0.01程度色目も考慮したい	2	η値0.010	2	η値0.011	2	η値0.014	1
4		蓄熱性	室温安定のために高め70kJ/㎡K以上	2	25.6 kJ/㎡K	1	28.1 kJ/㎡K	1	10.4 J/㎡K	0
5		調湿性	高いほど良い	1	薄い珪藻土ほどほど調湿	1	木材でほどほど調湿	1	ほぼなし	0
6		表面温度	触った時暖かみのある素材（熱伝導率が低い素材）	2	PB λ 0.221W/mK	1	Jパネル λ 0.12W/mK	2	PB λ 0.221W/mK	1
7		位相のずれ	壁だと5時間程度（夏の暑さを程度）	2	位相のずれ3.6 h	1	位相のずれ1.6 h	0	位相のずれ1.3 h	0
8	構造性能	構造耐力	壁倍率2〜3倍程度の壁を多めに設置	8	壁倍率2.5倍	8	壁倍率2.5倍	8	壁倍率2.5倍	8
9		粘り強さ	靭性が高めな組み方	5	薄い面材のめり込み	3	厚い面材のめり込み	4	釘のせん断のみ	1
10	防耐火性	防耐火性能	防火規制のない地域でも防火構造以上	2	特になし	0	特になし	0	特になし	0
11	劣化対策	寿命	長いほど良い	5	せっこうボード寿命は検証中、軸組部は数百年の実績あり	4	Jパネル寿命は検証中、軸組部は数百年の実績あり	4	せっこうボード寿命は検証中、軸組部は数百年の実績あり	4
12		耐候性	高いほど良い	5	外壁表面塗装なしだが、表面のみで性能上は数十年	4	外壁表面塗装の定期的な塗り替えて数十年	4	外壁表面塗装の定期的な塗り替えて数十年	4
13		オープンな工法	将来にわたって修繕できる仕様で施工	5	認定仕様ではなくオープン工法	5	大臣認定仕様だが、オープン工法	5	認定仕様ではなくオープン工法	5
14		オープンな素材	将来にわたって手に入る素材を使用	7	木材、左官材料など将来にわたり手に入る素材	7	Jパネル（CLT）も普及品のため、将来にわたり手に入る素材	6	表面のクロスは廃番の可能性大。全面貼替は比較的安価に	6
15	電磁気性	導電性・磁気性	帯電性はない方が良い	2	乾いている場合はニュートラル、電磁波遮断性能はほぼな	2	乾いている場合はニュートラル、電磁波遮断性能はほぼな	2	ビニルクロスは帯電性あり	1
16	デザイン	表面・色調の可能性	色、素材感などの選択肢が多いほど良い	4	珪藻土は様々な表現が可能	4	基本的に木アラワシ（塗装可）	2	クロスの選択肢は多い質感はもう一歩	1
17	地域性	地域の伝統文化継承	地域の伝統技術、かつ地域の職人で施工	1	複合的な工法。面材仕様は職人への指示多め	0	複合的な工法。面材仕様は職人への指示多め	0	複合的な工法。面材仕様は職人への指示多め	0
18	遮音性	遮音性能（空気音）	高いほど良い	3	層構成を変化させ吸収 Rw=約45dB	2	層構成を変化させ吸収 Rw=約45dB	2	層構成を変化させ吸収 Rw=約40dB	2
19		遮音性能（固体音）	高いほど良い 側路伝播も少なくしたい	2	重量が重く、遮音性は比較的高め	1	重量が重く、遮音性は比較的高め	1	重量は軽く遮音性能は低め	0
20	環境負荷	製造・施工時の環境負荷	少ないほど良い	2	比較的少ない	2	比較的少ない	2	ほどほど	1
21		居住時の環境負荷	VOCを含む真菌類なども極力発生させない	2	特になし	2	特になし	2	ノリに注意すれば特になし	1
22		廃棄時の環境負荷	少ないほど良い	2	PBに注意	1	比較的少ない	2	PBに注意	1
23		リサイクル性	リサイクルシステムがあるか、リサイクルできる素材	1	分別、再利用が可能	1	分別、再利用が可能	1	特になし	0
24		リユース性	解体時に分別できる施工法	2	分別、再利用が可能	2	分別、再利用が可能	2	分別が可能	1
25	施工性	素材の由来	再生可能な資源でできている	3	おおむね再生可能な資源で構成	3	ネオマフォームが化石由来	1	クロスが石由来	2
26		重量	軽いほど良い	1	比較的軽い	1	Jパネルが少し重い	1	比較的軽い	1
27		建築期間	短いほど良い（乾式工法）	1	乾式工法で工期短縮	1	乾式工法で工期短縮	1	乾式工法で工期短縮	1
28	経済性	コスト	5000円/㎡程度	5	7500円/㎡程度	2	8500円/㎡程度	1	5000円/㎡程度	5
29		流通状況	一般流通材で施工できる	2	一般流通材で施工	2	一流通材で施工	1	一般流通材で施工	2
30		メンテナンス性	しやすいほど良い	3	珪藻土の塗り替えが容易外部も張り替えしやすい	3	Jパネルにサンディングでメン可能、外部も同様	3	クロスの貼り換え可能、外部もサンディング等可能	3
	計			100		83		79		68

これは外壁の例でしたが、屋根や開口部、建物全体でも考えてみましょう。自分の考え方や、まだまだ勉強しないといけないことが見えてくるはずです。より一層、心地よいエコハウスにつながることを願ってやみません。

環境デザインサポートツール

温熱性能の計算は単純ですが、建物の形状が複雑だったり、窓の数が多かったりして実際に計算しようとすると手間がかかります。そこで筆者が開発した「環境デザインサポートツール」を本書に付属しています。必要事項を入力することで温熱性能を計算でき、断熱の厚みを変えて検討したり、室温変化を見ながら性能検討できたりと環境設計のサポートツールとして活用できます。このツールに限らず、自分にあった使い勝手の良いツールも探してみましょう。

「環境デザインサポートツール」でできること

敷地の気候状況を概観できる

①概要シートで都道府県、市町村を選択するだけで、地域区分、年間日射量区分、最寒月の平均気温などが表示される

地域区分・気温		東京都		東京都23区
省エネ基準 地域区分		6 地域	旧基準： 6 地域	暖房度日（D18-18）が1,500以上2,000未満
年間日射地域区分		A3 区分	旧基準： A3 区分	年間の日射量が中程度の地域（±5 %）
暖房期日射地域区分		H3 区分	旧基準： H3 区分	暖房期の日射量が中程度の地域（±5 %）
最寒月の平均気温	2010年版	6.1 ℃	1995年版 4.3 ℃	内部結露計算用 外気温
最寒月の平均最低気温	2010年版	2.9 ℃	1995年版 0.3 ℃	表面結露計算用 外気温

外皮平均貫流熱損失 U_A 値が計算できる

①概要～⑧熱損失計算シートに、各部位の仕様や面積など必要な情報を入力することで、⑨熱損失結果シートにU_A値等の計算結果が表示される。仕様変更も数字を調整するだけで簡単に行える

外皮平均日射熱取得率 η_A 値が計算できる

U_A値計算に加え、⑩日射取得計算シートに、遮蔽物と庇を入力することで⑪日射取得結果シートに、計算結果が表示される

室温予測シミュレーションができる

外皮平均熱貫流率U_A値と外皮平均日射熱取得率η_A値の計算結果から⑮、⑯室温予測シートに3日間の室温予測が表示される。日射量や暖冷房設備、熱容量など各種設定を変更し検討できる

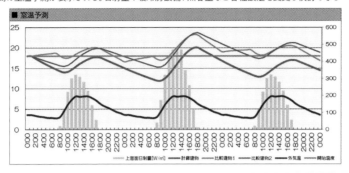

結露の危険度判定ができる

⑫結露計算シートに部位仕様を入力することで、防露判定や躯体内の温度分布が計算できる

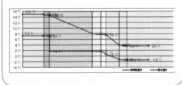

熱収支の計算ができる

⑭熱収支結果シートに日射量の多寡や気温差による熱損失と熱取得の結果が表示される

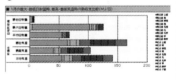

漏気量（隙間風）の確認ができる

⑰漏気量計算に、立地状況や相当隙間面積（C値）を入力することで、漏気量の確認ができる

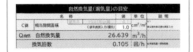

・躯体の室内表面温度が計算できる
・暖冷房負荷の簡易計算ができる
・非暖房室の室温予測ができる
・区画熱損失係数Q^*が計算できる
・事前に性能検討を行うことができる
・熱容量の計算ができる
・通風性能の確認ができる

ツールの入手方法

1. エクスナレッジwebサイトの「本を探す」から「ぜんぶ絵でわかる7エコハウス」の頁にアクセスする

2. ページ下部にある「サポート＆ダウンロード」からダウンロードページに移動し、ファイルをダウンロードする

3. ZIPファイルを解凍して、「環境デザインサポートツール（Excel）」と「解説書（PDF）」を入手する

＊「環境デザインサポートツール（Excel）」はMicrosoft 365で制作されています
＊省エネ法の計算ルールや設定条件が更新されることがあり、本ツールは申請には使用できなくなることがあります。最新情報に関しては、建築研究所の省エネルギー基準技術情報を確認してください
＊本書に記載された内容、ならびにダウンロードしたデータを使用して発生したいかなる損害についても、株式会社エクスナレッジならびに著作権者、本データの提供者（開発元・販売元）は、一切の責任を負いかねます。個人の責任の範囲において使用してください
＊動作条件を満たしていても、ご使用のコンピュータの環境によっては動作しない場合や、インストールできない場合があります。予めご了承ください

素材データシート （環境デザインサポートツールの素材データより抜粋）

名称／商品名	熱伝導率λ W/m·K	透湿抵抗比ζ m·s·Pa/ng	厚さd mm	熱伝導抵抗R ㎡·K/W	透湿抵抗R' ㎡·s·Pa/ng	備考
■繊維系断熱材						
グラスウール断熱材　10K相当	0.050	0.00588	100.0	2.000	0.00059	H28年建築物省エネルギー法
グラスウール断熱材　16K相当	0.045	0.00588	100.0	2.222	0.00059	H28年建築物省エネルギー法
高性能グラスウール断熱材　16K相当	0.038	0.00588	100.0	2.632	0.00059	H28年建築物省エネルギー法
高性能グラスウール断熱材　32K相当	0.035	0.00588	100.0	2.857	0.00059	H28年建築物省エネルギー法
ロックウール断熱材（マット）	0.038	0.00588	100.0	2.632	0.00059	H28年建築物省エネルギー法
ロックウール断熱材（ボード）	0.036	0.00588	100.0	2.778	0.00059	H28年建築物省エネルギー法
吹込用セルロースファイバー　55K	0.040	0.00645	100.0	2.500	0.00065	H28年建築物省エネルギー法
シュタイコ ゼル（吹込）	0.036	0.00943	100.0	2.778	0.00094	イケダコーポレーション
シュタイコ フレックス038（マット）	0.038	0.00943	100.0	2.632	0.00094	イケダコーポレーション
パーフェクトバリア ロール10K	0.045	0.01150	100.0	2.222	0.00115	エンデバーハウス
パーフェクトバリア ボード20K	0.038	0.00880	100.0	2.632	0.00088	エンデバーハウス
イソベールスタンダード16kg（防湿層付きGW）	0.038		100.0	2.632	0.08200	マグ・イソベール
■ボード系断熱材						
押出法ポリスチレンフォーム保温版　3種A	0.028	0.28000	50.0	1.786	0.01400	H28年建築物省エネルギー法
押出法ポリスチレンフォーム保温版　3種D	0.022	0.13793	50.0	2.273	0.00690	H28年建築物省エネルギー法
ビーズ法ポリスチレンフォーム保温版　3号	0.040	0.16000	50.0	1.250	0.00800	H28年建築物省エネルギー法
硬質ウレタンフォーム保温版　2種2号	0.024	1.00000	50.0	2.083	0.05000	H28年建築物省エネルギー法
フェノールフォーム　1種1号、2号CⅠ、CⅡ	0.020	0.67000	50.0	2.500	0.03350	H28年建築物省エネルギー法
吹付け硬質ウレタンフォーム　A種3	0.040	0.03150	50.0	1.250	0.00158	H28年建築物省エネルギー法
シュタイコ デュオドライ	0.044	0.01490	60.0	1.364	0.00089	イケダコーポレーション
ネオフォーム	0.020	0.96000	50.0	2.500	0.04800	旭化成建材
ネオゼウス	0.018	1.33333	50.0	2.778	0.06667	旭化成建材
フェノバボード	0.019	0.66666	50.0	2.632	0.03333	フクビ化学工業
キューワンボード	0.021	0.50000	50.0	2.381	0.02500	アキレス
アクアフォーム（吹付け）	0.036	0.03150	100.0	2.778	0.00315	日本アクア、透湿抵抗比は吹付け硬質ウレタA種3と同等と推計
アクアフォームneo（吹付け）	0.021	0.53191	100.0	4.762	0.05319	日本アクア
■非木質系材料、左官類						
土壁	0.690	0.04830	60.0	0.087	0.00290	H28年建築物省エネルギー法
せっこうボード（GB-R）	0.221	0.02520	12.5	0.057	0.00032	H28年建築物省エネルギー法
強化せっこうボード（GB-F）	0.241	0.02520	12.5	0.052	0.00032	H28年建築物省エネルギー法
けい酸カルシウム板（見かけ密度1.0）	0.240	0.01920	6.0	0.025	0.00012	H28年建築物省エネルギー法
ダイライトMS9	0.130	0.12236	9.0	0.069	0.00110	大建工業
モイスTM（耐力面材）	0.240	0.26720	9.5	0.040	0.00254	アイカ工業
モイス（内装材）	0.180	0.29190	6.0	0.033	0.00175	アイカ工業
パウビオ　断熱N	0.047	0.02525	25.0	0.532	0.00063	日本インシュレーション
パウビオ　調湿T	0.073	0.02999	15.0	0.205	0.00045	日本インシュレーション
タイガー防湿ボード（防湿せっこうボード）	0.241	16.00000	12.5	0.052	0.20000	吉野石膏
タイガーEXハイパー（耐力せっこうボード）	0.210	0.06711	9.5	0.045	0.00065	吉野石膏
高気密ボード（防湿せっこうボード）	0.241	18.94737	12.5	0.052	0.18000	チヨダウーテ
■木質系材料、木材						
天然木材（省エネ基準用）	0.120	0.25000	30.0	0.250	0.00750	H28年建築物省エネルギー法
合板	0.160	0.90100	12.0	0.075	0.01081	H28年建築物省エネルギー法
木毛セメント板	0.130	0.01000	12.0	0.092	0.00012	H28年建築物省エネルギー法
ミディアムデンシティファイバーボード（MDF）	0.120	0.25300	12.0	0.250	0.00304	H28年建築物省エネルギー法
A級インシュレーションボード	0.058	0.02543	12.0	0.207	0.00031	H28年建築物省エネルギー法
構造用合板	0.150	1.12327	8.8	0.059	0.00988	「新そらどまの家」萌文社
Jパネル	0.120	5.44444	36.0	0.300	0.19600	鳥取CLT
ラワン合板	0.163	0.43186	12.0	0.074	0.00518	WinDEWマニュアル
ハイベストウッド	0.119	0.10663	9.0	0.076	0.00096	NODA
ノダパンSTPⅡ	0.133	0.39600	9.0	0.068	0.00356	日本ノダパン工業
天然木材1種（杉・檜・えぞ松・とど松）	0.120	0.25000	30.0	0.250	0.00750	「H11年省エネ基準解説」IBEC
天然木材2種（松・ラワン等）	0.150	0.36911	30.0	0.200	0.01107	「H11年省エネ基準解説」IBEC
天然木材3種（ナラ・サクラ・ブナ等）	0.190	0.09597	30.0	0.158	0.00288	「H11年省エネ基準解説」IBEC
■コンクリート系材料						
コンクリート	1.600	0.33600	100.0	0.063	0.03360	H28年建築物省エネルギー法
セメント・モルタル	1.500	0.61700	50.0	0.033	0.03085	H28年建築物省エネルギー法
軽量気泡コンクリートパネル（ALCパネル）	0.190	0.02640	100.0	0.526	0.00264	H28年建築物省エネルギー法
■床材、仕上材						
ビニル系床材	0.190	25.43000	1.8	0.009	0.04577	H28年建築物省エネルギー法
畳	0.083		60.0	0.723		H28年建築物省エネルギー法
スタイロ畳	0.070	0.15995	60.0		0.00960	WinDEWマニュアル
リノリウム	0.186	0.01200	5.0	0.027	0.00006	「建築の結露」井上書院
■シート類						
住宅用プラスチック系防湿フィルムA種	0.170		0.1		0.08200	H25年エネルギーの合理化に関する法律
住宅用プラスチック系防湿フィルムB種	0.170		0.2		0.14400	H25年エネルギーの合理化に関する法律
透湿防水シート			0.2		0.00019	H25年エネルギーの合理化に関する法律
アスファルトルーフィング22kg完全施工	0.267		0.2	0.001	0.14395	「H11年省エネ基準解説」IBEC
タイベック　ハウスラップ（ソフト）			0.2		0.00017	デュポン
タイベック　シルバー			0.2		0.00017	デュポン
タイベック　ルーフライナー			0.2		0.00032	デュポン
インテロ　防湿時			0.2		0.07300	エコ・トランスファー・ジャパン
インテロ　透湿時			0.2		0.00119	エコ・トランスファー・ジャパン
アスファルトルーフィング22kg雑施工	0.267		0.2	0.001	0.00300	雑施工
■空気層						
密閉空気層（省エネ基準）			10.0	0.090	0.00012	H28年建築物省エネルギー法
壁：通気層18mm以上＋外壁					0.00086	「H11年省エネ基準解説」IBEC
壁：通気層9mm以上＋外壁					0.00170	「H11年省エネ基準解説」IBEC
壁：通気層9mm以上（障害物あり）＋外壁					0.00260	「H11年省エネ基準解説」IBEC
屋根：通気層18mm以上＋外装					0.00170	「H11年省エネ基準解説」IBEC
屋根：通気層9mm以上＋外装					0.00260	「H11年省エネ基準解説」IBEC

参考文献

『温暖地版 自立循環型住宅への設計ガイドライン』 (一財)住宅・建築SDGs推進センター 2015年8月

『改修版 自立循環型住宅への設計ガイドライン』 (一財)住宅・建築SDGs推進センター 2018年3月

『既存住宅の省エネ改修ガイドライン』 (一財)住宅・建築SDGs推進センター 2010年7月

『住宅の気密性能の試験方法』 (一財)住宅・建築SDGs推進センター 2023年4月

『住宅に関する省エネルギー基準技術情報』 (国研)建築研究所webサイト

『住宅の省エネルギー基準と評価方法2023』 (一財)住宅・建築SDGs推進センター 2023年11月

『住宅の省エネルギー設計と施工2023』 (一社)木を活かす建築推進協議会 2023年10月

『長期優良住宅認定等に係る技術的審査マニュアル(2018)』 (一社)住宅性能評価・表示協会 2018年8月

『北方型住宅の熱環境計画2021』 (一社)北海道建築技術協会 2021年9月

『設計のための建築環境学』 (一社)日本建築学会編 彰国社 2021年4月

『最高にわかりやすい建築設備』 GREEN & BLUE UNIT'S エクスナレッジ 2014年11月

『健康な住まいへの道』 ホルガー・ケーニッヒ著、石川恒夫訳 建築資料研究社 2000年3月

『バウビオロギーという思想』 アントンシュナイダー、石川恒夫著 建築資料研究社 2003年11月

『パッシブデザイン講義』 野池政宏著 パッシブデザインテクニカルフォーラム 2018年5月

『環境共生住宅早わかり設計ガイド戸建住宅編』 (一社)環境共生住宅推進協議会 2016年4月

『2022年版木造住宅のための住宅性能表示』 (公財)日本住宅・木材技術センター 2022年11月

『最新建築環境工学改定4版』田中俊六他著 井上書院 2014年2月

『徹底マスター空気線図の読み方・使い方(改定2版)』 空気調和・衛生工学会編 2019年10月

『地球環境建築のすすめ・入門編第二版』 (一社)日本建築学会編 彰国社 2009年9月

『エネルギー自立循環型建築・都市システム技術の開発 報告書』 国土交通省 2005年10月

『HEAT20設計ガイドブック』 HEAT20設計ガイドブック作成WG著 建築技術 2015年5月

『HEAT20設計ガイドブック+PLUS』 2020年を見据えた住宅の高断熱化技術開発委員会著
　建築技術 2016年9月

『HEAT20設計ガイドブック2021』 20年先を見据えた日本の高断熱住宅研究会著 建築技術 2021年5月

『Q1.0住宅設計・施工マニュアル2020』 鎌田紀彦著 市ヶ谷出版社 2020年9月

『Q1.0住宅データから導く計画マニュアル2023』 鎌田紀彦著 市ヶ谷出版社 2023年8月

『省エネ性能カタログ電子版』 経済産業省資源エネルギー庁

『北方型住宅の熱環境計画2005』 (社)北海道住宅リフォームセンター 2005年

『南雄三流SuiSuiわかる「結露」の本』 南雄三 著 建築技術 2004年6月

『CASBEE-戸建(新築)評価マニュアル(2021年SDGs対応版)』
　(一財)住宅・建築SDGs推進センター 2021年7月

『CASBEE－ウェルネスオフィス評価マニュアル(2021年版)』
　(一財)住宅・建築SDGs推進センター 2021年10月

『建築環境学』 宇田川光弘、近藤靖史、秋元孝之、長井達夫、横山計三著 朝倉書店 2020年4月

『快適な温熱環境のしくみと実践』 (公社)空気調和・衛生工学会 2019年3月

『デザイナーのための建築環境計画』 猪岡達夫著 丸善出版 2014年1月

『図とキーワードで学ぶ建築環境工学』 飯野秋成著 学芸出版社 2013年5月

『生活環境学』 岩田利枝、上野佳奈子、高橋達、二宮秀與、光田恵、吉澤望著 井上書院 2015年7月

『エコハウスのウソ 増補改訂版』 前真之著 日経BP 2015年12月

『エコハウスのウソ2』 前真之著 日経BP 2020年8月

『エクセルギーと環境の理論』 宿谷昌則著 井上書院 2010年9月

『ディテールNo218、209』 彰国社 2018年9月、10月

索引

著者略歴

辻 充孝

岐阜県立森林文化アカデミー教授・一級建築士・バウビオローゲBIJ
1973年兵庫県生まれ。'96年に大阪芸術大学建築学科を卒業後、Ms建築設
計事務所に入所。5年間の実務経験を経て2001年の岐阜県立森林文化アカ
デミー設立時から教職に就く。建築計画、温熱環境の研究、講座を受けもつと
同時に、木造住宅や木造建築の設計に携わる。スマートウェルネス住宅等推
進調査事業委員、日本セルロースファイバー断熱施工協会顧問
2015年自邸カミノハウスにて地域住宅賞奨励賞受賞（建築研究所）、2016年自
力建設プロジェクトにてウッドデザイン賞受賞、2020年morinosにて木材利
用優良施設コンクール林野庁長官賞受賞、2022年第1回SDGs建築賞（一財）
住宅・建築SDGs推進センター理事長賞受賞

ぜんぶ絵でわかる❼ エコハウス

2024年4月3日　初版第1刷発行

著者
辻 充孝

発行者
三輪浩之

発行所
株式会社エクスナレッジ
〒106-0032東京都港区六本木7-2-26
https://www.xknowledge.co.jp/

問合せ先
［編集］tel 03-3403-1381／fax 03-3403-1345
　　　　info@xknowledge.co.jp
［販売］tel 03-3403-1321／fax 03-3403-1829